THEATRE ARTS 68

今号の特集題は「演劇とエコロジー」です。エコロジーというと気候変動、環境保護、あるいはSDGsのような持続可能性といったテーマが今日的ですが、この言葉は19世紀後半にドイツの自然哲学者エルンスト・ヘッケルが空間との結びつきで一元論的生物観を捉えた学術用語に始まります。自然／環境と人間を二項対立として捉えるのではなく、その影響関係に着目したこの用語は、1960-70年代に政治化され、さらに21世紀に入り、環境危機に対して人間中心主義を再考する批評研究の用語としても注目されています。

フェリックス・ガタリの『三つのエコロジー』（平凡社, 2008）では、「エコロジーは、資本主義権力の構成体や、それをつくり出す主観性の総体を問いに付すもの」とされます。1989年に書かれた同書では、科学技術の進行と情報革命による劇的な変化の中で、世界市場と軍事 - 産業複合体に奉仕する価値システムだけが幅を利かせている現状に警鐘を鳴らし、環境と社会体と精神現象の三つのエコロジーが相互に絡む美的次元のパラダイムに新たな主観性を再発明する可能性を見ています。この美的次元のパラダイムを舞台批評で考えてみたいと思いました。

本誌では、批評的に世界を創造する可能性を見るアングラキらの提言に始まり、環境アクティヴィズムとの関係（三井）、チェーホフ戯曲の環境問題（ペソチンスキー）、モノや周辺世界との新たな関係性（塚本）、舞台作品に見る「自然」と主体のあり方（寺尾）、舞台作品を生み出す環境（嶋羽）と、様々な観点からのエコロジーが寄稿されています。特集頁に限らず、女性や移民、あるいは紛争下の抑圧など現状世界への批判的な眼差しは、掲載されたほとんど全ての論考に見て取れます。本誌が広い意味でのエコロジーについて考えてみる契機になることを願っています。

「劇を使い捨てにしない批評サイト」としてWeb版「シアターアーツ」でも舞台評を掲載しています。こちらも合わせてお読みいただければ幸いです。

Web版「シアターアーツ」http://theatrearts.aict-iatc.jp

JN069189

編集代表　柴田隆子

THEATRE ARTS 68
シアターアーツ
2024 春

特集
演劇とエコロジー

ベストステージ・ベストアーティスト

発表

劇評家が選ぶ 2023 ベストステージ

1位
太陽劇団（テアトル・デュ・ソレイユ）
『金夢島 L'ÎLE D'OR　Kanemu-Jima』

東京芸術祭 2023　芸劇オータムセレクション
太陽劇団（テアトル・デュ・ソレイユ）『金夢島 L'ÎLE D'OR　Kanemu-Jima』
© 後藤敦司　ATSUSHI GOTO

ベストステージ

1位 (29点)	**太陽劇団（テアトル・デュ・ソレイユ）『金夢島 L'ÎLE D'OR　Kanemu-Jima』** 作＝太陽劇団（テアトル・デュ・ソレイユ）、演出＝アリアーヌ・ムヌーシュキン、創作アソシエイト＝エレーヌ・シクスー／東京芸術劇場 プレイハウスほか
2位 (26点)	**名取事務所『占領の囚人たち』** 作＝パレスチナ人政治囚、エイナット・ヴァイツマン、ダーリーン・タートゥール、演出＝生田みゆき 下北沢「劇」小劇場
3位 (22点)	**NODA・MAP『兎、波を走る』** 作・演出＝野田秀樹／東京芸術劇場 プレイハウスほか
4位 (15点)	**劇団青年座『同盟通信』** 作＝古川健、演出＝黒岩亮／新宿シアタートップス
5位 (12点)	**トラッシュマスターズ『入管収容所』** 作・演出＝中津留章仁／すみだパークシアター倉
	SCOT『トロイアの女』 演出＝鈴木忠志、原作＝エウリピデス／新利賀山房ほか
7位 (11点)	**Q『弱法師』** 作・演出＝市原佐都子／城崎国際アートセンターほか
8位 (10点)	**劇団俳優座『閻魔の王宮』** 脚本＝フランシス・ヤーチュー・カウィグ、翻訳＝小田島恒志、演出＝眞鍋卓嗣／俳優座劇場

9位（9点）**▶世田谷パブリックシアター『ある馬の物語』**原作＝レフ・トルストイ、上演台本・演出＝白井晃／世田谷パブリックシアター　**▶新国立劇場『エンジェルス・イン・アメリカ』**作＝トニー・クシュナー、翻訳＝小田島創志、演出＝上村聡史／新国立劇場　**▶劇団俳優座『対話』**作＝デヴィッド・ウィリアムソン、翻訳＝佐和田敬司、演出＝森一／俳優座スタジオ

12位（8点）**▶ムニ『ことばにない』後編**　作・演出＝宮崎玲奈／こまばアゴラ劇場　**▶イキウメ『人魂を届けに』**作・演出＝前川知大／シアタートラムほか　**▶ゴーチ・ブラザーズ『ブレイキング・ザ・コード』**作＝ヒュー・ホワイトモア、演出＝稲葉賀恵、翻訳＝小田島創志、音楽＝阿部海太郎／シアタートラム　**▶東宝『ラグタイム』**脚本＝テレンス・マクナリー、歌詞＝リン・アレンズ、音楽＝スティーヴン・フラハティ、翻訳＝小田島恒志、訳詞＝竜真知子、演出＝藤田俊太郎／日生劇場ほか

ベストアーティスト

1位（5票）	**生田みゆき** （演出家・文学座演出部・「理性的な変人たち」メンバー）
2位（3票）	**前川知大** （劇作家・演出家・「劇団イキウメ」主宰）

生田みゆき

新人アーティスト（いずれも2票）

生田みゆき（演出家・文学座演出部・「理性的な変人たち」メンバー）
竹田モモコ（「ばぶれるりぐる」主宰・劇作家・演出家・俳優）
中川絢音（「水中めがね∞」主宰・ダンサー・振付師）
那須凜（俳優・「劇団青年座」所属）
西田悠哉（劇作家・演出家・ラッパー・「劇団不労社」代表）

2023年の演劇

複雑化する怨嗟の対象、そして小声の佇み

野田学

戦争だけでは終わらない問題群の複雑化

限られた観劇数の上での話なのだが、私にとって二〇二三年は、舞台傾向をあらわしうるような一言をあてるのがむずかしい年だった。キーワードはいくらでもある。ポストコロナ、戦争、自壊しつつある民主主義、経済格差、価値観における世代間格差、復讐と怨念、理不尽な行政措置、などなど。もちろんこれでも全然足りていない。文末の「などなど」がどんどん増殖していく。一つに絞ろうとすると、別の大切なことを等閑視することになる気がする。そして正月早々に大地震が能登半島を襲う。目下、そのことで頭がいっぱいなのに、気候変動という言葉が蘇ってくる。こういうことを繰り返して疲労を深める自分自身に嫌気が差す。

ロシアによるウクライナへの軍事侵攻がはじまってほぼ二年になる。そしてこの戦争が二〇一四年のクリミア危機と、その後のロシアによる軍事干渉を含む内戦の続きであることを忘れかけている事実に愕然とする。二〇一四年七月、ウクライナ・ドネツク州で平穏な日常が凄惨に破壊されていく狂気の過程を描いた映画『世界が引き裂かれる時』（監督＝マリナ・エル・ゴルバチ、二〇二二年、配給＝アンプラグド、日本公開＝二〇二三年六月）で、マレーシア航空一七便撃墜事件を思い出したほどだ。

この映画が突きつける状況は悲惨だった。だだっ広いドネツク州の平原。「誤射」により窓を吹き飛ばされた家を守ろうとする妊婦。うやむやの内に自家用車を徴発された夫（こんな場所で車なしにどう生活したら良いのだ）は、親／反ロシア派の対立の中で態度を決めかねている。遠くに見える道路の上を巨大なミサイルを載せた車両が通る。事態は深刻度を増していく。もはや避難もできない。最後には、夫を殺され、大きな髭を蓄えた兵士たち

(チェチェニアあたりから駆り出されているのだろうか)にわがもの顔で自宅を占拠された妊婦が、スクリーンのど真ん中のソファーの上で出産する。背後の窓は修繕されないままだ。この誕生のシーンを、死と再生のサイクルに回収できるような楽観的な観客はいないだろう。映画の力を思い知らされる描写である。

二〇二三年一〇月七日におきたイスラム組織ハマスによる奇襲攻撃に対するイスラエルの報復行動は、多数の市民を犠牲にしながら、いまだに停戦合意が見えない。そしてこの報復行動のきっかけとなったハマスによる民間人殺害と拉致・拘禁が、イスラエルによる見境のない未決状態での行政拘禁と深く関係していることを忘れがちになる。**名取事務所『占領の囚人たち』(下北沢「劇」小劇場、二月)**はその事実を雄弁に証し立てている(当誌の濱田元子氏の稿、ならびにウェブ版『シアターアーツ』の新野守広氏「私たちは劇場に、彼らは刑務所にいる——名取事務所『占領の囚人たち』」の記事を参照されたい)。そして、そんなことで心を痛めている間に軍事クーデター後のミャンマーのことなど忘れてしまっている。ややこしそうなものはすべて頭からほっぽり出したくなる。二〇二三年は全部日本のWBC優勝と大谷翔平にやってしまっていいんじゃないかとさえ思えてくる。

新国立劇場『モグラが三千あつまって』(原作=武井博、上演台本・演出=長塚圭史、振付=近藤良平、音楽=阿部海太郎、新国立劇場/小劇場、七月)は戦争の不毛さを描いた子供向けの寓話だ。ネコ族、イヌ族による侵攻に対して自衛のための戦いを繰り広げるモグラたち。彼らを率いるマチェックが正義をめぐって自問自答するところが物語に深みを与えている。原作は冷戦下の一九八一年出版だから、わかりやすい図式である。帝国主義、独裁国家など「悪」を指弾することが容易だというのもある。ただ、昨今の国際状況下にあって同じ図式をそのまま適用できるかどうかはわからない。戦争と自衛の境界に対する意識が混迷を深めていると感じるのは、私だけではあるまい。子供を観劇に連れてくる親世代の政治的感性が変わってしまっている可能性がある以上、一九八一年とは作品の捉え方も変わってしまっているだろう。

戦争そのものを描いたわけではないが、**NODA・MAP『兎、波を走る』(作・演出=野田秀樹、東京芸術劇場プレイハウスほか、五月)**は、『不思議の国のアリス』に物語の枠組みを借りながら、国際紛争の犠牲者たちとその家族が置かれた理不尽な状況を忘れてしまうことに警告を馴らしているようだ。理不尽ないしは「不条理」な状況を、解決のための糸口が見えないというだけで忘却に付してしまうことは、理不尽な状況に置かれた人々をさらなる理不尽にさらしてしまうことになるからだ。「その理不尽な状況をなかったことにはしません、その経験にこの作品は避難場所《アジール》を与えますから」というメッセージが聞こえてくる。

しかし同時にこの作品は、この状況を演劇が表象するにあたっての限界をも露呈してしまう。作中でも示唆されているとおり、この状況の不条理さは、チェーホフ劇におけるスタニスラフスキー的手法（微細な心理的リアリズムと「上品なアイロニー」といったところか）をもってしても、ブレヒト的手法（政治的リアリズムたっぷりの叙事的演劇ということか）をもってしても、舞台化することはできないのだ。最終的に作品は、不思議の国から出られそうにないアリスと、娘を探しつづける母親が置かれた理不尽な窮状を、不思議の国からやってきた兎の「証言」によって確認するにとどまらざるをえない。それは不条理劇にありがちな知的装いさえも通用しない不条理である。忘却への警鐘は残酷なのだ。

テロリズム、専制政治、そして戦争。冷戦終結以降の日本演劇は、重要な例外があることを承知でいえば、これらをどこか対岸の火事のように眺めてきたのだと思う。「戦争と演劇」を特集題としてあげた『シアターアーツ』第四号（一九九六年一月）に「戦争と表象の限界」という座談会が掲載されている。鴻英良の司会で、演劇批評の立場から佐伯隆幸、田之倉稔、哲学者として『戦争論』（一九九二年）でベルリンの壁崩壊後の戦争を論じた西谷修、演劇現場からは川村毅と村井志摩子という錚々たる座組だ。かなり「採って出し」的文体で記録されたこの激論を体裁良くまとめることなどできない。そもそも文脈においてすぐには思い出せないような諸要素が輻輳している。一九九〇年の湾岸戦争と、われわれが知っている戦争とはあくまでメディアで流されたいわば「衛生的」戦争でしかないという意味での「湾岸戦争はなかった」というボードリヤールの発言。一九九一年に始まって、終わりが見えそうにないユーゴスラビア紛争。九三年に『ゴドーを待ちながら』を上演しに激戦地のボスニアまで出むいていったスーザン・ソンタグと、その行為をめぐる毀誉褒貶。演劇的想像力が日本におけるナマの戦争を表象しうるかを問うた川村毅の『ニッポン・ウォーズ』（一九八四年）。三〇年近く前の記事だから、分かりづらいのも当然だろう。

それでもこの座談会は、戦争というどうしようもない現実を演劇で——それも特に日本の演劇で——表象しうるかを真正面から論じている点において、読み直すに値する内容となっている。あえて戦闘的な発言を行う佐伯は、日本の「戦争演劇」が「核」を超越的飛び道具として用いようとする傾向（北村想『寿歌』など）に違和感を表明しつつ、戦争をめぐる演劇的想像力について論じている。少々長い引用をおゆるしねがう。

何キロか離れているってのは相対的な距離に過ぎないんで、それでもって摩耗しちゃっている想像力があるわけだ。メディアで勝てるかどうかが戦争だよっていう風にそっちへすり寄って行かないで、演劇の想像力は戦争に対抗できるかどうかっていう、その道があるのかないのか。だから、日本にも戦争があるっていう風にスポッと言っちゃうと、その問題が落ちないかなって危惧したわけ。ヨーロッパでは戦争が現前してて日本では現前していないという対比をしてるんじゃなくて、ヨーロッパでだってどんどん落ちてるわけね、そうやって［メディアで］垂れ流されて。一応知識人は現実だ現実だって言うわけだけど。現実とメディアで垂れ流される物語のレベルに、差はないわけだよ。その間に演劇は立たなきゃいけない。だからギリシア悲劇なんかに行くわけだ、ナマで書けないから。（三五頁）

「わからない」と投げ出さないでこの佐伯の発言に解釈をほどこすならば、戦争というナマの《現実》と、特にメディアによる表象という意味での戦争の《物語》との間に、演劇はいかにして立つべきなのかを佐伯は問うているということになるのだろう。だから戦争が実際に行われている現場が日本からいかに離れていようとも、演劇はそれを言い訳にするべきではない。むしろメディアを通してしか戦争を知り得ない日本においてこそ、《物語》と《現実》との間に拡がる彼我の開きに対して向けられる違和感から出発して、演劇的想像力を働かせなければいけないということだ。戦争が各地で展開するポストコロナ状況の一方で、すでに「ポストトゥルース」なる語（ひどい言葉だ）まで登場してしまったポストコロナの現代において、佐伯のこの（わかりにくい）発言がいかに的確だったかに気付かされるのは、皮肉でさえある。「わからない」と投げ出さないことと、それでも「わからない」という事実を認めることこそが重要なのだ。

問題は、この「わからなさ」の形がますます複雑になっているという所だ。変数が多すぎるのである。こういう風に舞台作品を振り返りながら書いていると、自分の中のある種の疲労が、手に負えなさそうな変数をできるだけ隔離・排除したいという誘惑の前に屈しそうになっていることに気付く。それでは入管における行政拘束制度そのものではないか。新型コロナウィルスによる混乱と不自由に一段落ついたと思ったのに。共感疲労なのだろうか。しかし疲労したからといって、共感を避け、とりあえずといいながら忘却の箱にしまい込んでしまうことはゆるされることなのだろうか。

忘却の箱、赦しの箱

心理的外傷（トラウマ）をいかに癒やそうとしても、完全な忘却など不可能だ。そしてもちろんすべての恨みをあとくされなく晴らしてくれる完璧な復讐などありえない。人やコミュニティは、自己の経験と記憶との何らかの和解を経ずに、修復の過程へと歩み出せないのである。**俳優座『対話』（作＝デヴィッド・ウィリアムソン、訳＝佐和田敬司、演出＝森一、俳優座スタジオ、二月）**は、このような修復を目指すオーストラリアの「修復的司法」と呼ばれる場を描くものだ。三部作（二〇〇一年）の二本目にあたるこの作品では、マニングが猟奇的性犯罪の被害者と加害者双方の家族を引き合わせる場で調停人をつとめる。

しかし、この舞台の主人公たちはあくまで「当事者たち」である。マニングには法的／倫理的判断を下すことも、和解案を提示することもゆるされていないからだ。当然の結果として「対話」はとてつもない緊張を孕み、この制度の意義にも激しい疑義が呈される。それでも調停人の粘り強さで、法制度上の、そして会合の参加者それぞれの中にある、階級的偏見と甘えの意識が徐々に明らかになってくる。それが当時者たちの新たな自己認識につながる。完全な和解は成立しないものの、結末部ではある種の修復が確認される。

緊張から緩和へ。対話劇にはうってつけの題材である。演出も演技陣も、対話から修復への過程が孕むやるせない緊張を好演し、間然とするところのない舞台を作り上げた。観劇後の疲労感にも嫌味はない。しかし、あえて言えば、やはりこれはうまくいきすぎなのではないかという感覚を観客として覚えたのも事実だ。対話が成立しそうにないところに対話を持ち込むという作業は英雄的でさえある。しかし、現代の政治状況はそれさえも許しそうにはないのだ。

付言すれば、俳優座は二〇二三年も好調だった。**『閻魔の王宮』（作＝フランシス・ヤーチュー・カウィグ、訳＝小田島恒志、演出＝真鍋卓嗣、俳優座劇場、一二月）**は一九九〇年代初頭の河南省における血液製剤用採血ビジネスがもたらしたエイズ禍を通して、中国の政治経済体制の暗部を容赦なく告発する。これもまた凄絶な緊張感を味わえる舞台となった。葛藤する人物に溢れるものの、善悪の所在がはっきりしている作品だ。**『ラフタリーの丘で』（作＝マリーナ・カー、訳＝坂内太、演出＝髙岸未朝、俳優座スタジオ、八月）**はアイルランドの田園地帯で繰り広げられる近親相姦という家族の闇に焦点を当てた物語。ここでもまた演技レベルでの緊張と緩和がまがまがしいリズムを作りだしていた。

多文化共生をめぐる小声の多声性

在日外国人を取り巻く環境を描いた作品も目立った。**トラッシュマスターズ『入管収容所』（作・演出＝中津留章仁、すみだパークシアター倉、二月）**は、オーバーステイで拘禁されたスリランカのウィシュマ・サンダマリ氏の死亡事件を中津留らしく綿密なリサーチに基づいて糾弾する重い作品だ。強い共感が緊密な舞台を作り上げる好例だろう。

他方、同じ問題系の中にあっても、もうすこし軽いアプローチの作品も目立った。**世田谷シルク**による二〇一九年の作品の再演『**工場**』と、その数年後を描いた新作**『夜景には写らない』（作・演出＝堀川炎、座・高円寺1、六月）**は、多種多様な文化的習慣、背景、そして性格を見せる外国人労働者たちをユーモアを交えて活写する。**俳優座『この夜は終わらぬ。』**（作・演出＝伊藤毅、俳優座スタジオ、六月）は、病院でのドタバタ騒ぎを背景にして、夜間中学の主に外国人からなる同窓生たちが住みにくい日本で肩を寄せ合う姿を描いている。「多文化共生」なるうたい文句と現実との乖離にむけられたもどかしさと怒りが、軽やかな筆致に包まれている。

ＫＡＡＴ『虹む街の果て』（作・演出＝タニノクロウ、ＫＡＡＴ中スタジオ、五月）は、神奈川県在住・在勤の国際色豊かな県民による参加型「寡黙劇」としてコロナ禍下の二〇二一年に立ち上がった『虹む街』の続編だ。県民参加型であり、プロの演者は二人しかいない。それでいてドキュメンタリーを思わせるような自分語りポストドラマでもない。タニノらしい一風変わったファンタジー社会劇だ。

『虹む街の果て』の舞台の大部分を、かなりくたびれたコインランドリーが占領している。舞台奥の上方にはドヤ街らしき建造物が見える。コインランドリーでは、ダンボールロボを含め、それぞれかなり変わった存在感の異邦人たちが日常的生活動作(?)を行っている。ランドリーとは、何かのメタファーなのだろうか？　もしそうだとすれば、彼らはいったい何を洗濯したいと思っているのだろうか？　観客としてそんなことに思いを巡らせている間、神奈川県在住／在勤外国人たちは、舞台上で動きつづける。別に差別や不公正を声高に糾弾するわけでも、共生の重要性を感傷的に訴えるわけでもない。最後に一人一人紹介される県民たちは、明らかに多種多様だ。同時に彼らは、多種多様であるのは外国人に限らないというあたりまえのことを思い知らせてくれる。『工場』、『夜景には写らない』、そして『この夜は終わらぬ。』からも聞き取れる小声の多声性だ。

小声で発せられる呻き
――コロナ禍、世代、ヤングケアラー、五〇／八〇問題、そして失われた三〇年――

この種の多声的な「小さな声」は、世代問題ならびに失われた年月という文脈でも展開されたテーマだった。

演劇集団 Ring-Bong『さなぎになりたい子どもたち』（座・高円寺1、一月）における失われた年月とはなにか。一義的にはコロナ禍なのであろうが、その向こうにある過去には「失われた三〇年」がちらついている。二〇二一年、コロナ期の中学校が舞台だ。学校を休みがちな加藤。マスク姿が無表情をいたずらに強調してしまう優等生の渡辺。ボランティア部の活動を通じて友情が芽生える一五歳の少女ふたりを見守ることになるベテラン養護教諭の野村道子。加藤が欠席しがちなのはヤングケアラーであるからということが判明すると、それまで彼女を問題児扱いしていたいかにも「昭和」な校長は、態度をガラリと変えて親孝行少女の美談を仕立てあげようとする。これはさすがに部下に窘められるところで、観客はちょっとほっとする。他方、PTA会長である渡辺の母親は娘の「問題児」との交際をこころよく思っていない。

教師も含めて無理解な大人たちが跋扈する図式にはいささか辟易を禁じ得ないものの（私も教師なので）、この「新味のなさ」自体が問題の切迫度を語っているといわざるをえない。コンクリートの無機質な校舎。そこで子どもたちが「さなぎになりたい」と思うのは、一五歳にして新たな可能性のもとに「変態」して自分をリセットしたいからなのだ。

結末部で灯りが少しみえるものの、作品が指し示す作品の外の現実はあまりにも暗い。あの「保健室の先生」がいなかったらこの子たちはどうなってしまってたのだろう。コロナのためにつけているはずのマスクが、大人による理不尽な抑圧の徴だけではなく、抑鬱状態にある子どもの無表情を覆いかくす装置に見えてくる。山谷典子らしいリサーチの効いた戯曲が誠実に指し示す状況を、演出の藤井ごうが抑制の効いた演技に結実させていた。組織上部にいすわる頑迷なる年長者を取り巻く事なかれ主義の大人たち。この救いようがない権力の柔構造に真綿のように締めあげられた子どもは、冷めた諦念で圧力をやり過ごすしかないのだろうか。

「やり直したところで変わらないし」という少女たちの現状認識の前ではどんな良心探しも偽善にみえてくる。**『黒い湖のほとりで』**（**作＝デーア・ローアー、訳＝村瀬民子、演出＝西本由香、東京・池袋シアターグリーン、一月**）において、子どもたちの自死の理由を探し求めて自責他責を繰り広げる大人たちの姿に中産階級的甘えが目立つようになる。寺山修司二三歳の時に書かれた一九六〇年の**『血は立ったまま眠っている』**（**演出＝三上陽永、Space早稲田、二月**）において、戦後の焼け跡で兄弟のように寄り添う二人の「テロリスト」たち。彼らのニヒリズムと絶望に清々しさを観客として感じるようになった時点でなにかがおかしい（作品の問題ではない、こちら側の問題である）。『さなぎになりたい子どもたち』に登場する子どもたちが抱く無力感は、ニヒリズムであれ理想であれ、いかなる虚勢でも隠しおおせないだろうからだ。結果的に舞台は観客側の政治的感性のあり方自体を問いかけてくる。観客側が感じる当惑は必然であり、それが作品の意義の一部でもある。

同様の小さな声は、**温泉ドラゴン『棹《とう》、灯《とう》、斉藤』**（**作＝原田ゆう、演出＝シライケイタ、東京芸術劇場シアターイースト、二月**）からも聞き取ることができる。時は二〇二〇年六月。バブル期の最後に始めたアパート経営で失敗し、退職金をほとんど失った父親。家計を支えるために介護の仕事を始めた母親。長男は共同経営者に裏切られて店を失ったあげく鬱になり、家から出るのも大変な状態だ。非正規で働く妻だけが仕事に出ている。パンデミックのせいだろう、栄養士の次男も経済状況が芳しくない。その上、プロのダンサーである次男の妻も、公演がままならない状態にある。三男はまだ芽が出たとはいいがたい映画ライターだ。そしてある日、母親が急死する。葬儀の準備に駆けつけた次男と三男は家族総金欠状態にあって母親の生命保険証書を探すものの、みつけられない。

失われた三〇年の果てにコロナ禍を味わった日本を象徴するような陰々滅々たる光景である。八〇／五〇問題的状況も透けて見える。誰もが互いへの不満をがなり立ててもおかしくない状況だ。しかしこの作品ではそうならない。生前の元気な母親が登場する場面を合間合間にはさみこむ構成が、嘆き節に沈潜しそうな物語の勢いにかろみを与えているというのもある。しかしなによりも印象的だったのは、遺族たちが、顧客対応の悪い葬儀屋には声を上げても、お互いに対してはあくまで小声で語るしかないと言うことだ。そんな中、三人の息子たちの内で誰が一番母親から資金的に援助してもらっていたかが遠回しに語られるようになる。それで母からの愛情を計らんばかりだ（それもあくまで小声で）。その時、父親が「うるさいんだよお前は！　少し黙ってろ！」と怒声をあげる。作品中、家族内で発せられる唯一の怒声が、それまで呆然自失状態だった父親から発せられるのである（父親役の大森博史がみせた絶妙なペース配分だった）。彼は、母親が生前コツコツ振り込んでいた息子名義の通帳を三冊持ってくる……。

聖母のような「昭和の母親像」が浮かび上がってくるところに、家族の絆の確認という希望の灯が見える。そして、失われた三〇年はいまだに失われたままであると気付かされる。『棹、灯、斉藤』における小声の呻きは、『さなぎになりたい子どもたち』と同様に、バブル崩壊後の日本におけるどうしようもない淀みから発生していると同時に、そこへと向けられてもいる。この呻き声は堂々巡りを繰り返しながら波紋をひろげていく。

怒りの矛先

このような堂々巡りを必要としないほど善悪の所在がはっきりしているような芝居ならば、観ている側もスッキリするのだろうか。必ずしもそうではあるまい。こういうことを考えさせられたのが、**名取事務所『屠殺人 ブッチャー』（演出＝生田みゆき）**と**『慈善家 フィランスロピスト』（演出＝小笠原響）**だ。ともにカナダの劇作家ニコラス・ビヨンによる作品（**下北沢「劇」小劇場、一一月**）である。

映画化もされた『エレファント・ソング』で有名なビヨンは、スリラーを得意とする作家だ。名取事務所は彼の作品を二〇一七年以来何本か上演してきた。『ブッチャー』（二〇一四年）は一七、一九年と上演してきたが、今回は生田による新演出。『フィランスロピスト』は書き下ろし初演である。

『ブッチャー』の物語は、民族紛争を強権的弾圧で押さえ込んだとされる架空の国「ラビニア」に端を発している。収容所における非人道的罪を犯して「ブッチャー」と呼ばれた男がカナダにいる。被害者たちが、実に巧みな私的制裁を彼に対しておこなう。復讐のための国際組織、残虐な復讐の実行、そして「非人道的罪」をおかした者の死。復讐の連鎖を拒む人権派弁護士もまた、この復讐劇に否応なしに呑み込まれる。原作では、それらしく見せるために言語学者が架空のラビニア語をこの作品のために作り上げたという。

『フィランスロピスト』は、巨大製薬会社の創業家をめぐる実話に基づいている。新型オピオイド鎮痛剤を、その桁違いの依存性を知りつつ販売した製薬会社パーデューを創業したアメリカのサックラー家の美術館における「慈善活動」を描いている。日本では「オキシコドン」として癌による疼痛などに使われているこの劇薬、一九九六年にパーデュー社が強力に売り込みだして以来ジェネリック薬が続出し、その乱用により北米ではオピオイド中毒の犠牲者が急増した。二〇〇〇件を超える訴訟が起こり、その和解金を払うためにパーデュー社は破産。ただし、巨額な和解金の弁済確保のため六〇億ドル（一兆円に近い）を供出するという条件で、創業者のサックラー家は将来の訴訟責任から免除される。二〇二三年末の話である。それでも創業家には多額の財産が残されることとなるので、この和解条件を不当とする被害者遺族は多く、問題はいまだ完全な解決を見ていない。

『フィランスロピスト』は、将来の訴訟を見越した創業家が、美術館に対する寄付という形でいかに巧妙に財産保全をはかったかを追う一種の法律ミステリーである。事実、訴訟以降、北米ではサックラー家の冠が多くの美術館から取り外されたというが、それでもこの寄付金錬金術により多くの財産が創業家の手元に残ることとなった。政治的正義を盾に戦おうとする美術館運営サイドも、結局ある種の妥協を迫られる。それが文化生活水準を捨てきれない中産階級による妥協であることが、作品では明らかになる。文化と正義を掲げながらも、結局巨大資産の前に屈してしまう「上級市民」たちの共犯性を描いた諷刺戯画とでも言おうか。

両作ともに現在大活躍中の演出家を配した手堅い舞台だった。狭小な空間で繰り広げられる良くできたスリラーで、観客に息つく隙を与えない。そして両作ともにタイムリーかつ深刻な時事問題を扱っている——国家による非人道的犯罪とテロ、そして巨大資本による横暴である。

ただ、スリラーとしてあまりによくできた筋立てになっているという理由もあるのだろう、観客はどうしてもうまくやりおおせた側に感心してしまうのだ。『フィランスロピスト』の場合なら、創業家の見事な財産保全術のまえに美術家運営サイドが屈してしまうところに、ある種の爽快感さえある。そのうえ、これを笑いとばせる文脈的距離が観客にはあたえられるので、「知的分析」（ああ、なんと冷たい言葉か）が可能になってしまう。それができるから、観客は自分をも笑うことができる。中産階級の自分。生活レベルを下げられない自分。自分の偽善をどこかでゆるしてしまえる自分。

『ブッチャー』の方はもっと深刻である。人道に対する悪は、どんな処罰でも追いつかない（だから非人道的犯罪なのだ）。だが私的制裁は復讐の連鎖しか生まない。お決まりの堂々巡りだ。観客席で復讐の実行を望む自分がいたことを、素直に認めねばなるまい。最後に復讐の連鎖を人権派弁護士が拒んで、彼と「テロリスト」の女が真顔で見つめあうところでブラックアウトになったとしてもだ。

もっと言えば『ブッチャー』の場合、復讐をサディスティックに求めてしまう自分の中の暗黒部に気づかされざるをえなかった。とはいえ、それを恥じる気にもなれない。もちろん非人道的犯罪は許せない。独裁国家は、非人道的犯罪の土壌しか提供しないから許せない。戦争犯罪は許せない。そんなことが起きる国は駄目な国なのだ。そしてそういう国は世界にたくさんある。しかし私（たち）はそこにはいない。そう思えてしまうとき、われわれは残酷のスペクタクルを消費している。けっしてアルトーの言うような残酷演劇ではない。それは消費のためのスペクタクルなのだ。残るのは後味の悪い堂々巡りである。『ブッチャー』はサディスティックな欲望をあまりにも巧みに満たしてしまう。そんな欲望が自分の中にあったことを観客として納得させられてしまう。そしてスッキリしてしまう。デンゼル・ワシントン主演の映画「イコライザー」シリーズを見ているような気になってしまう。

これは、ブレヒト的にはあまり良くない芝居ということになるのだろう。たとえば「必殺仕事人」シリーズを見てモヤモヤ感を感じ続けることができるか？　そんな自分を脆弱な倫理観の持ち主と責めるだけの確信が持てるか？　そしてこの芝居を観たあとで、そんなことまで考える気になるか？　そもそもこのような問いかけこそが、中産階級の良心探しではないのか？　両作とも観劇後の満足はもたらしてくれる。しかし満足してしまった自分を問い直すきっかけにはなりそうにない。この世の理不尽という「わからなさ」に対峙するだけの観客の胆力を、両作は試そうとはしていないのだ。

「わからなさ」に向き合う

ポストコロナ期においてこの「わからない」に向き合おうとした舞台を取り上げることで、この年間回顧の稿を閉じたい。**イキウメ『人魂を届けに』（作・演出＝前川知大、シアタートラム、五月）**である。

「山鳥」とよばれる「母親」が、迷い込んだ者達を樹海の奥にある自分の小屋で養生させている。迷えし者どもは床の上で幾枚かの毛布にくるまっていて、最初はその姿さえわからないほどだ。

そこに、生真面目な刑務官である八雲が箱を届けに不自由な片足を引きずりながらやってくる。箱の中には、極刑になった「政治犯」の「魂」の「塊」が入っていて、拘置所の片隅から母親を求める無気味な囁き声を上げるのだという。土塊となった鬼がもの云わんとしてるということだろうか。

　様々な理由で樹海奥の小屋での生活を終えた者たちの多くが、この「人魂」のように重大事件の犯罪者となる傾向にあるということが徐々に明らかになってくる。のみならず、彼らは街に戻ると山鳥のことを母親と呼ぶというので、樹海の小屋は公安に目をつけられてしまっている。一九七一〜七二年にかけて連合赤軍が凄惨な内部粛清をおこなった群馬山中の「山岳ベース」事件への言及なのだろうか。

　とは言っても、山鳥の小屋はそのような過激政治思想からはほど遠い避難場所《アジール》として描かれている。そこの避難民たちの過去、そして山鳥自身の過去（森友学園をめぐる公文書改竄問題を苦にして起きた元近畿財務局職員の自殺が思い起こされる）などが断片的に分かってくる。傷ついた者たちの思いを聞いていた刑務官の八雲は自分の傷を自覚し、語り始める。

　人物たちが過去を語り出すと、その再現に声としてほかの人物たちが融通無碍に加わっていくというスタイルは健在だ。一方、前川が得意とするSFホラー的物語展開は影を潜めている。「人魂」とよばれる箱の中の黒い塊だけが、非日常性をしめす物体である。不思議なのは、この舞台が善悪の所在を示すことを徹底的に拒否するところである。迷える者たちを養生する山鳥は、自身社会的不正義の被害者側にいるにもかかわらず、政治的イデオロギーからほど遠い存在として振る舞い、社会の悪を名指しすることがまったくない。だから、この小屋を後にしたものがどうして反社会的犯罪を起こすようになるのかも、まったく分からないままに終わる。

　曖昧な善悪の所在を前にひたすら佇むしかない現状を受けとめ、受け入れること。山鳥の小屋とはそのための避難所なのだろう。息子が失踪してしまった八雲は、自分が仕事を理由にして息子の相手をちゃんとしてやれなかったのではないかと考えはする。しかしそれでも息子の進学を家族で祝った後に、なぜ息子が失踪しなければならなかったのかは、わからずじまいである。これに対して世に言われているような出来合いの理屈を持ってきて「中産階級的な良心探し」をすること——英語なら bourgeois soul-searching だから「魂 (soul)」という言葉が入っている——は無力なのだ。八雲は息子が気に入っていたアーチストの野外コンサートにみずから出むく。そして山鳥の小屋から街に戻ってきたこのアーチストがコンサート客に向かって発砲しだした時に足を打ち抜かれる。彼が小屋に持ってきた箱にあったこの乱射犯アーチストの「人魂」は囁きを発し続ける。その囁き声を聞いた八雲は、自分には魂と呼べるものが無いかもしれないと打ち明ける。そし

舞台写真　イキウメ『人魂を届けに』撮影：田中亜紀

てこの不条理の前に佇むことしかできない自分を、脚の痛みという身体感覚とともに受けとめようとするのである。

人魂となったアーチストはなぜ犯行に及んだのか。八雲の息子はどうして失踪したのか。山鳥はなぜ迷える者たちに避難所を与え続けているのか。これはただのシニシズムなのだろうか。そうではないような気がする。ではなんだ？　資本主義が強いる競争と疎外からの逃走なのだろうか。巨悪としての戦争が下劣な言説に取り巻かれていることへの無力感なのだろうか。それとも時代錯誤的な言説が、忖度という真綿に何重にも取り巻かれているという権力の柔構造を前にした絶望なのだろうか。どれもしっくりこない。訳知り顔に発せられた言葉特有の虚ろで虚しい響きしか聞こえてこない。

このモヤモヤを人魂の塊《かたまり》という演劇的手触り（なんだか別役実的な言い方だ）として観客に食わせてしまえ。それが演劇というものだし、それくらいしか演劇にはできないのだ。『人魂を届けに』とはそういう芝居なのだ。――こう言ったところで、この素晴らしい作品を褒めているようには聞こえないだろう（私は褒めたいのに）。しかしこの稿の締めくくりにこの作品を持ってきたのは、二〇二三年という難しい年を舞台化するにあたり、日本の演劇が直面した表象可能性をめぐる問いを、『人魂を届けに』において展開される小声の「佇み」が象徴しているように思えたからなのである。

2023 AICT会員アンケート

AICT（国際演劇評論家協会）日本センター会員に二〇二三年の舞台作品を対象にアンケートを行った。「ベストステージ」は各自五作品まで挙げ、順位がある場合は一位から五作品まで挙げ、順位がある場合は一位から五位までをそれぞれ五点から一点とし、順位がない場合は全て三点として集計した。作品情報は初出のみに付した。内容は以下の通りである。

アンケート

❶ベスト舞台（五作品まで。順位のあるものは「①②…」、ないものは「〇」

❷二〇二三年の観劇本数

❸ベストアーティスト（三人まで）

❹目立った新人アーティスト

❺コメント

穴澤万里子

❶〇東のボルゾイ『IBUKI』（作＝島川柊、作曲＝久野飛鳥、演出＝大舘実佐子／中目黒キンケロ・シアター）〇太陽劇団（テアトル・デュ・ソレイユ）『金夢島 L'ÎLE D'OR　Kanemu-Jima』（演出＝アリアーヌ・ムヌーシュキン／東京芸術劇場ほか）〇狂言師『石田幸雄』のソロ活動 vol.01 より『クラリモンド』（演出＝石田淡朗／銕仙会能楽研修所）〇第九十七回女流名家舞踊大会『鷺娘』（出演＝花柳幸舞音／国立劇場大劇場）〇『海をゆく者』（作＝コナー・マクファーソン、翻訳＝小田島恒志、演出＝栗山民也／PARCO劇場）

❷35本

❸〇大鶴美仁音

❺アフターコロナを実感した一年だった。若者の順応の速さには感動！　大学でマスクをしてる学生なんて見かけない。日本の三大エンターテイメント、ジャニーズ、歌舞伎、そして宝塚歌劇団の古い体制が露呈したのも、アフターコロナの影響だろうか？　個人的には新しく生まれ変わる国立劇場の閉場前に良い公演を観ることが出来て幸せであった。いずれにせよ、今、私達は否応なしに変革の時

を迎えている。

飯塚友子

❶①東宝『ラグタイム』（脚本＝テレンス・マクナリー、歌詞＝リン・アレンズ、音楽＝スティーヴン・フラハティ、翻訳＝小田島恒志、訳詞＝竜真知子、演出＝藤田俊太郎／日生劇場）②太陽劇団（テアトル・デュ・ソレイユ）『金夢島 L'ÎLE D'OR Kanemu-Jima』③ミナモザ『楢山節考』（原作＝深沢七郎、演出＝瀬戸山美咲／利賀山房（利賀芸術公園））④松竹『達陀』（歌舞伎座）⑤東京バレエ団『かぐや姫』（演出振付＝金森穣／東京文化会館）

❷２５０本

❸○藤田俊太郎○金森穣○尾上松緑

❹○秋山瑛

❺二〇二三年は、商業演劇の軸となっていた旧ジャニーズ事務所（現ＳＭＩＬＥ—ＵＰ.）、宝塚歌劇、歌舞伎で問題や事件が表出した。舞台さえよければハラスメントが黙認された昭和の価値観が終焉し、創作過程において現代に合ったやり方は何か、模索が始まった一年ではないか。「演劇が時代を映す鏡である」以上、この流れは変わらない。／新型コロナウイルスの水際対策緩和で、海外からの来日公演や外国人スタッフが参加する舞台も目立った。中でも仏・太陽劇団は、日本の佐渡らしき島がテーマで圧巻。／『ラグタイム』は、米国における人種の多様性とその相克を描くミュージカル。日本人には上演しにくい内容だが、独自の演出で見せた藤田俊太郎の手腕が光った。／現代の演劇には、最先端技術が駆使されているが、観客の心を一番、揺さぶるのは俳優の生身の肉体表現。そもそも原始的な芸術なのに、「演劇とエコロジー」を考えなくてはならないほど、遠くに来たと感じる。

石井達朗

❶○オル太『ニッポン・イデオロギー』（作＝メグ忍者、演出＝Jang-Chi／BankART Station ほか）○T Factory『カミの森』（作・演出＝川村毅／座・高円寺1）○太陽劇団（テアトル・デュ・ソレイユ）『金夢島 L'ÎLE D'OR Kanemu-Jima』○勅使川原三郎『ランボー詩集 —地獄の季節からイリュミナシオンへ—』（振付・演出・構成ほか＝勅使川原三郎／東京芸術劇場 プレイハウス）○『舞台・エヴァンゲリオン ビヨンド』（原案・構成・演出・振付＝シディ・ラルビ・シェルカウイ／THEATER MILANO-Za）

❸○勅使川原三郎○シディ・ラルビ・シェルカウイ○北村明子

❹○中川絢音

今井克佳

❶○龍昇企画『父と暮らせば』（演出＝西山水木／上野ストアハウス）○唐組『透明人間』（作＝唐十郎、演出＝久保井研＋唐十郎／新宿花園神社境内）○ＮＯＤＡ・ＭＡＰ『兎、波を走る』（作・演出＝野田秀樹／東京芸術劇場 プレイハウス）○青年劇場『星をかすめる風』（作・演出＝シライケイタ／紀伊國屋サザンシアター TAKASHIMAYA）○太陽劇団（テアトル・デュ・ソレイユ）『金夢島 L'ÎLE D'OR Kanemu-Jima』

❷47本

❸この項目は辞退いたします。

❺二〇二三年、コロナ明けにも関わらず、プライベートの状況により、観劇数は五〇本以下であった。そのため、偏った範囲からの五本である。この他には、文学座『挿話 —エピソード—』、『アナトミー・オブ・ア・スーサイド —死と生をめぐる重奏曲—』、俳優座『ラフタリーの丘で』『閻魔の王宮』など、

新劇系の劇団が攻めているな、という印象を持った。理性的な変人たち『海戦2023』も、斬新な試みで印象に残った。東京駅を背景として上演されたSPAC『マハーバーラタ』や、再演だが自分としては初見の、KAAT×東京デスロック×第12言語演劇スタジオ『外地の三人姉妹』、東京では初見の木ノ下歌舞伎『勧進帳』も印象に残る。商業演劇系ではホリプロがロングランを目指して上演している『ハリー・ポッターと呪いの子』がよかった。注目しながらも行けなかった演目も多い。

今村修

1 **○劇団俳優座『閻魔の王宮』**（作＝フランシス・ヤーチュー・カウィグ、翻訳＝小田島恒志、演出＝眞鍋卓嗣／俳優座劇場）**○『他人』**（作＝竹田モモコ、演出＝内藤裕敬／恵比寿・エコー劇場ほか）**○劇団青年座『同盟通信』**（作＝古川健、演出＝黒岩亮／新宿シアタートップス）**○『森から来たカーニバル』**（作＝別役実、脚色・演出・振付＝スズキ拓朗／ザ・スズナリ）**○風姿花伝プロデュース『おやすみ、お母さん』**（作＝マーシャ・ノーマン、演出＝小川絵梨子／シアター風姿花伝）

2 **156本**

3 **○生田みゆき○スズキ拓朗○シライケイタ**

4 **竹田モモコ**

5 泥沼のロシアのウクライナ侵略に加え、ハマスの攻撃に端を発したイスラエルによるパレスチナ人大量殺戮、日本国内でも国民不在の政府の暴走と、救いのない世相を映して、社会派、硬派の作品に力作が目立った。ベスト5に挙げた『閻魔の王宮』『同盟通信』の他にも、ガザの惨劇を先取りしたような『占領の囚人たち』をはじめとする名取事務所の取り組み、社会変革への志を熱量豊かに描いた流山児★事務所『夢・桃中軒牛右衛門の』再演などにも胸がざわついた。一方で、「日本の演劇人を育てるプロジェクト」の地道な取組みの中から秀作が目立ったのは心強かった。俳優座劇場、こまばアゴラ劇場など、日本の現代演劇に大きな足跡を残した劇場の閉館発表、原爆の惨禍を語り継ぐ夏の定番として演じ続けられてきた地人会新社『この子たちの夏』の一区切りには時代の移ろいとともに一抹の寂しさも禁じえなかった。

岩城京子

1 **○『ヴォイシング・ピーシス』**（演出＝ベギュム・エルシヤス／デシンゲル劇場（アントワープ））**○Q『弱法師』**（劇作・演出＝市原佐都子／フランクフルト州立劇場（小劇場）ほか）**○『マギー・ザ・キャット』**（演出＝トラジャル・ハレル／KVS BOL（ブリュッセル））**○『サンキュー・ヴェリー・マッチ』**（演出＝クレア・カニングハム／KVS BOX（ブリュッセル））**○『カデラ・フォルツァ三部作第一章：花嫁＆ザ・グッドナイト・シンデレラ』**（演出ほか＝カロリナ・ビアンキ／Frankfurt Lab（フランクフルト））

2 **60本**

3 **○カロリナ・ビアンキ○市原佐都子○ベギュム・エルシヤス**

4 **アレックス・バジンスキー＝ジェンキンズ**

5 欧州現代演劇をブリュッセル拠点に定点観測していて肌感覚で感じるのは、コロナ前までは「人間の棲む世界は終わるかもしれない」というおぼろげな仮説だったものが、コロナ後になり「終わるものとしてすでに捉え、ではどうするか」というフェーズにアーティストの思考が移行したようにおもえる。結果、理路整然と言語でなにかを表現しようとする演劇やパフォーマンスはよりいっそう機能不全に。逆にカオスを秩序に回収せず、予定不可能なものをそのまま抱擁するような、良い意味で「粗」と「弱さ」が魅力的な作品に、感受性鋭敏な観客は心惹かれるようになっている。環境問題に面してカール・ラヴェリーが唱える「弱いパフォーマンス」がいっそう必要な世界が加速している。

岩佐壮四郎

1 ケムリ研究室『眠くなっちゃった』(作・演出=ケラリーノ・サンドロヴィッチ/世田谷パブリックシアター)○燐光群『わが友、第五福竜丸』(作・演出=坂手洋二/座・高円寺1)○流山児★事務所『瓦礫のオペラ★戦場のピクニック』(原作=F・アラバール、構成・演出=流山児祥/SPACE早稲田)○演劇集団 円『グレンギャリー・グレンロス』(作=デイヴィッド・マメット、翻訳=芦沢みどり、演出=内藤裕子/俳優座劇場)○音楽座『泣かないで』(原作=遠藤周作『わたしが・棄てた・女』、脚本=相川タロー・ワームホールプロジェクト、演出=ワームホールプロジェクト/町田市民ホール)

2 20本

3 大西孝洋

5 ピコピコという電子音と共に、戦車が潰され、兵士が消されていく――。『眠くなっちゃった』のオープニングだ。液晶画面では既視の光景だが、現実を異化、今が戦時下だということを感じさせた。■『瓦礫のオペラ/戦場のピクニック』も、戦時下の今をまざまざと伝える。アングラ劇団として鳴らした「演劇団」で初演した演出家には、思い入れも一際のようだが、自ら構成にも関わった今回の舞台では、宮沢賢治の『飢餓陣営』を嵌入したところが見場。花巻農学校の生徒達が上演して以来の再演だが、シベリア出兵に出陣、孤立した兵士達には、ウクライナやガザの人々の姿が重なる。■『わが友、第五福竜丸』では、イエスを弾劾するガリラヤ湖の魚(埴谷雄高『死霊』)よろしく、ビキニ環礁の鮪までが人類の非を告発する。死臭芬々たるなかで、我々を元気づかせる舞台。パンデミックの終わり(の宣言)と交錯するように始まった新しい理不尽に、演劇が健闘していることを感じた。

内田洋一

1 ○イキウメ『人魂を届けに』(作・演出=前川知大/シアタートラムほか)○NODA・MAP『兎、波を走る』○『ある馬の物語』(上演台本・演出=白井晃/世田谷パブリックシアター)○名取事務所『占領の囚人たち』(作=パレスチナ人政治囚、エイナット・ヴァイツマン、ダーリーン・タートゥール、演出=生田みゆき/下北沢「劇」小劇場)○Pカンパニー『消えなさいローラ』(作=別役実、演出=富士川正美/西池袋・スタジオP)

3 ○前川知大○野田秀樹○上田大樹

4 ○生田みゆき

5 新型コロナウイルス感染症が感染症法上の5類になり、インフルエンザと同じ扱いになったのが五月、延期となった企画が再登場するなど演劇界は病み明けの年となった。野田秀樹、ケラリーノ・サンドロヴィッチのふたりが例年通り先頭を走る活躍をみせ、前川知大が作劇の転回を印象づけたのが注目されたが、創作劇の不調は否めなかった。感染症の流行以降、稽古場の濃度が薄まっている。このタイミングで潜在化していたハラスメント問題への批判が起こり、人間と人間とがぶつかる演劇の作品づくりは混迷を深めた。稽古の正当性をたもちつつ、同時に強度と練度をあげること。内容以上に作品づくりのプロセスそのものが問われた一年だったといえるが、模索は始まったばかりだ。ＡＩＣＴが理事会開催に際し、利賀村のＳＣＯＴと協力して演劇とエコロジーの問題に光をあてたことは意義のあることだった。演劇の持続可能性が問われているのである。

太田耕人

1 ○太陽劇団（テアトル・デュ・ソレイユ）『金夢島 L'ÎLE D'OR　Kanemu-Jima』○マリヤの賛歌を上演する会『マリヤの賛歌―石の叫び』（脚本＝くるみざわしん、演出＝岩崎正裕／喫茶美術館）○ＭＯＮＯ『なるべく派手な服を着る』（作・演出＝土田英生／AI HALL ほか）○iaku『あたしら葉桜』（作＝横山拓也、演出＝上田一軒／インディペンデントシアター 2nd ほか）○エイチエムピー・シアターカンパニー『リチャード三世　馬とホモサケル』（原作＝ウィリアム・シェイクスピア、作＝くるみざわしん、演出＝笠井友仁／近鉄アート館）

2 約80本

3 ○金子順子○横山拓也○くるみざわしん

4 ○小谷俊輔

5 太陽劇団『金夢島』は、主人公がみる夢のなかに劇中劇を置いて多層構造を構成し、（ブレヒトのように歌ではなく）文学テクストを唐突に朗誦することで異化効果を働かせた。そこに中央集権的に統一されたテーマは見出し難い。しかし、日本の事物や日本の大衆演劇をパスティーシュ的に引用して、キッチュな美に溢れていた。朗誦されるテクストは疫病や感染症に言及したものが幾つもあり、新型コロナウイルス感染症によるロックアウトの閉塞感が、劇の通奏低音としてある。その音が響く中で、世界に蔓延している、独裁や人権の弾圧といった〈病〉が、劇中劇で扱われる。雑多なものを巻き込むようにして展開する〈夢〉のちからに瞠目した。

岡田蕗子

1 ①劇団不労社『MUMBLE ―モグモグ・モゴモゴ―』（作・演出＝西田悠哉／ロームシアター京都）②エイチエムピー・シアターカンパニー『ハムレット　例外と禁忌』（作＝くるみざわしん、演出＝笠井友仁／扇町ミュージアムキューブ CUBE01）③大阪大学中之島芸術センター・大阪大学大学院人文学研究科・大阪大学総合学術博物館『中之島デリバティブⅡ』（作・演出＝林慎一郎／大阪大学中之島芸術センター・３Ｆスタジオ）○トリコ・Ａ『そして羽音、ひとつ』（作＝山岡徳貴子（魚灯）、演出＝山口茜／扇町ミュージアムキューブ CUBE01 ほか）④突劇金魚『小さいエヨルフ』（原作＝ヘンリック・イプセン、脚本＝サリngROCK & 山田蟲男、演出＝サリngROCK／扇町ミュージアムキューブ CUBE05）

2 78本

3 ○サリngROCK○山岡徳貴子○佐々木ヤス子

4 ○西田悠哉

5 一二月一五日に不労社の『MUMBLE ―モグモグ・モゴモゴ―』を観て以降、チャットモンチーの「シャングリラ」が脳内再生され続けている。『MUMBLE』は大雪で閉じ込められ極限状態になった人が人を食うという芝居だが、いざ人を食う時に、登場人物の一人が足を床にたたきつけながら客席に向かってこの歌を歌い続けるのだ。「シャングリラ　幸せだって叫んでくれよ」「僕らどこへ向かおうか？　ああ」「胸を張って歩けよ　前を見て歩けよ」……それは、既存の善悪を越えようとする人達が、言葉を失い、歌とリズムで倫理を蹴り倒した瞬間だった。／既存の倫理が崩壊した状況は今現在も溢れていて、なぜ今私はこの芝居を観ているのかと客席でもやっとすることも増えた。「シャングリラ」の叫びは、私のもやつきを殴り飛ばした。／『MUMBLE』は本号のテーマ、「エコロジー」の観点でも分析できるだろう。人の肉も肉なので、食べる・食べないの判断は人がしている。当たり前だが、そこが重要だ。

荻野達也

1 ①PLAY/GROUND Creation『Spring Grieving』（作＝須貝英、原案・構成・演出＝井上裕朗／サンモールスタジオ）②NODA・MAP『兎、波を走る』③PANCETTA『ゾウ』（脚本・演出＝一宮周平／下北沢 ザ・スズナリ）③ほろびて『あでな／／いある』（作・演出＝細川洋平／こまばアゴラ劇場）④コンプソンズ『愛について語るときは静かにしてくれ』（脚本・演出＝金子鈴幸／下北沢 OFF・OFF シアター）

2 約70本

3 ○ケラリーノ・サンドロヴィッチ○生田みゆき○一宮周平

4 ○村田青葉（演劇ユニットせのび）

5 コロナ禍が終息しても小劇場系への観客の戻りは鈍い。チケット値上げが逆に観劇を遠ざける悪循環。そのままでは「業」になり得ない演劇を育てるためにはどうしたらよいか、いまこそ関係者全員が〈自分ごと〉として考えてほしい。演劇人はよい作品をつくるためなら、千穐楽まで修正を加えていく。それと同じ情熱を集客・創客に注いでほしい。俳優座劇場、こまばアゴラ劇場の閉館が発表され、残された時間は少ない。希望はEPADの8K定点等身大上映。演劇を「再現」し、興行を変えていくと期待している。／エコロジーについては、まず目先のリアルな問題に取り組むことが重要。舞台美術を始めとするリユースの促進、その前提となる創造環境を風通しよくするため、ハラスメントへの意識改革が喫緊の課題。他者を理解出来ない者に環境が理解出来るだろうか。大規模なカルチベートチケットや芸術監督公開トークでの進行が際立っていた人気俳優の失言が本当に残念。観客との関係を強く意識していたはずなのに。

小山内伸

1 ○劇団俳優座『対話』（作＝デヴィッド・ウィリアムソン、翻訳＝佐和田敬司、演出＝森一／俳優座スタジオ）○トラッシュマスターズ『入管収容所』（作・演出＝中津留章仁／すみだパークスタジオ倉）○劇団民藝『善人たち』（作＝遠藤周作、演出＝小笠原響／劇団民藝稽古場）○世田谷パブリックシアター『無駄な抵抗』（作・演出＝前川知大／世田谷パブリックシアター）○名取事務所『慈善家―フィラントロピスト／屠殺人ブッチャー』（作＝ニコラス・ビヨン、翻訳＝吉原豊司、演出＝小笠原響／生田みゆき／下北沢「劇」小劇場）

2 ３２９本

3 ○中津留章仁○前川知大○古城十忍

4 ○生田みゆき

5 『対話』のほか俳優座は『この夜は終わらぬ。』『ラフタリーの丘で』『ボタン穴から見た戦争』『閻魔の王宮』と実験作・問題作を連発し、今年も気を吐いた。中津留はさらに『チョークで描く夢』で作風を転じた。このアンケート欄にはなぜか作者名を記す欄がないが、『善人たち』は遠藤周作の未発表作の初演。右記のほか、オフィスコットーネ

『磁界』、ワンツーワークス『アプロプリエイト』『アメリカの怒れる父』（古城演出）、ゴーチブラザーズ『ブレイキング・ザ・コード』、新国立劇場『エンジェルス・イン・アメリカ』、NODA・MAP『兎、波を走る』、KAAT『アメリカの時計』、マートルアーツ『同郷同年』、サンライズプロモーション東京『My Boy Jack』、青年座『同盟通信』、パルコ『チョコレート・ドーナツ』、iaku『モモンバのくくり罠』などの特筆すべき作品があった。生田は『占領の囚人たち』『アナトミー・オブ・ア・スーサイド』『屠殺人ブッチャー』と意欲的な演出を手掛けた。

小田幸子

❶①Q『弱法師』②『卒都婆小町』（大槻文蔵〈シテ〉／観世能楽堂）③『松風 戯之舞』（片山九郎右衛門〈シテ〉／大槻能楽堂）④新宿梁山泊『少女都市からの呼び声〈若衆公演〉』（作＝唐十郎、演出＝金守珍／ザ・スズナリ）⑤『エレクトラ』（作＝R・シュトラウス、指揮＝ジョナサン・ノット〈東京交響楽団音楽監督〉、演出監修＝サー・トーマス・アレン／サントリーホールほか）

❷160本

❸〇野村萬斎〇詩森ろば〇片山九郎右衛門

❹〇市原佐都子

❺今年最も興奮させられたのが、市原佐都子作・演出の『弱法師』である。能の『弱法師』や三島由紀夫の近代能楽集『弱法師』を踏まえながら、むしろ説経浄瑠璃『しんとく丸』や文楽『摂州合邦辻』に連なる人形浄瑠璃の古層へ切り込み、豊饒で錯綜する世界は幻惑的で現代社会を撃つパワーにあふれていた。なかでも原サチコの語りは圧倒的。

桂真菜

❶〇NODA・MAP『兎、波を走る』〇劇団俳優座『閻魔の王宮』〇新国立劇場『東京ローズ』（台本・作詞＝メリヒー・ユーン／カーラ・ボルドウィン、作曲＝ウィリアム・パトリック・ハリソン、翻訳＝小川絵梨子、訳詞＝土器屋利行、演出＝藤田俊太郎／新国立劇場 小劇場）〇梅田芸術劇場『太平洋序曲』（作詞・作曲＝スティーヴン・ソンドハイム、脚本＝ジョン・ワイドマン、演出＝マシュー・ホワイト／日生劇場ほか）〇チェルフィッチュ『宇宙船イン・ビトウイーン号の窓』（作・演出＝岡田利規／吉祥寺シアターほか）

❷150本

❸〇ケラリーノ・サンドロヴィッチ〇白井晃〇十三代目 結城孫三郎

❹〇原田真絢（東京ローズ等ミュージカル俳優）

❺二〇二三年は厳しい社会情勢を歩む人間について、考えさせる作品が光った。その傾向は翻訳劇においても共通で、文学座の『アナトミー・オブ・ア・スーサイド―死と生をめぐる重奏曲』（アリス・バーチ作、生田みゆき演出）は、三世代の女性の痛みに満ちた選択を追う戯曲を、果敢に上演した。名取事務所の『慈善家―フィランソロピスト』（ニコラス・ビヨン作、小笠原響演出）は資本主義の暗部をコミカルに描き、『占領の囚人たち』（パレスチナ人政治囚、エイナット・ヴァイツマン、ダーリーン・タートゥール作、生田みゆき演出）はパレスチナ住民の受難を女性問題も交えて訴えた。後者はユダヤ系イスラエル人作家、パレスチナ人俳優、日本人スタッフ&キャストの協力により、深い陰翳を宿す舞台となった。海外と日本の芸術家が共に創造した秀作として、新国立劇場制作の二本のオペラ『ボリス・ゴドゥノフ』（ムソルグスキー作曲、大野和士指揮、マリウシュ・トレリンスキ演出）、『シモン・ボッカネグラ』（ヴェルディ

作曲、大野和士指揮、ピエール・オーディ演出）も挙げておきたい。前者は俳優と映像、後者は現代美術家アニッシュ・カプーアの装置を、歌手たちの肉声とオーケストラの緊密な演奏に融けこませ、古典に新鮮な生命を吹き込んだ。

河合祥一郎

1 ①新国立劇場『尺には尺を』（作＝ウィリアム・シェイクスピア、翻訳＝小田島雄志、演出＝鵜山仁／新国立劇場 中劇場）②PARCO『ラビットホール』（作＝デヴィッド・リンゼイ＝アベアー、翻訳＝小田島創志、演出＝藤田俊太郎／PARCO劇場ほか）③世田谷パブリックシアター『ハムレット』（作＝ウィリアム・シェイクスピア、翻訳＝河合祥一郎、構成・演出＝野村萬斎／世田谷パブリックシアター）④ゴーチ・ブラザーズ『ブレイキング・ザ・コード』（作＝ヒュー・ホワイトモア、翻訳＝小田島創志、演出＝稲葉賀恵／シアタートラム）⑤ホリプロ『生きる』（原作＝黒澤明監督作品、演出＝宮本亞門／新国立劇場 中劇場）

2 160本

3 ○ソニン○宮澤エマ○中村蓉

4 ○葵わかな

5 ようやく劇場に活気が戻った。シェイクスピアに限定して語れば、野村萬斎の『ハムレット』は新解釈を加え、日本の古典演劇の手法を駆使した画期的な公演だったし、演劇集団 円の『ペリクリーズ』では中村蓉のステージングが抜群だった。アラン・クーパーと天海祐希の『レイディ・マクベス』、鄭義信作演出『歌うシャイロック』、井上尊晶演出『ロミオとジュリエット』など印象に残る作品は多かったが、特筆すべきは鵜山仁演出『尺には尺を』だ。こんなに観客を笑わせ、作品の二面性を表現してみせた『尺には尺を』は初めてだ。ソニンが『ファクトリー・ガールズ』でも形成した他と違う価値観に生きるキャラクターを、シリオコミックな演技で昇華させたのが実を結んだ。二〇二三年の大きな収穫の一つとして記しておきたい。

九鬼葉子

1 ○マリヤの賛歌を上演する会『マリヤの賛歌―石の叫び』○清流劇場『セチュアンの善人』（原作＝ベルトルト・ブレヒト、翻訳・ドラマトゥルク＝市川明、上演台本・演出＝田中孝弥／一心寺シアター倶楽）○エイチエムピー・シアターカンパニー『リチャード三世 馬とホモサケル』○空の驛舎『雨の壜』（作・演出＝中村ケンシ／布施PEベース）○ニットキャップシアター『カレーと村民』（作・演出＝ごまのはえ／吹田市文化会館メイシアター 中ホールほか）

2 115本

3 ○金子順子○くるみざわしん○ごまのはえ

4 ○西田悠哉（劇団不労社）※新人ではないが若手の意味で

5 関西演劇界は各演劇祭が規模を拡大し、新しい演劇祭もスタート。大阪市内に扇町ミュージアムキューブと聖天通劇場がオープンするなど、賑やかな年。地域密着型の発想、「人がつながる」趣旨が顕著。兵庫県の豊岡演劇祭は、地元観光産業と連携、アーティストと国内外のプロデューサーとの出会いも促す、アジアのハブとなる演劇祭へと飛躍中。吉本興業株式会社企画・制作の関西演劇祭は、参加者の映画やテレビドラマ出演にもつなげる。大阪市立芸術創造館が短編演劇祭「ぱくっと！」をスタート。無名劇団は大阪市西成区のアトリエで、鶴見橋演劇祭を開催。地元・鶴見橋商店街から得たインスピレーションをもとに四劇団が新作を発表。／戦時性暴力を追求する劇作家・くるみざわしんの活躍が際立つ。『マリヤの賛歌—石の叫び』、『リチャード三世—馬とホモサケル』など。大阪女優の会による非戦を願う朗読会は二〇年を迎え、成果を挙げる。不透明な時代を反映し、ブレヒト上演や不条理演劇などの秀作も続いた。

坂口勝彦

❶〇アリス・リポル／Cia. REC『Lavagem（洗浄）』（ロームシアター京都 ノースホール）〇ピーピング・トム『マザー』（構成・演出＝ガブリエラ・カリーゾ／世田谷パブリックシアター）〇MWnoズ『人ぐらむ人』（作・演出・振付＝高橋萌登、上村有紀、久保佳絵／スタジオHIKARI）〇ANTIBODIES Collective『Liminal Praxis』（構成・振付＝東野祥子／DantoTile 淡路島工場福良事業所内・特設会場）〇関かおり PUNCTUMUN『みとうとう またたきま いれもの』（振付・演出＝関かおり／シアタートラム）

❷70本

❸〇高橋萌登〇シディ・ラルビ・シェルカウイ

❺五作はいずれもコンテンポラリーダンスと呼ばれうるカテゴリーの作品。「コンテンポラリーダンス」という呼称は最近では使われることも少なくなったが、「ダンス」では広すぎるので、とりあえずまだ使えるだろう。自由とか反権威を備えた機動性を核とするダンス、かつては素人性という要素もあったが、最近ではモダンダンスやバレエと肩を並べるテクニックを持ったダンサーたちがそろいながら、それこそ分類しがたい多彩な作品が作られている。アリス・リポルは、日常にある社会的問題をしなやかな身体で包み込む。ピーピング・トムは、空間を歪めるほどの身体操作により老いの力を拡大してみせる。MWnoズは、言葉による物語をどれほど身体が逸脱し得るかに賭ける。東野祥子は、空間と時間をどこまで身体が切り裂けるかに賭ける。関かおりは、ニンゲンらしき生命体の再創造をシミュレートする。いずれもダンスとダンスでないもののギリギリの界面で闘っている。

柴田隆子

❶〇範宙遊泳『バナナの花は食べられる』（作・演出＝山本卓卓／KAAT 中スタジオほか）〇Q『弱法師』〇『全自動煩脳ずいずい図』（作・演出・振付＝康本雅子／KAAT 大スタジオ）〇キッドピボット『リヴァイザー／検察官』（脚本＝ジョナソン・ヤング、演出・振付＝クリスタル・パイト／神奈川県民ホール 大ホール）〇サファリ・P『透き間』（上演台本・演出＝山口茜／メニコン シアターAoi）

❷78本

❸〇市原佐都子〇山口茜〇康本雅子

❺「演劇とエコロジー」には色々な観点があるが、人間中心主義の暴力性から脱却し、脆弱性、多様性に目を向けることと考えると、二〇二三年に興味深くみた舞台の多くがそれに当てはまる。人間以外の視点が強く意識された舞台には『リヴァイザー』『弱法師』の他、京都国際舞台芸術祭でのバック・トゥ・バック・シアター『影の獲物になる狩人』やチェルフィッチュ『宇宙船イン・ビトゥイーン号の窓』がある。強者の論理では生きられない人々を描いた『バナナの花は食べられる』やトリコ・A『そして羽音、ひとつ』は、そのあり得ないラストが叶えてみたい未来に思え、鳥公園『ヨブ呼んでるよ』の落ち着かなかったラストの二人に重ねたりもした。観

劇環境にも意識的になった。客席との一体感を味わえた『透き間』や『全自動煩悩ずいずい図』は稀有な例で、多くの舞台は、アウェイな客席で観ることが多かったため、舞台の様々な文脈と受け取り方に気づけたのも貴重な体験だった。

嶋田直哉

❶①シス・カンパニー『ヴィクトリア』（作＝イングマール・ベルイマン、演出＝藤田俊太郎／スパイラルホールほか）②JACROW『「闇の将軍」四部作』（作・演出＝中村ノブアキ／東京芸術劇場 シアターウエスト）③新国立劇場『エンジェルス・イン・アメリカ』（作＝トニー・クシュナー、翻訳＝小田島創志、演出＝上村聡史／新国立劇場 小劇場）④宝塚歌劇団花組『うたかたの恋』（演出＝小柳菜穂子／宝塚大劇場）⑤劇団民藝『善人たち』

❷186本

❸○大竹しのぶ○狩野和馬○中村ノブアキ

❺六月に「経済三篇」、一二月に『「闇の将軍」四部作』を一挙上演したJACROWの活躍が目立った。これらの連続上演では新作こそ少なかったが、それぞれ企業のオフィス、日本の政治史と題材は異なるものの、戦後の日本精神（史）について思考を促す中村ノブアキの作劇は圧巻だった。その他、『ヴィクトリア』における大竹しのぶの緻密な演技、『うたかたの恋』における柚香光の頽廃的な美学を体現した演技が印象的だった。また年の後半では旧ジャニーズ事務所、宝塚歌劇団における労働環境問題が浮上した。制作現場とそれをめぐるメディアの意識について考えさせられた。

上念省三

❶○スペースノットブランクほか『ダンスダンスレボリューションズ』（作＝松原俊太郎、演出＝小野彩加、中澤陽／京都芸術センター フリースペース）○突劇金魚『罪と罰』（原作＝フョードル・ドストエフスキー、脚本＝サリngROCK、山田蟲男、演出＝サリngROCK／大阪市立芸術創造館）○s**t kingz・小曽根真『ある都市の死』（上演台本・演出＝瀬戸山美咲／サンケイホールブリーゼほか）○サイトウマコトの世界『クロニクル』（構成・演出・振付＝サイトウマコト／デザイン・クリエイティブセンター神戸 KIITO KIITOホール）○貞松・浜田バレエ団『Kamuyot』（演出・振付＝オハッド・ナハリン、演出＝堤悠輔／デザイン・クリエイティブセンター神戸 KIITO KIITOホール）

❷110本

❸○高安美帆○金満里

❹○佐々木ヤス子

❺関西では態変が四〇周年を迎え、金満里のソロ公演、団体としての公演を重ねたことに深い感慨を覚えた。態変の存在によって、私たちは障害者の芸術を（普通の）芸術として語る言葉を持ちえた。／一年に複数の公演を実施して印象を残した劇団、俳優が多かった中で、佐々木ヤス子の活躍は追い切れていない。中でサファリP『透き間』、突劇金魚『罪と罰』が強く印象に残っている。／エイチエムピー・シアターカンパニーの高安美帆はその存在によって、カンパニーが女性だけで上演することの意味、そのことによる多様性の意義を確かに現わせている。／松原俊太郎が行なったような演劇言語とダンスの身体言語を混淆させるような「実験」が、現在において軽やかに実現されることに、明日への希望を感じた。

須川渡

❶○OiBokkeShi『レクリエーション葬』

（作・演出＝菅原直樹／岡山芸術創造劇場 ハレノワほか）○太陽劇団（テアトル・デュ・ソレイユ）『金夢島 L'ÎLE D'OR Kanemu-Jima』○ロームシアター京都『文化センターの危機』（作・演出＝松田正隆／ロームシアター京都）○Mi-Mi-Bi『未だ見たことのない美しさ〜神戸 ver.〜』（演出＝森田かずよ／ArtTheater dB KOBE）○みまた演劇フェスティバル「まちドラ！」の諸作品（三股町立文化会館ほか）

❷約50本

❺OiBokkeShiや松田正隆、太陽劇団は、それぞれの方法論で演劇のフィクショナルな側面を改めて再考させる機会を与えてくれた。しかし、昨年は特定の作家に帰するというよりは、観客や場も含めた上演そのものが印象に残る場面が多かった。宮崎県三股町で行われた「まちドラ！」は、市民参加の在り様も含めて印象に残った演劇フェスティバルのひとつ。また、五本の中には入らなかったが、新型コロナが5類に移行したこともあって、ようやく観客を入れて再開することになった地域の伝統行事（大分・素人芝居天ケ瀬座『三人の運命』、広島・壬生の花田植など）も印象深かった。エコロジーのことを視野に入れるなら、都市とは異なるコミュニティ内で循環する演劇実践もまた視野に入れなければならないように思う。

關智子

❶○太陽劇団（テアトル・デュ・ソレイユ）『金夢島 L'ÎLE D'OR Kanemu-Jima』○名取事務所『占領の囚人たち』○劇団チョコレートケーキ『ブラウン管より愛をこめて—宇宙人と異邦人—』（脚本＝古川健、演出＝日澤雄介／世田谷パブリックシアター）

❷150本程度

❸○森尾舞○冨坂友○古川健

❺率直に言えば、二〇二三年の国内での上演で納得のいくものは、例年と比較して少なかったと言わざるを得ない。その中で『金夢島』は大御所の大御所たる所以を見せつけられた大作だった。あまり本数は見られなかったが、国外では『Zwiegespräch』(Burgtheater)、『Killjoy Quiz』(NTGent) が刺激的だった。

高田和文

❶○明治座『チェーザレ 破壊の創造者』（原作＝惣領冬実、演出＝小山ゆうな／明治座）○名取事務所『占領の囚人たち』○SPAC『人形の家』（作＝ヘンリック・イプセン、演出＝宮城聡／静岡芸術劇場）○劇団NLT『ザ・フォーリナー』（作＝ラリー・シュー、翻訳＝小田島恒志、演出＝グレッグ・デール／シアターグリーン BOX in BOX）○JACROW『「闇の将軍」四部作』

❷51本

❸○生田みゆき（「占領の囚人たち」「アナトミー・オブ・ア・スーサイド」演出）○中村ノブアキ（「闇の将軍四部作」作・演出）○髙岸未朝（「ラフタリーの丘で」演出）

❹○那須凜（「おやすみ、お母さん」出演）

❺上の作品に加えて、『カストリ・エレジー』（民藝）、『この夜は終わらぬ。』（俳優座）、『ラフタリーの丘で』（同）、『閻魔の王宮』（同）、『慈善家—フィランスロピスト』（名取事務所）、海外からの舞台として『金夢島』（太陽劇団）、『ダンテの声』（イタリア文化会館）を挙げておきたい。コロナ禍が収束したことで、世界が抱える問題はよりいっそう露わになった。そうした問題を観客の眼前に投げ出すのが演劇の力だろう。「演劇とエコロジー」については、かつてピーター・ブルックやグロトフスキ等が提起した問題に立ち返って、演劇の原点を再考したい。生成AIが現実味

を帯びた今こそ、エコロジカルなメディアとして演劇を見直すべきではないか。／私自身の仕事としては、イタリアの劇作家ダリオ・フォーの作品を『ダリオ・フォー喜劇集』（松籟社）としてまとめることができた。また、クオーレ・ド・オペラの公演が四年ぶりに再開し、三越劇場で『カヴァレリア・ルスティカーナ』を上演した。

竹田真理

1 ①neji&co.『ストリーム』（演出・振付・出演＝振子ぴじん／三鷹SCOOLほか）②OfficeALB／北村明子『Soul Hunter』（構成・演出・振付＝北村明子／シアタートラムほか）③『文化センターの危機／シーサイドタウン（松田正隆 海辺の町 二部作）』（作・演出＝松田正隆／ロームシアター京都）④デイナ・ミシェル『MIKE』（京都芸術センター）⑤チーム・チープロ『6steps』（コンセプト・振付＝木村玲奈、演出＝西本健吾・松本奈々子（チーム・チープロ）／STスポット）

2 96本

3 ○木村玲奈○中間アヤカ

5 ①はコロナ禍の三年間、年に一作ずつ創作と発表を続けたneji&co.のスピン・オフ作品。②③はそれぞれ振付家・演出家の現在地であり到達点として記憶される。④はKYOTO EXPERIMENT 2023のプログラム。木村玲奈は二〇二〇年に開始した「6steps」を公演以外の形態でも展開しダンスを巡る議論の場を提供し続けている。中間アヤカはインドネシアのダンサーとの交流やKYOTO EXPERIMENT 2023『踊場伝説』など独自の活動を開拓している。パンデミックを経て東京一極集中、他地域との公演数、情報量の差が体感として際立った感があり、事実ならエコロジカルとは言えない状況が危惧されるが、裏付ける調査等があれば知りたい。批評家育成への動きが活発化し、さまざまな講座や企画、あるいは従来の公演や芸術祭が批評の執筆・公開・発信までを射程に入れて企画を組むようになったことも大きく急速なうねりとして注目され批評のスタイルの変化も予感される。我々も媒体の在り方、活動の幅など再考する時かもしれない。

立木燁子

1 ○勅使川原三郎『ランボー詩集 ―地獄の季節からイリュミナシオンへ』○太陽劇団（テアトル・デュ・ソレイユ）『金夢島 L'ÎLE D'OR Kanemu-Jima』○キッドピボット『リヴァイザー／検察官』○踊り部 田中泯『外は、良寛。』（東京芸術劇場 プレイハウス）○燐光群『わが友、第五福竜丸』

2 120本

3 ○勅使川原三郎○田中泯○米沢唯（新国立劇場バレエ団プリンシパル）

4 ○中川絢音（水中めがね∞）

5 コロナ禍も落ち着き、二〇二三年には舞台芸術に勢いがあった。演劇では太陽劇団の久しぶりの来日公演、舞踊界では英国ロイヤル・バレエ団やノイマイヤー率いるハンブルク・バレエ団の記念公演など華やかな舞台が並んだ。新国立劇場バレエ団の成長ぶりも著しく、米沢唯の活躍が光った。また、同時代への問題意識を露わにした作品もいくつか印象に残り、心強い。YPAMで上演された新進気鋭のOLTA―オル太の『ニッポン・イデオロギー』も粗削りだが、日本人のメンタリティを素材に意欲的な分析を試みた。／『演劇とエコロジー』をテーマに掲げ開催されたAICT日本センター主催の理事会のシンポジウムも面白く聴いた。オンラインで参加した海外研究者の講演に応答した宮城聰のコメントも興味深く、自作品『ギルガメシュ』の同時代性を理解させた。利賀フェスティバルへの来訪も企画され、テーマを身近に感じさせた。

橘涼香

❶〇東宝『ムーラン・ルージュ！ザ・ミュージカル』（演出＝アレックス・ティンバース／帝国劇場ほか）**〇東宝『ラグタイム』〇東宝『チャーリーとチョコレート工場』**（脚本＝デイヴィッド・グレイグ、日本語翻訳・演出＝ウォーリー木下／帝国劇場）**〇梅田芸術劇場『アナスタシア』**（脚本＝テレンス・マクナリー、翻訳・訳詞＝高橋亜子、演出＝ダルコ・トレスニャク／東急シアターオーブ）**〇宝塚歌劇団月組『フリューゲル―君がくれた翼―』／『万華鏡百景色』**（作・演出＝齋藤吉正／栗田優子／東京宝塚劇場）

❷220本

❸〇井上芳雄〇麻実れい〇三浦宏規

❹〇有澤樟太郎

❺新型コロナが5類に移行し演劇界の取り組みが自主性に任された分、より難しさも増した二〇二三年だったように思う。そのなかでも最大手の東宝が次々と繰り出した大作に非常に面白いものが多く、五作品に絞れなかったが『SPY × FAMILY』舞台『キングダム』『プレミアム音楽朗読劇VOICARIONXVII スプーンの盾』など良作が並んだ。演出家では人種の違いを衣装や振付で表現した『ラグタイム』の藤田俊太郎、生の演劇でここまでファンタジーを生み出せるのかと感嘆した『チャーリーとチョコレート工場の』ウォーリー木下の確かな仕事ぶりが光る。俳優では井上芳雄が『エリザベート』『ジェーン・エア』『ムーラン・ルージュ！ザ・ミュージカル』『ラグタイム』『ベートーヴェン』と一年で五作品に主演及びそれに準ずる出演を果たし、いずれも高い成果をあげたことが強い印象を残した。

田中伸子

❶〇劇団東京乾電池『十二人の怒れる男』（作＝レジナルド・ローズ、翻訳＝額田やえ子、演出＝柄本明／下北沢 ザ・スズナリ）**〇インバル・ピント『リビングルーム』**（振付・衣装・舞台美術＝インバル・ピント／世田谷パブリックシアターほか）**〇太陽劇団**（テアトル・デュ・ソレイユ）**『金夢島 L'ÎLE D'OR Kanemu-Jima』〇北九州芸術劇場クリエイション・シリーズ『イエ系』**（作・演出＝松井周／東京芸術劇場シアターイーストほか）**〇SPAC『伊豆の踊子』**（作＝川端康成、台本・演出＝多田淳之介／静岡芸術劇場）

❷275本

❸〇スズキ拓郎〇多田淳之介〇金守珍

❹〇竹田モモコ

❺良質作品に恵まれた年。ミュージカル、ストレートプレイ、海外招聘作品、再演舞台、外国人演出家との共同制作作品、いずれのジャンルにおいても近年を代表する優れた作品がしのぎを削る年となったため、五本を選ぶのが極めて難しかった。外国人演出家によるグランドミュージカル『ムーラン・ルージュ』、『キング・アーサー』『太平洋序曲』などでは劇場全体を使っての壮大なエンターテインメントを、オリジナルとは違う演出家による傑作戯曲の上演『掃除機』by本谷有希子『再生』by岩井秀人からは新作上演とは違った演劇の可能性を感じとった。同じ演出家（金守珍）による『少女都市からの呼び声』の連続上演では劇場や役者、対象の観客によりこれほどまでに違った面白さが生み出

せるのだということに驚き、舌を巻いた。中堅どころの演劇人、多田淳之介、松井周、岩井秀人、蓬莱竜太、田村孝裕らが安定した力を発揮、岡田利規の演劇への挑戦には毎回呻らされた。

谷岡健彦

1 ○劇団東京乾電池『十二人の怒れる男』○ゴーチ・ブラザーズ『ブレイキング・ザ・コード』○新国立劇場『エンジェルス・イン・アメリカ』○文学座『アナトミー・オブ・ア・スーサイド―死と生をめぐる重奏曲―』（作＝アリス・バーチ、訳＝關智子、演出＝生田みゆき／文学座アトリエ）○新国立劇場『東京ローズ』

2 約60本

3 ○生田みゆき○亀田佳明○原田ゆう

4 ○一川華

5 五作品とも翻訳劇になってしまったが、これは自分の観劇傾向の偏りによるもので、べつに日本の劇作家の新作劇が概してつまらなかったというわけではけっしてない。ただ、日本の演劇では劇作と演出を劇団主宰者が兼ねることが多いことを考えれば、翻訳劇の創作環境は相対的に健全さが確保されやすいのかもしれない。翻訳者も交えつつ、戯曲について演出家と俳優が対等に意見交換ができる場を作りやすいからだ。自分が選んだ五作に、生田みゆきや稲葉賀恵ら、ハラスメントのない稽古場作りに意識的な演出家の作品が入っているのはその証左だろう。この二人に西本由香、五戸真理枝を加えた文学座の女性演出家陣の活躍は目ざましい。一方、同じく新劇の老舗劇団の中心的な女性演出家は公演パンフレットに、民主的にみんなで作ろうという創作方法への違和感を記していた。こちらの劇団からは長く若手演出家が育っていない。演劇の創作現場でのハラスメントが問題となっている昨今、この劇団に限らず、旧来の創作方法の見直しが必要ではなかろうか。

塚本知佳

1 ○名取事務所『占領の囚人たち』○SCOT『トロイアの女』（原作＝エウリピデス、構成・演出＝鈴木忠志／吉祥寺シアター）○座・高円寺『小さな王子さま』（脚本・演出＝テレーサ・ルドヴィコ／座・高円寺1）○SPAC『天守物語』（作＝泉鏡花、演出＝宮城聰／駿府城公園 紅葉山庭園前広場 特設会場）○SPAC『人形の家』

3 ○阿部一徳○鬼頭理沙

4 ○浅川奏瑛

5 〈戦争〉について考えさせられる作品を挙げた。『占領の囚人たち』は政治的な暴力の構造を演劇でなければ不可能な語りで描く。『トロイアの女』のヘカベの台詞「神様がこれほどまで根こそぎに、トロイアを亡ぼされることがなかったなら、わたしらは名も知られず、後の世の人に歌いつがれることもなかったであろうし」から「占領」地のいまを思わずにはいられない。『小さな王子さま』での動物たちによる反戦デモは〈戦争〉を他人事とする私たちの責任を鋭く問う。『天守物語』の自然の化身ともいえる天守夫人・富姫たちがたたかうのは、力と支配をすべてとする武士の価値観そのものである。SPAC版『人形の家』にとって、「人形の家」とは家庭ではなく国家のことであろう。戦争、そしてそこへと至る構造は、エコロジーと対極にある。（新自由主義の）力や強さを信奉する価値観を変換することからしかエコロジーを考えることは不可能なのではないだろうか。

中西理

1 ①ムニ『ことばにない 後編』(作・演出＝宮崎玲奈／こまばアゴラ劇場) ②悪い芝居『スーパーふぃクション ふぉーエヴァー』(脚本・演出＝山崎彬／新宿シアタートップスほか) ③20歳の国『長い正月』(作・演出＝石崎竜史／こまばアゴラ劇場) ④笑の内閣『ゴメラの逆襲 大阪万博危機一髪』(作・演出＝高間響／こまばアゴラ劇場ほか) ⑤ぱぷりか『柔らかく揺れる』(作・演出＝福名理穂／こまばアゴラ劇場ほか)

2 100本

3 ○宮崎玲奈(劇作家・演出家／ムニ) ○山崎彬(劇作家・演出家／悪い芝居) ○石崎竜史(劇作家・演出家／20歳の国)

4 ○河井朗(劇作家／ルサンチカ)

5 今年の演劇界を振り返ってみた時に上演時間九時間近い超大作として同性愛者に対する社会的な抑圧を描いたムニ『ことばにない』を完結してみせた宮崎玲奈の仕事を無視することはできないだろう。宮崎は昨年上期に解散した青年団演出部の所属であったが、同部で彼女の先輩格で先行して岸田戯曲賞を受賞した福名理穂が受賞作を再演したぱぷりか『柔らかく揺れる』も特筆すべき好舞台であった。青年団演出部の解散に続いて、その本拠地であったこまばアゴラ劇場も五月で閉鎖されることが発表されたが、同劇場からは昨年も多くの秀作が生まれていただけに日本の現代演劇において大いなる損失だといえるだろう(優れた作品で取り上げた五作品のうち四作品が同劇場で上演された舞台であることはけっして偶然ではない)。こうしたことを踏まえると昨今の現代演劇を推進してきた大きな流れが終わり、ひとつの時代が終わったと言わざるをえないかもしれない。

新野守広

1 ○名取事務所『占領の囚人たち』○劇団温泉ドラゴン『悼、灯、斉藤』(作＝原田ゆう、演出＝シライケイタ／東京芸術劇場 シアターイースト) ○トラッシュマスターズ『入管収容所』○Myrtle Arts『同郷同年２０２３』(作＝くるみざわしん、演出＝東憲司／ザムザ阿佐谷) ○7度『胎内』(作＝三好十郎、演出＝伊藤全記／こまばアゴラ劇場)

2 70本

3 ○杉浦充○加藤拓也○恒十絲

4 ○伊藤全記

5 グローバリゼーションという名のアメリカ主導の世界秩序が終わった後の混沌とした世相をとらえた鋭い表現が印象に残った。『占領の囚人たち』(名取事務所)、『夢・桃中軒牛右衛門の』『キムンウタリOKINAWA1945』(流山児★事務所)、『悼、灯、斎藤』(温泉ドラゴン)、『入管収容所』(トラッシュマスターズ)、『黄色い封筒』『同盟通信』(青年座)、『ジョン王』(さいたま芸術劇場)、『送りの夏』(東京演劇アンサンブル)、『でらしね異文—終の栖・仮の宿』(プロジェクト・ムー)、『黒い湖のほとりで』(日本劇団協議会)、『未婚の女』(深作組)、『磁界』(オフィスコットーネ)、『同郷同年』(マートルアーツ)、『どん底』(イディオサヴァン)、『閻魔の王宮』(俳優座)、『胎内』(7度)、『XXLレオタードとアナスイの手鏡』(劇団ドルパグ)。

西田留美可

1 ○ピーピング・トム『マザー』○ルース・チャイルズ&ルシンダ・チャイルズ『ルシンダ・チャイルズ 1970年代 初期作品集』(振付＝ルシンダ・チャイルズ／京都市京セラ美術館) ○

アリス・リポル／Cia. REC『Lavagem（洗浄）』○イデビアン・クルー『幻想振動』（振付・演出＝井手茂太／シアタートラム）○関かおりPUNCTUMUN『み とうとう またたきま い れもの』

2 100本

3 ○アリス・リポル○関かおり○東野祥子

5 それぞれの同時代性に感銘を受けた。／ピーピング・トムには、老いていく父、老いた母、認知症気味に退行する時間に同時代的な感性を感じた。日常の中にドラマのトリガーを見出し、自身をみつめ関係性を問う。公演先の一般人を取り込む演出も、公演数の多い彼らならではのもう一つの関係性の創出だ。／ルシンダ・チャイルズのリバイバル作品は、七〇年代のアメリカにタイムスリップしたかに思えたし、ダンスの歴史を現代からたどる面白さに震えた。彼女の仕事があるからこそアンヌ・テレサが生まれ、その後の多様なダンスの隆盛があったということを、一瞬一瞬の動きで理解した。／アリス・リポルの同時代性は、エンタメ的な要素の中に潜む政治性と柔らかな批評性にある。個と集合体の離散と集合にゲーム性がありつつ、青や白の使い方も洗練されている。泡の創出がダンスになり、大量の泡には触覚も刺激された。／イデビアン・クルーでの、井手と斎藤の二人が動きを絡ませたり、外したり、緩急を際立たせ、まさに会話するダンス。彼らの一つの到達点を見せたように思う。／関かおりの現代性は、人間もいきものの一種であるという自覚を前提とした、動物的な感覚の再発掘であり、掘り起こしだ。近未来的な欲望が感じられた。

西堂行人

1 ①イキウメ『人魂を届けに』②トラッシュマスターズ『チョークで描く夢』（作・演出＝中津留章仁／下北沢 駅前劇場）③劇団青年座『同盟通信』④iaku『モモンバのくくり罠』（作・演出＝横山拓也／シアタートラム）⑤□字ック『剥愛』（脚本・演出＝山田佳奈／シアタートラム）

2 200本

3 ○中津留章仁○前川知大○横山拓也

4 ○くるみざわしん

5 演劇批評の役割とは何かを考えさせられる一年だった。時代と演劇の関係を明示することに劇評の一端がある。戦争を終わらせられない時代に演劇を観ているわれわれは、演劇に何を託すのか。戦争を抑止する方法を探り、なぜ戦争が起こったのかの理由を考え、そこから派生した問題を追求する。差別も偏見もそこに含まれるだろう。演劇批評は好きなものを観て論じるだけでは十分ではない。それはファン、もしくは応援団のなせる業であって、真の意味での劇評とは異なる。演劇は娯楽である以上に、教育的で社会的な営みに近いからだ。業界を活性化するのがジャーナリズムの仕事なら、演劇を原理的かつ歴史的に考察するのが演劇批評の使命だ。そこから演劇のめざすべき方向性を見出すことができる。そのために劇評はまず批判精神を鍛えることから始めなければならない。その観点から五つの作品、三人のアーティスト等を選んだ。

野田学

1 ○劇団俳優座『対話』○名取事務所『占領の囚人たち』○山の手事情社『デカメロン・デッラ・コロナ』（原作＝ボッカッチョほか、構成・演出＝安田雅弘／池上会館 集会室）○世田谷パブリックシアター『ある馬の物語』○流山児★

事務所『瓦礫のオペラ★戦場のピクニック』

❷ 60本

❸ ○成河（『ある馬の物語』の演技）○渡辺真帆（『占領の囚人たち』の翻訳とドラマトゥルクとしての仕事）○流山児祥（『瓦礫のオペラ★戦場のピクニック』の構成）

❺ 観劇数も少なく、全体的印象をまとめにくい二〇二三年の日本演劇だった。しかし五本挙げよとなると絞りきれない。演劇集団Ring-Bong『さなぎになりたい子どもたち』、俳優座『この夜は終わらぬ。』（この年の俳優座作品は質の高いものが多かった）、NODA・MAP『兎、波を走る』、加藤健一事務所『ジン・ゲーム』（なんだかほっとする老年期の描き方）、民藝『巨匠』あたりも挙げておきたい。これらの作品を挙げていないのは、単に入りきらなかっただけである。

鳩羽風子

❶ ○木ノ下歌舞伎『勧進帳』（監修・補綴＝木ノ下裕一、演出・美術＝杉原邦生／東京芸術劇場シアターイーストほか）○世田谷パブリックシアター『ある馬の物語』○新国立劇場『エンジェルス・イン・アメリカ』○穂の国とよはし芸術劇場PLAT『たわごと』（作・演出＝桑原裕子／東京芸術劇場シアターイーストほか）○青年劇場『星をかすめる風』

❷ 約40本

❸ ○瀬戸内美咲○成河

❺ 新型コロナの「5類」移行で通常の観劇スタイルが徐々に戻ってきた二〇二三。演劇という営みの喜びをより感じたのは、躍動する生身の「ことば」と「からだ」に出会えたときだ。『ある馬の物語』では成河はじめ出演者がケンタウロスのように見えた。「ことば」は人をあざむきもするが、同時に立場の違う人と人を結ぶ。『星をかすめる風』に登場した、刑務所に収監されたコリアンの詩人と看守のように。虚という劇空間で紡がれる「ことば」の可能性に、あらためて演劇の意味を見いだした。一方、作品だけに集中できなかったのは、舞台の世界を揺さぶった数々のハラスメント問題だ。批評家は作品だけを論じていればいいのか、自戒を込めて問い続けた一年だった。健康的な制作環境でこそ、優れた作品は生まれる。もっと広い視野で足下の問題について捉えなければと痛感している。

濱田元子

❶ ①名取事務所『占領の囚人たち』②劇団俳優座『閻魔の王宮』③SCOT『トロイアの女』④世田谷パブリックシアター『無駄な抵抗』⑤太陽劇団（テアトル・デュ・ソレイユ）『金夢島 L'ÎLE D'OR Kanemu-Jima』

❷ 350本

❸ ○生田みゆき○藤井ごう○真鍋卓嗣

❹ ○松浦慎太郎

❺ 俳優座劇場の閉館が発表された。ショックと共に、民間劇場を運営する難しさがあらためて露呈した。戦乱などによる電気代の高騰も劇場経営、ひいては上演団体を圧迫するが、現代の舞台上演がそれだけ大量の電気エネルギーを必要としているということだろう。海の向こうの戦争も、洪水も、大火災もすべて舞台とつながっていることを再認識した年となった。

林あまり

❶ ○ウンゲツィーファ『リビング・ダイニング・キッチン』（脚本・演出＝本橋龍／アトリエ春風舎）○ムニ『ことばにない 後編』○ルサン

チカ『ストリップショウ（殺意）』（作＝三好十郎、演出＝河井朗／アトリエ春風舎ほか）**○劇団俳優座『対話』○アゴラ企画・こまばアゴラ劇場『KOTATSU』**（作・演出＝パスカル・ランベール、翻訳＝平野暁人、共同演出・監修＝平田オリザ／シアタートラム）

2 **約240本**

3 **○宮崎玲奈○安藤みどり○池谷のぶえ**

4 **○三浦透子**

5 注目のアーティストはなんといっても宮崎玲奈。レズビアンの女性を中心に据えた、「ことばにない」は前編後編合わせて八時間以上。それでも、多くの人に観てほしい。吉田山羊と組んでの野外演劇『本人、26歳』も忘れ難い。／本橋龍の『リビング・ダイニング・キッチン』は、育児演劇とでも言うべきか。ママ以上にパパの葛藤が描かれているのが新鮮だった。／宮崎玲奈主宰のムニも、本橋龍のウンゲツィーファも、河井朗のルサンチカも、ソロユニットに近いカンパニー。いわゆる劇団ではない。このへんに新しい才能の鍵があるのかもしれない。／それにしても、俳優座劇場やこまばアゴラ劇場の閉館発表はつらい。エコロジーの視点からも、いまある劇場をなんとか維持できたらと思ってしまう。

藤井慎太郎

1 **○糸あやつり人形一糸座『少女仮面』**（作＝唐十郎、演出＝天野天街／赤坂レッドシアター）**○木ノ下歌舞伎『桜姫東文章』**（作＝鶴屋南北、監修・補綴＝木ノ下裕一、脚本・演出＝岡田利規／あうるすぽっと（豊島区立舞台芸術交流センター））**○KAAT『虹む街の果て』**（作・演出＝タニノクロウ／KAAT 神奈川芸術劇場）**○新宿梁山泊『少女都市からの呼び声』○『不可能の限りにおいて』**（演出＝ティアゴ・ロドリゲス／アヴィニョン演劇祭）

2 **120本**

3 **○ティアゴ・ロドリゲス**

5 戦火がさらに広がった年であった。ティアゴ・ロドリゲス作・演出『不可能の限りにおいて』はまさにそのようなときにこそ見るべき、人道支援従事者の苦悩を主題としたドキュメンタリー演劇の傑作であった。日本に招聘されることを強く願う。唐十郎のテクストの上演に優れたものが多く、特に一糸座の上演は傑出していた。市民参加型演劇と呼べそうな枠組みを用いつつ、なかなか味わうことができない演劇的経験を観客にもたらしてくれるドキュメンタリー的作品が増えていることにも注目したい（タニノクロウ作品のほかにも世田谷パブリックシアター「地域の物語」、さいたま国際芸術祭の倉田翠、村川拓也の作品などが挙げられる）。『金夢島』も太陽劇団の最良の作品とはいえないものの、ムヌーシュキンの別れの挨拶と思うと見え方も異なってくる。ヨーロッパと比べて、紙やプラスチック、廃棄物の削減だけをとっても、日本演劇界の環境対策は出遅れており、強い危機感を抱いている。

藤原央登

1 **○かまどキッチン『燦燦SUN讃讃讃讃』**（作・演出＝児玉健吾／こまばアゴラ劇場）**○木ノ下歌舞伎『桜姫東文章』○オフィスコットーネプロデュース『磁界』**（作・演出＝中村ノブアキ、プロデューサー＝綿貫凜／下北沢 小劇場B1）**○ハイバイ『再生』**（原作＝多田淳之介、演出＝岩井秀人／東京芸術劇場 シアターイースト）**○NODA・MAP『兎、波を走る』**

3 **○児玉健吾**（劇作家・演出家／かまどキッチン）**○黒田大輔**（俳優／劇団アンパサンド『地上の骨』）**○松たか子**（俳優／NODA・MAP『兎、波を走る』）

4〇モスクワカヌ（劇作家／劇作家女子会。feat. noo クレバス 2020『It's not a bad thing that people around the world fall into a crevasse.』）

星野明彦

1〇トラッシュマスターズ『入管収容所』〇serial number『スローターハウス』（作・演出＝詩森ろば／東京芸術劇場 シアターイースト）〇こまつ座『闇に咲く花』（作＝井上ひさし、演出＝栗山民也／紀伊國屋サザンシアター TAKASHIMAYA）〇Pカンパニー『会議』（作＝別役実、演出＝林次樹／シアターグリーン BOX in BOX THEATER）〇劇団NLT『二階の女』（原作＝獅子文六、脚色＝飯沢匡、演出＝鵜山仁／銀座 博品館劇場）

2 176本

3〇詩森ろば〇那須佐代子〇藤原章寛

4〇那須凛

5出口の見えない状況下、今年も演劇人は現実と対峙した足跡を残した。詩森ろば、中津留章仁、古川健、山谷典子、伊藤毅といった作家たちが力作を発表し、この国を覆う差別や同調圧力を形にした。こまつ座は何回も上演された『闇に咲く花』からこれまでにない今日性を引き出し、Pカンパニーの別役実・NLTの飯沢匡も今上演する意義を感じさせた。二月にパレスチナ演劇『占領の囚人たち』を上演した名取事務所の、一連の活動も特筆すべき。大劇場では仁左衛門の『義経千本桜・すし屋』、大竹しのぶ主演『ふるあめりかに袖はぬらさじ』、玉三郎演出『天守物語』が印象に残る。そして歌舞伎・ジャニーズ・宝塚の露わになった歪みについては、共に歩んで来た書き手たちが何らかの形で責任を果たさねばならない。

丸田真悟

1〇木ノ下歌舞伎『勧進帳』〇wonder × works『幸福論』（作・演出＝八鍬健之介／新宿シアタートップス）〇tsp『これだけはわかってる』（作＝アンドリュー・ボヴェル、翻訳＝広田敦郎、演出＝荒井遼／東京芸術劇場 シアターウエスト）〇劇団ワンツーワークス『アメリカの怒れる父親』（作＝チャン・ウジェ、翻訳＝洪明花、演出＝古城十忍／下北沢 駅前劇場）〇KPR／開幕ペナントレース『HAMLET ｜ TOILET』（作・演出＝村井雄／こまばアゴラ劇場ほか）

2 60本

3〇木ノ下裕一〇服部吉次〇奥村洋治

4〇八鍬健之介

5新型コロナ感染症の5類移行に伴い、ようやく「普通」に観劇できるようになってきた二〇二三年、家族の絆や人と人の繋がりを自然や時間という環境の中に描いた舞台が印象に残った。そこにはコロナを経たからということだけでなく、地球環境の限界が見えながら、それに対応できない社会システムへの不信と危機感が反映している。新たな評伝劇にも、「今、生かされている」という心理が反映しているように思う。それはエコロジーの眼差しでもある。もはや人間社会だけを考えていては未来を見通すことができない今、過去と未来、人と人、社会と自然の出会う場としての環境に対話の可能性は拓かれていく。新年早々の能登半島地震は再び自然の脅威と現代社会の脆さを見せつけた。人類社会のための対象・手段としての自然から、私たちが再び自然のための存在になること、環境を形作っている多様な存在のひとつであることを受け容れることが求められているように思う。

三井武人

1 〇 Internationaal Theater Amsterdam

『A Little Life』（演出＝Ivo van Hove／Adelaide Entertainment Centre Theatre）〇ＳＣＯＴ『トロイアの女』〇シアター・カンパニー・ドルパグ『ＸＸＬレオタードとアナスイの手鏡』（演出＝チョン・インチョル／静岡芸術劇場）〇Teatro Nacional D. Maria II『Catarina and The Beauty of Killing Fascists』（演出＝Tiago Rodrigues／Schauspiel Frankfurt）〇fix+foxy『Dark Moon』（演出＝Tue Biering & Nhlanhla Mahlangu／Pleasance at EICC, Lennox Theatre, Edinburgh）

2 約１００本

3 〇木ノ下裕一〇多田淳之介〇宮城聡

5 ベスト五作品は去年訪れた演劇祭から一つずつ選ぶこととした。戦争や気候変動問題などにより私たちの平穏が脅かされるなかで、演劇祭は舞台芸術を通して国籍、宗教、人種を超えた文化交流ができる貴重な場を提供することができると改めて感じたからだ。作品も私たちが直面する危機や多様な社会の在り方をテーマにしたものを選んだ。ただ、気候問題を考慮すると、長距離の「移動」を伴う国際演劇祭は環境負荷が大きなイベントであることは否定できないが、では「オンラインで！」と簡単に割り切ることは私にはまだできない。演劇はＳＮＳのように情報を短時間で多くの人と共有することはできないが、観客と場や時間を共有することで、作品に内在する社会性の強いメッセージを直接届けることができると信じてきたからだ。一方で、コロナ禍を経て国内外の舞台作品を映像として映画館やオンラインで鑑賞できるようになってきた。「いま、ここ」を前提としてきた演劇は変革期にある。

本橋哲也

1 〇座・高円寺『小さな王子さま』〇ＳＣＯＴ『トロイアの女』〇黒部シアター２０２３春『セレネ、あるいはマレビトの歌』（演出振付＝金森穣／前沢ガーデン野外ステージ）〇地点『ワーニャ叔父さん』（作＝アントン・チェーホフ、演出＝三浦基／アンダースロー）〇名取事務所『占領の囚人たち』

2 50本

3 〇鬼頭理沙〇井関佐和子〇阿部一徳

5 二〇二三年は何よりも「戦争」と「エコロジー」という二つの出来事および言説によって記憶されることだろう。どちらも植民地主義と資本主義というヨーロッパ的近代の宿痾が清算されていないことによる人間の生存を脅かす事態を指し示す極限的な形象である。二五〇〇年以上にわたる長い人類共同体が生み出し、またそれを支えてきた舞台芸術が、そのような究極の危機にどう対処できるのかは簡単に答えの出る問いではないが、世界各所の劇場ではこれまでもそのような模索が続けられてきたし、これからも試行されていくに違いない。今年、日本国内の上演で記憶に残った作品として挙げさせていただいた五作は、いずれもそのような人類の格闘に掉さす舞台である。そこに困難な希望を見たい。／「演劇とエコロジー」に関しては、一度きりの上演にとどまらず、作品をあらゆる方法で何度も上演、長く継承していくことを望む。

森山直人

1 〇全国共同制作オペラ（東京芸術劇場＋愛知県芸術劇場）『田舎騎士道』＆『道化師』（指揮＝アッシャー・フィッシュ、演出＝上田久美子／東京芸術劇場ほか）〇Port B＋森美術館企画展「ワールド・クラスルーム」『マクドナルド放送大学』（演出＝高山明／マクドナルド六本木ヒルズ店）〇

バック・トゥ・バックシアター『影の獲物になる狩人』（作＝マーク・ディーンズ、マイケル・チャン、ブルース・グラッドウィン、サイモン・ラハーティ、サラ・メインウェアリング、スコット・プライス、ソニア・チューベン、演出＝ブルース・グラッドウィン／ロームシアター京都 サウスホール）**○バストリオ『一匹のモンタージュ』**（作・演出＝今野裕一郎／こまばアゴラ劇場）**○宝塚歌劇団月組『万華鏡百景色』**（作・演出＝栗田優香／宝塚大劇場ほか）

2 **約80本**

3 **○上田久美子○岡田利規○今野裕一郎**（バストリオ）

4 **○村上太基**（共通舞台）

5 今年はジャンルを問わず「悪くない作品」が豊作で、演劇という制度の隘路を感じた。たとえば『チョークで描く夢』（トラッシュマスターズ）や『善人たち』（遠藤周作、劇団民藝）は一定の達成度を示しているが、既存の受容システムに縛られすぎ（個人的には面白かった『少女仮面』（一糸座）や『少女都市からの呼び声』（新宿梁山泊）もその点では同様）。その点、未来につながる創造性という意味で上田久美子のオペラや栗田優香のレビューは注目に値する（二一世紀の宝塚は若手演出家育成の場として機能した点は見過ごせない）。豊岡には体調不良で行けなかったがKYOTO EXPERIMENTのバック・トゥ・バックシアター、アリス・リポル、ウィチャヤ・アータマートは特に面白かった。展覧会『ワールド・クラスルーム』は、今後の舞台芸術を示唆する作品の宝庫で、岡田利規の非日本語ネイティヴ話者による演劇も同様。バストリオの作品は文句なしの傑作。京都の若手「共通舞台」は大きな可能性を感じさせた。Chim↑Pomの『ナラッキー』もよかった。

山田勝仁

1 **○劇団青年座『同盟通信』○トラッシュマスターズ『チョークで描く夢』○劇団わが町『あしもとのいずみ』**（潤色・演出＝ふじたあさや／川崎アートセンター アルテリオ小劇場）**○流山児★事務所『OKINAWA １９７２』**（作・演出＝詩森ろば／ザ・スズナリ）**○PLAY/GROUND Creation『桜川家の四兄弟』**（作＝須貝英、演出＝井上裕朗／サンモールスタジオ）

2 **２８６本**

3 **○石母田史朗○狩野和馬○藤田宗久**

4 **○万里紗**

5 劇団チョコレートケーキ、トラッシュマスターズの快進撃は続き、前者はスリランカ人女性、ウィシュマさんが名古屋出入国在留管理局で死亡した事件をモチーフに日本の入管庁問題に斬り込んだ『入管収容所』、障がい者雇用を積極的に推進してきた筆記具メーカー日本理化学工業をモデルに障がい者と雇用、労働を通して、我々が目指すべき社会とは何かを描いた『チョークで描く夢』という硬派な舞台で気を吐き、きれいごとではない内情もきっちり描いた。チョコレートケーキは『ブラウン管より愛をこめて』で特撮ヒーローものを通して差別問題に斬り込むなど新境地を開拓した。市民劇団わが町『あしもとのいずみ』（作＝萩坂心一、潤色・演出＝ふじたあさや）は戦時中に川崎多摩区登戸にあり、風船爆弾のほかに偽札、細菌・化学兵器研究を行った陸軍の秘密研究所「登戸研究所」の実態から七三一部隊に迫ったもので、四〇人近い市民による舞台はプロ・アマの区別ではなく「表現者」であることが俳優の第一義であることを知らしめた。

山本健一

1○NODA・MAP『兎、波を走る』○PARCO『ラビットホール』（作＝デヴィッド・リンゼイ＝アベアー、翻訳＝小田島創志、演出＝藤田俊太郎／PARCO劇場）○劇団青年座『同盟通信』○トラッシュマスターズ『入管収容所』○名取事務所『屠殺人ブッチャー』

2 180本

3○大竹しのぶ○中村信明○古川健

4○三浦透子

米屋尚子

1○NODA・MAP『兎、波を走る』○名取事務所『ホテル・イミグレーション』（作・演出＝詩森ろば／新宿シアタートップス）○劇団青年座『同盟通信』○東京芸術座『おんやりょう』（作・演出＝内藤裕子／東京芸術座アトリエ）○ゴーチ・ブラザーズ『ブレイキング・ザ・コード』

2 130本

3○亀田佳明○藤田俊太郎（『ラビット・ホール』『東京ローズ』）○シライケイタ（『悼、灯、斉藤』ほか）

4○スズキ拓朗（『森から来たカーニバル』）

5観ていない舞台が多いのにベスト5を選ぶのは躊躇します。二〇二三年は佳作が沢山あって絞り込むのが難しく、今を映し出す鏡としての創作劇を四本挙げました。『ブレイキング・ザ・コード』は翻訳劇の旧作ですが、今日上演する意味を強く感じさせた演出と亀田佳明の好演が印象に残った舞台。ほかにも戦争がやまない今、『占領の囚人たち』（名取事務所）と『イサク殺し』（ITI）の衝撃は記しておきたいです。シェイクスピア劇では『ペリクリーズ』（演劇集団 円）が斬新。ガワー役の藤田宗久の語りにもう少し勢いが欲しかったが、その藤田が存在感を示した『慈善家』（名取事務所）もよかった。東京以外の公共劇場の制作による北九州芸術劇場による『君といつまでも―RE: 北九州』や宮崎県立劇場による『神舞の庭』は、もっと多くの人に観て欲しいと思った作品。そして『昼下がりの思春期たちは漂う狼のようだ』（アンカル）にも引き込まれました。年末ラストに観た流山児★事務所『夢・桃中軒牛右衛門の』で俳優としてのシライケイタの活躍に元気をもらいました。

2023年度の演劇各賞受賞一覧（順不同・敬称略）

◎第31回読売演劇大賞（読売新聞社） ○大賞▼藤田俊太郎 ○最優秀作品賞▼『人魂を届けに』（イキウメ） ○最優秀男優賞▼山西惇（『エンジェルス・イン・アメリカ』『闇に咲く花』の演技） ○最優秀女優賞▼池谷のぶえ（『我ら宇宙の塵』『無駄な抵抗』の演技） ○最優秀演出家賞▼藤田俊太郎（『ラビット・ホール』『ラグタイム』の演出） ○最優秀スタッフ賞▼松井るみ（『ドリームガールズ』『ラビット・ホール』『ラグタイム』の美術） ○杉村春子賞▼清原果耶（『ジャンヌ・ダルク』の演技） ○芸術栄誉賞▼松本白鸚（『ラ・マンチャの男』主演通算1324ステージ） ○選考委員特別賞▼中村芝のぶ（『極付印度伝 マハーバーラタ戦記』『新作歌舞伎 ファイナルファンタジーX』の演技） ○優秀作品賞▼『兎、波を走る』『ラグタイム』『ラビット・ホール』『我ら宇宙の塵』 ○優秀男優賞▼柿澤勇人、狩野和馬、高橋克実 ○優秀女優賞▼清原果耶、咲妃みゆ、三浦透子、宮澤エマ ○優秀演出家賞▼生田みゆき、小笠原響、小沢道成、前川知大 ○優秀スタッフ賞▼小澤時史、高橋巖・けんのき敦、土岐研一、山本貴愛

◎第65回毎日芸術賞（毎日新聞社） ○大竹しのぶ（舞台『GYPSY』『ヴィクトリア』『ふるあめりかに袖はぬらさじ』などでの演技）

◎第58回紀伊國屋演劇賞（紀伊國屋書店） ○団体賞 JACROW（『経済（せんそう）3篇』『ざくろのような『焔～ほむら～』『つながるような』および『闇の将軍』四部作 第1話『夕闇、山を越える』第2話『宵闇、街に登る』第3話『常闇、世を照らす』第0話『やみのおふくろ』の優れた舞台成果に対して） ○個人賞▼吉原豊司（劇団俳小公演『マギーの博物館』『これが戦争だ』、名取事務所公演『慈善家―フィランスロピスト』『屠殺人ブッチャー』、まつもと市民芸術館プロデュース『ハイ・ライフ』などによるカナダ演劇の日本への紹介の功績に対して）▼篠井英介（イキウメ公演『人魂を届けに』における山鳥、ケムリ研究室公演『眠くなっちゃった』におけるボルトーヴォリ の演技に対して）▼阿知波悟美（劇団NLT公演ミュージカル『O.G.』の企画および カズエ の演技に対して）▼藤原章寛（劇団文化座公演『炎の人』における ヴィンセント・ヴァン・ゴッホ、『旅立つ家族』における李仲燮（イ・ジュンソプ）の演技に対して）▼三浦透子（TBS／サンライズプロモーション東京企画・製作『ロスメルスホルム』における レベッカ の演技に対して）

◎第11回ハヤカワ「悲劇喜劇」賞（早川清文学振興財団） 劇団俳優座『閻魔の王宮』

◎第48回菊田一夫演劇賞（映画演劇文化協会） ○演劇大賞 『ハリー・ポッターと呪いの子』上演関係者一同（『ハリー・ポッターと呪いの子』の高い舞台成果に対して） ○演劇賞▼天海祐希（『広島ジャンゴ2022』の山本役、『薔薇とサムライ2 ―海賊女王の帰還―』のアンヌ役の演技に対して）▼坂本昌行（『THE BOY FROM OZ』のピーター・アレン役、『凍える FROZEN』のラルフ役の演技に対して）▼望海風斗（『ネクスト・トゥ・ノーマル』のダイアナ役、『ガイズ&ドールズ』のミス・アデレイド役、『ドリームガールズ』のディーナ・ジョーンズ役の演技に対して）▼瀬戸山美咲（『スラムドッグ$ミリオネア』『ザ・ビューティフル・ゲーム』の上演台本と演出の成果に対して） ○特別賞 渥美博（永年の舞台におけるアクション指導の功績に対して）

◎第68回岸田國士戯曲賞（白水社） 池田亮『ハートランド』

◎第27回鶴屋南北戯曲賞（光文社文化財団） 横山

拓也『モモンバのくくり罠』

◎第30回OMS戯曲賞（大阪ガス）○大賞『みえない』武田操美（マシュマロテント）○佳作『さよならの食卓』坂本涼平（坂本企画）

◎第29回劇作家協会新人戯曲賞（日本劇作家協会）○『檸檬』海路 ○佳作『在る愛の夢』いしざわみな

◎『日本の劇』戯曲賞2023（日本劇団協議会）○最優秀賞 該当なし ○佳作『杳たる月』新井孔央

◎第16回小田島雄志・翻訳戯曲賞（小田島雄志・翻訳戯曲賞実行委員会）▼大川珠季（『火の顔』『アンティゴネ』『未婚の女』の翻訳に対して）▼關智子（『アナトミー・オブ・ア・スーサイド―死と生をめぐる重奏曲―』の翻訳に対して）▼劇団青年座（『黄色い封筒』の上演に対して）▼名取事務所（『占領の囚人たち』『慈善家―フィランスロピスト』『屠殺人 ブッチャー』の上演に対して）

◎令和5年度 希望の大地の戯曲賞『北海道戯曲賞』（北海道文化財団）○大賞▼『迷惑な客』七坂稲 ○優秀賞▼『犬と独裁者』鈴木アツト

◎第26回関西現代演劇俳優賞（現代演技論研究会）○大賞▼金子順子（コズミックシアター）／マリヤの賛歌を上演する会『マリヤの賛歌―石の叫び』▼髙安美帆（エイチエムピー・シアターカンパニー）／『リチャード三世 馬とホモサケル』（同）▼原竹志（兵庫県立ピッコロ劇団）『やわらかい服を着て』（同）○奨励賞▼荷車ケンシロウ（劇団不労社）『MUMBLE―モグモグ・モゴモゴ―』（同）

◎第2回関西えんげき大賞（「関西えんげき大賞」実行委員会）○最優秀作品賞▼マリヤの賛歌を上演する会『マリヤの賛歌―石の叫び』○観客投票ベストワン賞▼劇団不労社『MUMBLE ―モグモグ・モゴモゴ―』

◎若手演出家コンクール2023（日本演出者協会）○最優秀賞▼八代将弥 a.k.a.SABO（16号室／room16）

◎第39回芸術創造賞（名古屋市文化振興事業団）▼岡田保〈舞台美術〉常磐津綱鵬〈伝統芸能（常磐津）〉

◎名古屋市民芸術祭2023（名古屋市文化振興事業団）○名古屋市民芸術祭賞【伝統芸能】第8回 逢の会（演劇部門、舞踊部門は該当なし）○名古屋市民芸術祭特別賞【演劇部門】（エンターテインメント賞）演劇組織 KIMYO「ゴスン」（空間演出賞）廃墟文藝部 第八回本公演『4047』▼【舞踊部門】（HOPE賞）石原弘恵率いるダンスグループSOVaC『Alstroemeria ～ MY:self』▼【伝統芸能部門】（技芸賞）玉城流扇寿会琉球舞踊第二回 山川昭子独演会『舞～時代を嬰る』

◎第74回芸術選奨（文化庁）○文部科学大臣賞▼演劇 片岡愛之助（『夏祭浪花鑑』ほかの成果）、山西惇（『エンジェルス・イン・アメリカ』ほかの成果）▼芸術振興 荒井洋文（文化施設「犀の角」における活動の成果）、ルシール・レイボズ、仲西祐介（「KYOTOGRAPHIE 京都国際写真祭」ほかの成果）○文部科学大臣新人賞▼演劇 生田みゆき（『占領の囚人たち』ほかの成果）、中村勘九郎（『大江山酒呑童子』ほかの成果）▼芸術振興 川崎陽子（「KYOTO EXPERIMENT 京都国際舞台芸術祭 2023」の成果）

◎第29回ニッセイ・バックステージ賞（ニッセイ文化振興財団）▼林なつ子（舞台衣装製作）▼米田ゆり（バレエピアニスト）

◎第45回松尾芸能賞（松尾芸能振興財団）○大賞▼演劇 中村時蔵 ○優秀賞▼演劇 佐藤B作、邦楽 米川文清、演劇 古田新太、文楽 豊竹呂勢太夫

（二〇二四年三月中旬現在）

アンケートに寄せて

柴田隆子

二〇二三年度のアンケートには会員四八名から回答が寄せられた。年間ベストにあげられた作品は一六〇に上り、コメント欄ではさらに多くの作品が言及されている。海外での上演作品を挙げる会員も少なくない。ベストアーティストにも九二人もの名が上がった。

ベストステージに選ばれた太陽劇団（テアトル・デュ・ソレイユ）は、一九六四年にパリで設立された多国籍・多民族からなる劇団であり、演出家アリアーヌ・ムヌーシュキンが率いる六〇年代の演劇革命を代表する劇団の一つである。『金夢島 L'ÎLE D'OR Kanemu-Jima』は、二〇一九年にムヌーシュキンが第三五回京都賞を受賞したことを受け制作された架空の日本の島を舞台としたものである。二〇二一年一〇月に東京芸術祭での来日が予定されていたが、コロナ禍で果たせず、フランスの本拠地で初演を迎えた。二〇〇一年の『堤防の上の鼓手』（新国立劇場）以来、二二年ぶりの今回の来日公演は、女性的な言葉の在りようをめぐる「エクリチュール・フェミニン」の思想家エレーヌ・シクスーの言葉と共に、半世紀以上の伝統をもつ前衛劇団の集団制作の豊かさを伝える。時間差で届いた「夢」は、コロナ禍や二〇〇〇年代を振り返る良い機会ともなったのではないだろうか。

次点となった名取事務所『占領の囚人たち』は、『Prisoners of the Occupation』東京版（作＝パレスチナ人政治囚、エイナット・ヴァイツマン）と『I, Dareen T. in Tokyo（アイ・ダーリーン・ティー・イン・トーキョー）』（作＝ダーリーン・タートゥール、エイナット・ヴァイツマン）の二本立て公演で、どちらもユダヤ系イスラエル人作家ヴァイツマンがパレスチナ人の囚人から聞き取った刑務所での日々を再現したドキュメンタリー演劇である。本作に関しては、本誌の濱田元子氏「演劇を通してパレスチナを見るということ」の他、Ｗｅｂマガジン『シアターアーツ』にも新野守広氏の劇評があるので、合わせてお読みいただきたい。本作を演出した生田みゆき氏は、同じ名取事務所の『慈善家』『屠殺人ブッチャー』、文学座『アナトミー・オブ・ア・スーサイド』なども手掛け、今回ベスト・アーティストに選ばれている。

第三位のＮＯＤＡ・ＭＡＰ『兎、波を走る』以下、ベストステージとしては紙幅の都合で一二位までしか掲載していないが、アンケートでは多くの注目に値する作品が言及されているので、ぜひ個々のコメントを読んでいただきたい。

コメントでは、コロナ禍後の舞台芸術の状況、舞台芸術界のハラスメントのこと、俳優座劇場や駒場アゴラ劇場の閉館に触れているものも多い。特集題のエコロジーについても、興味深いコメントが寄せられている。巻頭言でも触れたが、特集題のエコロジーはこれまでの舞台芸術の制度や枠組みを別の視点から考える仕組みである。舞台は「芸術」として特権的にあるのではなく、我々を取り巻く環境によってその受容は変化していく。そして我々も確固たる主体としてではなく、その時々の主観でそれらと対峙することになる。メディアとしての演劇は様々な可能性を秘めている。今ひとつ日本語としては馴染みの薄い「エコロジー」だが、アンケートのコメントでも、その広がりと可能性を考えることができるだろう。

2023年の演劇

演劇のある生活、演劇のある人生をとり戻すために

～アフターコロナの演劇界への提言と期待～

橘涼香

二〇二三年五月八日、瞬く間に演劇界に、日本に、世界にパンデミックの恐慌をもたらした新型コロナウィルス感染症対策は、それまでの新型インフルエンザ等感染症（いわゆる2類相当）」から、「5類感染症」に移行されることになった。その対策がどう変化したのか？を細かく検証する場ではないので大変乱暴に括ってしまえば、人類はこの新型コロナウィルスと共存するしかないから、あとは個々の判断と裁量に任せる、そう言われた（ある意味では突き放された）と、私個人は感じていた。

だが、演劇界の対応はそんな私の感覚とは異なり、猛スピードで様々な対策――入場時の手指の消毒、検温、マスクの徹底、客席、またはロビーなどでの飲食禁止、多くは規制退場と呼ばれた、退場時の密を避ける為の列ごとやブロックごとの時間差退場等々――を撤廃していった。もちろん、「マスク着用についてはお客様のご判断にお任せしますが、劇場としては上演時のマスク着用を推奨致します」といった「お願い」を掲げている劇場もあったが、多くはそれらも全て観客個々の判断に委ねられた。客席通路を使った演出、客席からの掛け声なども、どんどん復活し「遂に声出し解禁！」を謳った公演も少なくなかった。この流れには、消毒液くらい使う、使わないは自由として設置し続けてもいいのではないかと思ったものだが、何よりも製作側も、劇場も「平時に戻った」という感触を一日も早く取り戻したかったのだろう。二〇二〇年四月突然発令された緊急事態宣言によって、全ての劇場の灯が消されただけでなく、人が劇場に集まることそのものが感染拡大を助長していると糾弾され、「不要不急」論の大合唱にさらされながら、手探りで歩みを進めなければならなかった演劇界、演劇人たちの思いは、その演劇を何より愛する一人としてよくわかる。

ただ、そんな「アフターコロナ」と呼ばれるいまの、

二〇二四年の演劇界が、二〇二〇年のパンデミック以前の姿に戻った、少なくとも戻りつつあるのか？と考えると、疑問が残るのが正直なところだ。特に懸念されるのが、特定の劇団や俳優を推している、もう少し広義に考えて、例えばミュージカル愛好家と言った演劇に対してコアな情熱を持っている人々はともかく、映画もコンサートも芝居も、ちょっと気になるものは観に行くよ、という所謂ライト層が劇場に戻ってきていないのでは？と感じられることだ。

というのも、制作、宣伝、もっとストレートにチケット販売の各プレイガイド会社の人々から聞こえてくる一番大きな声が「券売が止まる」という切実なひとことなのだ。二〇二〇年以前には、例えばずっと観続けている劇団の定期公演、人気キャストが多数出演している、有名原作の初舞台化、海外で話題になったミュージカルの日本初演、等々のアピールポイントを持って売り出される公演チケットは、一般販売以前に、出演者個々のファンクラブ先行や、各プレイガイドの抽選先行販売で、ほぼ売り切れてしまうことも少なくなかった。もちろん意外にも初動が悪い、という公演はいつの時代にもつきものだが、そうした公演がどうひいき目に見ても増えていると感じられるし、一般販売後にも芳しい動きに至らない作品も少なくない。なかにはこのメンバーを集めても売れないとなると、いったいどうしたらいいのだろう、と傍目にも考えさせられてしまうケースも散見されているのが大変気がかりだ。

そこには、いくら演劇界が「平時」を演出しようと突き進んでも、観客の側が二〇二〇年以前の「演劇のある生活」を取り戻せていない。もっと突っ込むと、あれほど悲しく感じた「不要不急」論のような鋭いものではないながら、「まぁ、演劇はなくてもいいか…」という感覚が、それこそライト層の間では広がっているのでは？という、危惧が頭をもたげてくる。

そう気づいて、このコロナ禍以降の三年あまりを思い返すと、数えきれないほどの劇場で、舞台関係者に陽性者が出た為の公演中止、それも公演当日の中止発表が立て続いた日々が蘇ってくる。もちろん公演中止で甚大な被害をこうむるのは一番に製作側、劇場側で、その損失がどれほど大きいかは想像するまでもない。誰一人として好き好んで公演を中止した訳ではないことはわかっている。自分が公演を止めてしまった、という自責の念にかられるキャスト、スタッフの心身のケアも重要だったし、「罹患された方の一日も早いご回復をお祈りします」との健気な言葉がＳＮＳには常に多く並んだ。ただ、その一方で、観劇を楽しみに劇場に向かった観客に戻ってくるのはチケット代のみだ。先行販売時にシステム使用料、特別販売手数料、発券手数料など様々な名目で加算されて、時には何千円にもなる事務手数料が戻らないケースもあったし（全てが返金されるシステムを用意している団体ももちろんある）、何より劇場にくる為の観客側の持ち出し分、交通費、場合によっては宿泊費、さらにかけた時間と精神的苦痛の損害に対しては、何ひとつ補填はない。基本的には心を潤しにきているはずの劇場で心が疲弊してしまったのでは、足が遠のく観客が一定数いたとしても不思議はないだろう。

そこに追い打ちをかけているのではないかと案じられるのが、チケット代金の高騰だ。私が取材や評論の主戦場にしているミュージカル界隈に絞って考えても、大手劇場で上演されるミュージカルのS席料金は今や二万円の大台に近づきつつある。それでも一万円を割るA席、B席を設けられる大劇場はまだしも、中劇場になると一律の料金が一万円を遥かに越えるのは今や当たり前になってしまった。ちょっと面白そう、ちょっと観てみたい、という感覚でこの値段が出せるかと言えば、そのハードルは果てしもなく高い。何よりせっかく「2・5次元」と呼ばれる人気のゲーム、アニメーション、コミックスなどを原作とした舞台作品群の隆盛から、観劇の楽しさを知ってくれた若い世代が、そうした舞台で活躍している俳優がミュージカルの舞台にも立つ機会に、「是非観たい」と思ってくれているのに、現実にはあまりに高いチケット代金に阻まれてとても追いかけられない、というジレンマが生まれてしまっている。日本の演劇界ではなかなかロングランシステムが構築しづらく、初期投資が回収されないという事情も多いにあるだろうと思っていたが、その数少ないロングラン公演でもチケットが高く改訂されたのには驚かされたし、観劇の高揚を家に持ち帰られる公演プログラムもじわじわと値上がりを続け、三千円の定価をしばしば見るようになった。ちょっと考えて欲しい。間を取ってチケット代を一万五千円としたとして、パンフレットが三千円、交通費、三時間の観劇をするとなると、昼か夜かの食事もするだろう。そうなるとあっという間に1回の観劇に必要な費用は、一人二万円を超えるのだ。家族で観劇がどれくらい贅沢なものになっているか、説明の必要もない。それではライト層も離れるだろうし、そもそも演劇に興味があるのに、実際に観に行けたことがないというケースもあるに違いない。私事だが、祖父が演劇記者、母親が演劇愛好家という家庭環境に生まれ、常に天井桟敷の一番安い席種ではあったが、劇場に行き客席に座ることが日常と地続きの生活を送ってきてこの仕事にたどり着いた、「演劇を愛しています」という思いだけは誰にも負けないと自負している身には、この状況がとても恐ろしく感じられる。演劇のある生活、もっと言えば演劇のある人生を、多くの人に享受してもらうには、考えなければならないことが無数にある。

もちろん、それこそ最も身近なところで言えば、コンビニのおにぎりの値段を思わず二度見してしまうほど、円安が続き輸入品に頼る日本では、全てのものが値上がりを続けている。それが演劇現場にどれほどの困難をもたらしているかは計り知れない。海外作品の輸入上演が主流のミュージカル界では、まず上演権を獲得するところから、予算が膨れ上がってしまっているはずだ。しわ寄せは人に回す予算にも影響するだろう。激務で低賃金の裏方のスタッフたちが、演劇を愛しながらこの仕事を続けられないという話も枚挙にいとまがないし、そうした人的な対応がとれず予定されていた全国での公演が中止になる事態も聞こえてきている。皆苦しい。だから、今こそ知恵をめぐらさなければならないと思う。コロナ禍はそれまで当たり前だと思っていた多くのことが、当たり前ではなかったと気付かされる期間でもあった。ならば演劇界もまた、これまで常識だと思っていたことを、転換していく必要があるのではないか。

ここまで書いてきたチケット料金の問題で言えば、最も早く取り組んで欲しいのが席種の細分化だ。日本の劇場はS席と区分されている席数があまりにも広い。最前列センター席も二四列最端席も同じ値段というのはいくらなんでも乱暴だし、舞台の一定部分が見えない＝見切れることを最初から掲げた「注釈付きS席」として売られる座席が、ほとんどの場合通常のS席と同じ料金なのも、そういう慣習だから、で済ませてはいけないと思う。例えば一〇列までのセンターブロックなら或いはもっと高い料金を設定してもいいかもしれないが、端の席や後方は同じ一階席でも今より値段を下げる。それが例え五百円、千円の差だったとしても、不公平感が大きく解消するのが人の気持ちだ。そして最後列や、その前の数列は例えば学生でもちょっと頑張れば買えると思える値段に抑える。これは中劇場でも、むしろ中劇場にこそぜひとも導入してもらいたい演劇界への未来投資であり、ライト層を再び引き戻す術でもあると思う。

もうひとつ、現在の前売りチケットは高額転売を避ける為に、他人への有償譲渡が原則禁じられている。高額転売はもちろん絶対に阻止しなければならないが、観客側の素直な気持ちとして言えば、何ヵ月も前に買った十分高価なチケットを、いざ当日になっての体調不良や外せない急用に見舞われた場合、紙切れにするしかないというのは、あまりにも負荷が大きすぎる。そうしたチケットのリセールを民間サイトに丸投げするのではなく、劇場がきちんと対応してくれれば、前もってチケットを購入するハードルも自然に下がるはずだ。

同様に公演プログラムも紙質を許容の範囲内で下げるなどの工夫をして、ひたすら値上げしていくばかりという状況から脱して欲しい。人気キャストのアクリルスタンドやチャームなどのグッズは大いに作るとして、作品内容をより深く理解したり、スタッフの創作意図が伝わったり、舞台を観て気になった未知のキャストの人となりの一端を知ることができる、つまりは次の観劇への手引きになる公演プログラムは、もっと広く手に取りやすいものにするべきだ。

と、あれこれと要望を述べてきたが、コロナ禍を経た演劇界の模索のなかで、素晴らしいなと思うことももちろん多くある。そのひとつが代役制度の充実だ。二〇二〇年以前の日本の演劇界は、どんなに体調が悪かろうと、這ってでも舞台に出ることが舞台人の美徳とされてきた。少々の熱など問題にしないのが当たり前で、酷いケースでは骨折しているにも関わらず舞台を務めたという、俳優から「実は…」とのちに語られたエピソードも、ひとつやふたつではない。だが、その常識はコロナ禍以降一変して、体調不良はいち早く申告し、待ったなしに休むことが第一義となる時代がやってきている。その為重要になったのが代役制度だった。所謂プリンシパル、メインキャストのなかで、更に主要なキャストの「カバー（代役）」を兼ねていることが、これはホリプロ製作の作品に多いがきちんとクレジットされていたり、アンサンブルを含めたどのキャストの代役も務められる、という非常に高いレベルの技量が求められる「スウィング」が、カンパニーに存在することを、多くのプロダクションが明記するようになったのは画期的だ。

更に、前述したように輸入作品に多くを頼ってきたミュージカル界で、日本が誇る一大コンテンツであるアニメーション、更にその元となった漫画原作作品などの舞台化を、東宝をはじめとした大手が盛んに取り上げるようになった。**『SPY × FAMILY』『のだめカンタービレ』**、これはミュージカル作品ではないが**『千と千尋の神隠し』『キングダム』**など多くの作品がいずれも大盛況で、少女が活躍する『SPY × FAMILY』では、夜公演にも関わらず小さな子どもを連れた観客をこれほど多く見るとは！という嬉しい驚きがあったし、英国ロイヤル・シェイクスピア・カンパニーの名誉アソシエイト・ディレクター、ジョン・ケアードが翻案・演出を手掛けた『千と千尋の神隠し』は、ロンドンウエストエンドのLondon Coliseum劇場での上演が既に決まっている。何よりこうした日本発の作品は、著作権を持つ作者、出版社の許諾を必要とするものの、海外作品よりはハッキリ自由度が高いのだろう。これもコロナ禍以降の大きな動きのひとつであるライブ配信や、作品Blu-rayなどの発売が頻繁に行われて、作品が更なる広がりを見せている。

こうした流れのなかで、ワタナベエンターテインメントが劇作家・末満健一とタッグを組んで、日本のクリエイターたちの才能を集め、世界レベルの作品を創造・発信していこうとの旗を掲げたMOJOプロジェクト -Musicals of Japan Origin project- が立ち上がったのも、大きな期待を感じさせるものだった。その第一弾となったミュージカル**『イザボー』（作・演出＝末満健一、音楽＝和田俊輔／二〇二四年一月／東京建物 Brillia**

MOJO プロジェクト -Musicals of Japan Origin project- ミュージカル『イザボー』
作・演出＝末満健一、音楽＝和田俊輔
2024 年 1 月、東京建物 Brillia HALL（豊島区立芸術文化劇場）
撮影＝橘涼香（写真協力：ワタナベエンターテインメント）

HALL）は、フランス王とイングランド王の間で続いた「百年戦争」とのちに呼ばれる時代にあって、フランスをイングランドに売り渡した最悪の王妃と称されるイザボー・ド・バヴィエールの半生を描いたもので、ミュージカル作品としては新味の多い時代と人物を取り上げた末満の着眼点の良さ。ロックを基調に歴史劇の重さを軽々と吹き飛ばした力感にあふれる和田俊輔の音楽。権謀術数渦巻くフランン王朝を生き抜く人々が、同心円で可動する三層構造の装置にある無数の開口部から次々に顔を出すことで、スポットライトの役割も果たした、松井るみの迷宮を思わせる独創的な装置。作品のドラマチックさを高める関口裕二の照明といったスタッフワークの結集と、タイトルロールのイザボーを演じる望海風斗を筆頭に、甲斐翔真、石井一孝など現在のミュージカルシーンに欠かせない個性的かつ、歌唱力豊かなキャスト陣が揃い、日本から世界への高い志に夢を託せる一作となった。特に、前述したスゥイングの面々や、舞台を支えるスタッフもきちんとカーテンコールで紹介した姿勢や、S席一万二千五百円、A席九千円というこの規模のミュージカル作品としては良心的な価格設定も嬉しく、オリジナル作品だからできること、その可能性を改めて見る思いがした。

何よりも、作品の根底に「どんな困難に見舞われようと、与えられた命を力の限り生き抜く」というテーマがあり、それが二〇二四年の幕開けからあまりに多くの苦難があったいまの日本にストレートに響いたこと。遠い異国の、遠い昔の物語から現代に直接つながるメッセージが放たれ、誰の視点で、どこを観るかが観客個々の権利として委ねられている舞台芸術の良さがひと際感じられたのが非常に貴重だった。最前列からや、演出家目線でのスイッチングなど、多様な視点でのライブ配信も豊富に用意されるなど、様々な試みには、こちらも鼓舞されるほどの気持ちになった。演劇ができることは、こんなにも多くあるのだ。

こうした新しいチャレンジを続けていけば、きっと演劇界はまた新たな地平にたどりつくことができるに違いない。演劇のある生活、演劇のある人生を一人でも多くの人に享受してもらえる。その日を決して諦めずに、様々な作品や創意工夫を、多くの製作、劇場、団体に取り組んで欲しい。そこから広がる演劇の可能性を信じ、期待している。

※追記・本稿執筆後に主催者側都合での初日順延と、チケットのダブルブッキングにより観劇が叶わなかった観客に、チケット代金だけでなく、交通費、宿泊費、キャンセル料等全てを補填した公演が複数出た。事態は勿論あってはならないことだが、前売り券の販売は観劇の担保だと製作側が再確認した事例として、一定の評価ができる前進だと思っている。

2023年の演劇

演劇を通してパレスチナを見るということ

濱田元子

二〇二三年一〇月七日、ロシアのウクライナ侵攻の影で世界から忘れられていたかに見えた「パレスチナ問題」が、最悪な形で世界の耳目を集めることになった。パレスチナ自治区ガザを支配するイスラム組織ハマス（Hamas, Harakat al-Muqawama al-Islamiya）が多くの民間人らを殺害、人質として連れ去ったことをきっかけに、自衛権を主張するイスラエルがガザに大規模侵攻した。多大な民間人の犠牲者を生むイスラエルの攻撃への対応を巡っては、欧米と非欧米の価値観の分断が顕著になっている。世界が混沌とするなか、演劇は何をすべきなのか。あらためて問われる時代になっている。

遠のく中東和平

イスラエルのガザ侵攻は四ヶ月を超えた。人口約二二〇万人ガザ地区における死者は二七、〇〇〇人以上にのぼる（二月一日現在）。多くは女性や子どもたちだ。七割以上の住宅が被害を受け、国連パレスチナ難民救済事業機関（UNRWA）によると住民の八五％近くが自宅を追われて避難生活を送っているという。病院も攻撃対象になり、医療体制や燃料、食料の供給も不十分で、深刻な飢餓も危惧される。流れてくる映像で見る惨状に目を覆うばかりだ。イスラエル側は一、二〇〇人以上が亡くなり、まだ一〇〇人以上がハマス側の人質となっている。大国の思惑に左右され、国連は機能不全に陥ったままだ。

ただでさえ暗礁に乗り上げていた中東和平が一層遠のいてしまうのか。暗澹とした思いに、一九九五年一一月四日、エルサレムのヘブライ大学留学中に起きたイツハク・ラビン首相（当時）暗殺の衝撃の記憶が重なった。「平和と領土の交換」の原則のもと、パレスチナとの和平を推進してきた氏が、極右のユダヤ人に銃撃された事件だ。

なぜ暴力の連鎖は止まらないのか。パレスチナを巡る根深い問題は「一〇・七」だけを見て理解するのは難しい。パレスチナがイスラエル占領下に置かれた一九六七年の第三次中東戦争、欧州で迫害されたユダヤ人による一九四八年のイスラエル建国とそれに続く第一次中東戦争、パレスチナ難民の発生、第一次大戦中（一九一四〜一八年）の英国の三枚舌外交、ユダヤ人が離散することになった一〜二世紀のローマ帝国との戦争、ずんずんと時計の針を戻し、おそらく旧約聖書にまでさかのぼらなければならないだろう。

しかも日本にとっては、地理的に距離感があるというだけでなく、暴力の応酬が報道されることはあっても日常はなかなか伝わってこない。政治的に英米のスタンスの影響を受けやすい傾向も、事の本質を捉えにくくしているところがあるだろう。

『占領の囚人たち』

だが、演劇なら何かを、少なくとも見た人々の視点を、数ミリでも変えられるかもしれない。その意味でオルタナティブな視点を投じたのが名取事務所による『占領の囚人たち』（『Prisoners of the Occupation』東京版、『I, Dareen T. in Tokyo』）の上演だ（下北沢「劇」小劇場、二月）。「一〇・七」は、その上演意義を再確認させることになった。さらに言えば、「占領の囚人たち」が、メディアではなかなか伝わってこなかったパレスチナ人のナラティブを伝え、「一〇・七」に至る背景の一端をクリアに提示したといえるだろう。

タイトルが示すように、『占領の囚人たち』は半世紀以上続くイスラエル占領の不条理、パレスチナ人への人権侵害を、イスラエル人でさえほとんど知らない「囚人」の実態を通して可視化し、つまびらかにしようという試みだ。イスラエルの劇作家・演出家・俳優のエイナット・ヴァイツマン（Einat Weizman）が、四〇年近く収監されている作家のワリード・ダッカや、SNS（ネット交流サービス）への詩の投稿がテロ支援と見なされ有罪となった詩人のダーリーン・タートゥールといったパレスチナの囚人（元囚人）らと共に再構成して書き上げた。日本での翻訳初演は、渡辺真帆が翻訳・ドラマトゥルク、生田みゆき（文学座）が演出をつとめ、パレスチナ人俳優カーメル・バーシャーと日本の俳優による日英アラビアの三カ国語で上演された。

国際法違反がつづくパレスチナの窮状

パレスチナ人の多く住むパレスチナ自治区（ヨルダン川西岸とガザ地区）は、イスラエルが二〇〇二年からテロリストの侵

ここで皆さんが見たのは
演劇以外の方法では
不可能なこと
名取事務所「占領の囚人たち」の一場面。来日し、出演したパレスチナ人俳優のカーメル・バーシャー
撮影＝坂内太

入を防ぐという目的で始めた「分離壁」で隔てられ、いたるところに検問所が設けられ移動は大きく制限される。しかも壁は、グリーンライン（一九四九年の停戦ライン）からパレスチナ側に食い込んでいる。この状況には、二〇〇四年に国連総会の要請を受けた国際司法裁判所（ＩＣＪ）が国際法に違反するとの勧告的意見を出している。占領地であるパレスチナ自治区におけるユダヤ人入植地の建設も止まらない。これも国際法違反だ。

水や電気などライフライン供給も十分ではなく、住環境も悪く、建物建築の制限や許可がないことを理由にした住宅破壊も少なくない。圧倒的な軍事力を背景にした占領政策の中で、外からは見えにくい、もっとも隠された犠牲者が「囚人」だという。

「囚人になることすら日常」という強烈なセリフが出てくる。「一〇・七」以降、人質交換でパレスチナ人囚人が釈放され、家族や支援者らが歓喜する映像が流れたが、一方でヨルダン川西岸での逮捕・拘束が相次いでいると海外メディアは報じている。パレスチナの囚人支援ＮＰＯアッダミール（addameer ＝良心の意）によると現在、政治囚は七、〇〇〇人で、うち女性は六〇人、子どもは二〇〇人だという。武力抵抗や非暴力抵抗の人、ジャーナリストもいる。

囚人に対する非人道的処遇

塀の中で囚人がいかに非人道的に扱われているか。これを、男性ばかりの芝居である「Prisoners of the Occupation」東京版は、ウィサーム（西山聖了）という若者を通して観客に追体験させる。取調官による威圧的な取り調べ、水責めによる拷問、「鳥」といわれる内通者による誘導、屈辱的な身体検査、精神的に追い込む独房監禁……。現実と瞬時に往還しながら〝再現劇〟という形で小刻みに展開されるシーンは、その都度強烈なパンチを放ち、見る者の痛みを喚起する。

過酷な実態に胸が塞がる思いがする一方で、囚人たちの平和的な抵抗手段であるハンガー・ストライキ中、ムジャッダラというアラブの家庭料理を巡る会話は、軽妙なユーモアに外で待つ家族を思う哀切がにじむ名シーンとなった。

「自由なのは空気を吸うことだけ」というパレスチナ人俳優のカーメルが、占領下の市民としての視点を提示することで、作品の説得力がより増している。ワリードが獄中からエイナットに託した短編「オリーブオイルの秘密」のシーンは、カーメルがワリードと少年時代の彼をパペットと影絵を使って演じる幻想的な場面だ。「こんな未来はいやだ」という少年に対して、ワリードはレバノン戦争（一九七五〜九〇年）でのパレスチナ難民の虐殺を目にしたショックを語る。「ひとの痛みを感じることが文明の本質」という言葉が胸に刺さる。

生田の演出も冴えを見せた。照明や映像、小型カメラによるライブ映像といったビジュアルで観客の想像をかき立てながら、その緩急で心を揺さぶった。

二重の支配構造の中で

一方、森尾舞による一人芝居である「I, Dareen T. in Tokyo」は詩人のダーリーン・タートゥールさんの体験をドキュメンタリータッチで描く。女性を軸にすることで、「対占領」そして「対男性中心社会」という二重の支配構造をあぶり出すという仕掛けが、よりテーマを普遍的で深いものにする。

政治家の圧力によって表現を禁じられたエイナット、「抗え我が民よ、彼らに抗え」という詩をブログに載せたことで深夜に突然逮捕されたダーリーン、そして自分自身という「女性の表現者」三人を、圧倒的な演技で見せた森尾の力が大きい。エイナットがこの戯曲を書くにきっかけになったダーリーンとの出会いから、イスラエル人とパレスチナ人という立場を超えて強まる絆が、一つの演劇作品として結実していくさまに求心力がある。エイナットが収監されるダーリーンの「身体と声」になったように、今回は森尾がダーリーンとエイナットの「身体と声」になり、劇場でパレスチナ人に対する人権侵害の実態を俳優や演出家の視点を入れて再構築していく。

なかでも収監中のダーリーンがコートの留め具で、ほとばしる感情を詩として刻みつけていくシーンは鮮烈だ。「思考は風のよう／鎖でつなぐことは誰にもできない」。ダーリーンのアラビア語の詩の映像がホリゾントを埋め尽くし、ダーリーンが森尾に憑依したかのように立ち現れる。「劇」小劇場が、イスラエルの監獄に変わった劇的な瞬間だった。

現地でのワーク・イン・プログレス

この上演の忘れてはならない意義が、もう一つある。上演に先立って演出家や俳優が現地で約一週間のフィールド・ワーク（リサーチ）やエルサレムのハカワーティー劇場（パレスチナ・ナショナル・シアター）でリサーチを基にした公開プレゼンテーションを行ったことだ。私も現地リサーチに同行し、元囚人の体験談や、また長期収容されている囚人の家族の話を聞く貴重な機会を得た。またヨルダン川西岸のパレスチナ自治区ヘブロンでは、ユダヤ人入植者の嫌がらせが続くなか非暴力抵抗を続けているパレスチナ人活動家イーサ・アムロの信念に打たれた。

日本の観客にとってはどうしても遠い存在であるパレスチナでの出来事を、現地でリサーチした演出家や俳優が体験や感覚を挟み込み、メタ的な構造にしたことで、劇場とパレスチナが「地続き」であることが効果的に浮かび上がった。占領の不条理を目の当たりにしていなければ、作品にここまでの説得力を持たせることは不可能だっただろう。

付け加えるならば、テルアビブに近いジャッファの劇場で、ヴァイツマンがイーサと制作した最新の舞台「How To Make a Revolution（革命の作り方）」も見る機会を得た。エルサレムからパレスチナ人や、海外のパレスチ支援のNGO職員らが見に来ているというのも興味深かった。イスラエル人の観客もリベラル系の知識人が多いと聞いた。ここでもやはり社会の分断は深刻だ。

芝居のラスト近くで森尾が読んだヴァイツマンからのメッセージも心を打った。「なぜこのような活動を続けるのかとよく聞かれます。答えは多くの人が沈黙しているからです。誰も声をあげなければ、皆さんがここで目撃したことが延々と続くからです」。

ヴァイツマンの問いかけは、実はイスラエル／パレスチナの問題ではなく、世界に遍在する不条理や不正義に対して、わたしたちがどう対峙していくのかという問いかけでもある。

パレスチナをめぐる他の上演

「二〇・七直後の一〇月一三〜一五日、国際演劇協会（ITI）

日本センターの「紛争地域で生まれた演劇」シリーズとして、イスラエルの劇作家モティ・レルネル（Motti Lerner）の『イサク殺し』がリーディング上演（訳・ドラマトゥルク＝村井華代、演出＝小林七緒）されたのもタイムリーだった。作品が題材としているのは、まさにラビン首相の暗殺。和平が瓦解することになった分岐点だ。

ＰＴＳＤ（心的外傷後ストレス障害）リハビリセンターで入所者による暗殺事件の劇が演じられようとしているという挑発的な設定だ。戦争で負傷した軍人、戦争で夫を失った妻、ＰＴＳＤに苦しむ医療兵、爆破テロで負傷した若い女性らのやりとりが、次第に社会が抱える病理をあぶり出していく。本国の劇場では上演されていないということからも、この作品がいかにイスラエル社会にとって痛いところを突いているのかが想像できる。

ほかにも、「紛争地域で生まれた演劇」シリーズでは、二〇一二年にイスラエルのヤエル・ロネン（Yael Ronen）の「第三世代（*Dritte Generation*）」が上演されている。ホロコーストとナクバ（大惨事、一九四八年のイスラエル建国で約七〇万人のパレスチナ人が難民になった）後の孫世代による対話劇だ。また来日カンパニーとして、「占領の囚人たち」と同じエイナットによる『パレスチナ、イヤー・ゼロ（*Palestine, Year Zero*）』が二〇一六年に、パレスチナ自治区ラマラのアルカサバシアターの作品『アライブ・フロム・パレスチナ—占領下の物語—（*Alive from Palestine Stories Under Occupation*）』なども上演されている。いずれも、占領下でパレスチナ人がどのような暮らしを強いられているのかを描いていて刺激的だった。

翻訳劇上演に求められる感度

翻訳戯曲というと、そこに多様な視点は配されているとはいえ、日本ではどうしても欧米の視点に偏りがちになる。だがいまや欧米的史観からだけでは世界を理解できない。欧米諸国は、ウクライナに侵攻したロシアに制裁を科す一方、民間人に多大な犠牲を出しながらガザ地区攻撃を続けるイスラエルには及び腰だ。グローバル・サウスといわれる新興国・途上国からは「二重基準」との反発が噴出している。欧米と非欧米の分断が深まる世界を、演劇界も真摯に受け止めるべきであろう。

たとえば、日本でも以前、オスロ合意の秘密交渉の裏側を描いた米劇作家の作品が上演されたが、国際政治のバックステージものとしては面白く成立していたものの、すでにオスロ体制が挫折し、対立が現在進行形の中では、歴史観も含めて食い足らなさを感じずにはいられなかった。語られていることではなく、そこに語られていないことは何なのか。翻訳戯曲を上演する側にも、高い感度が求められる時代になっていることは間違いない。

パレスチナをめぐる欧米での上演作品

もちろん欧米で上演されたものにも、興味深い作品はある。あいにく現地で見ることはできず、戯曲を読んだだけだが、二〇二二年に英ロイヤル・コートで上演されたロンドン出身のサミ・イブラヒム（Sami Ibrahim）による『ドッギングにくりだす二人のパレスチナ人（*two Palestinians go dogging*）』はオスロ合意から五〇年後、二〇四三年を舞台に、パレスチナ問題をブラックな笑いを交えて辛辣に描く作品だ。『あるパレスチナ人のために（*For a Palestinian*）』は二〇二一年のワーク・イン・プログレスを経て、翌二二年一〇月に英ブリストル・オールド・ビックで上演された。現代の西欧社会で暮らすパレスチナにルーツを持つ青年のアイデンティティの揺らぎと、ミュンヘン五輪のイスラエル選手団暗殺の犯人としてモサドに暗殺されたパレスチナ人翻訳家ワエル・ズワイテルの愛の物語が、時空を超えて響き合う。

イスラエル／パレスチナに限らず、世界のさまざまな声をすくいあげ、愛や葛藤を生々しく届けることができる演劇の力が、もっと信じられていいはずだ。たとえそれが日本人にとって分かりにくいといえども、分かりにくいということが、すなわち世界の今なのだから。

「続けることが、無茶苦茶厳しい」なかで

この稿を書くにあたり、二〇二四年一月中旬、ヴァイツマンとメールのやりとりをした。昨年の日本での上演について「俳優たちがパレスチナを訪れ、占領下の状況を経験したことで、ただ戯曲を上演するということとはまったく違うものになった。最も成功したパレスチナ人俳優であるカーメル・バーシャーによって物語は本物になり、翻案もパレスチナも囚人の物語についてより深い理解と連帯を築くことにつながったのではないか」と彼女は振り返る。

ただ、これまで表現の自由を求めて権力に抵抗してきたヴァイツマンをしても、いまの状況は「いままでやってきたことを続けることが、無茶苦茶厳しい」と吐露する。「普段でも私のプロジェクトや演劇は、資金集めや劇場探しにとても苦労してきたのだけれども、一〇月七日以降は、ほとんど不可能になった。実際、私の企画は即座にキャンセルになった」と彼は明かす。それでも今は『一〇月（*October*）』という新しい戯曲を書こうとしているという。それは、今回の戦争によって影響を被ったイスラエル／パレスチナの、さまざまな立場にある個々人の経験に人間性を与えるものになるという。

＊

思えば一〇〇年前、小山内薫と土方与志が演劇の理想を託した築地小劇場は、批判を受けながらも海外の同時代の翻訳劇を積極的に上演し、世界に開かれた窓になった。いまやスマホ一つあれば、簡単に世界の情報が入手できる時代になったが、マスにかきけされがちな人々の声をどう掬い上げ、人間の尊厳が守られる世界を実現することができるかについては、こころもとない。ガザはこれまで三度訪ねたが、今ではすっかり形が変わってしまった。今のガザを見ながら、ギリシャ悲劇以来、演劇に託されているものは、実は少しも変わっていないと、あらためて思う。

物に対する新しい視点 ――人形劇祭の現状

山口遥子

コロナ禍明けの人形劇祭

そもそもあまり日の当たらないところにいる人形劇界も、コロナ禍中には他の舞台芸術並みに更なる落ち込みを経験したが、喜ばしいことにまた以前のような日陰くらいの明るさを取り戻しつつある。国内最大規模の人形劇祭「いいだ人形劇フェスタ」は、二四一劇団が上演した二〇一九年を最後に、フルスケールでの開催が見送られてきた。二〇二〇年は中止、二〇二一年は劇団・観客ともに「長野県内の方限定」、二〇二二年は再び中止。ようやく二〇二三年に一八六劇団を迎えて、四年ぶりの開催を果たした。とはいえ海外劇団の招聘はいまだ限定的とすべきとの判断で、海外からの参加は台湾と韓国のみに限った。

この「いいだ人形劇フェスタ」は日本全土から人形劇人が集い、プロアマ入り混じって一四〇箇所ほどの会場（路上含む）で人形劇を見せ合うもので、毎年全国の人形劇人がこぞって参加する貴重な社交場であった。コロナ禍の数年をはさんで参加劇団が二四一劇団から一八六劇団に減ったことは、高齢化の進む日本人形劇界が受けたダメージを如実に示しているようで辛い。灼熱の八月上旬であったが、分厚いマスクをしている人もいまだ会場に多く見られた。

対して、二〇二三年のヨーロッパ各地の人形劇祭は、パンデミックの痕跡が微塵も感じられない雰囲気で、フルスケールの開催が戻っていた。世界中から集った人々が、ノーマスクで夜まで顔をつきあわせ、グラス片手に人形劇談義。人足はむしろコロナ禍以前よりも増えているようで、ヨーロッパ観劇遠征における三種の神器であったFFP2マスク、PCR検査、ワクチン証明アプリのいずれも、もはや目にすることも耳にすることもなかった。

二〇二三年に米国と欧州であわせて五つの国際人形劇祭を訪れたところ[1]、いずれも開催規模や混雑具合や観劇ルールの点では、パンデミックを抜けて通常運転にもどったようにも見える。しかし個々の作品に注目してみると、パンデミックを経て、まるで何でも思い通りになるかのような人間の傲慢なふるまいにあらためて深い反省をせまられ、これからいかに人間以外の存在と相対していくべきか、自分たちなりの応答を示そうとしているという印象を受けた。その点について記しておきたい。

「人形劇祭」の内訳

本題に入る前に、現代における人形劇祭とは何かということを少し説明しておく必要がある。人形劇祭は、人形劇のフェスティバルなのだから、そこで見られるのは主催者が「人形劇」と見なした作品である。ところが「人形劇」という語（英語ではpuppet theatre、独語ではPuppentheater あるいはFigurentheater、仏語ではmarionnette）はいま、日本で普通にイメージされる「人形劇」よりも、はるかに広範で多様な舞台表現を含むようになっている。というか、かなり雑駁な概念である。

二〇二三年九月に訪れた世界最大規模の人形劇祭、その名も「世界人形劇祭」（Festival Mondial des Théâtres de Marionnettes）のプログラムにも、それは現れている。そこには、各演目がどんな「人形劇」なのかを示す分類名が書かれている。これがないと、観客は一体何を見せられることになるのか分からないからだろう。たとえば糸あやつり（marionnette à fils）、手遣い（marionnette à gaine）、影絵（ombres）、等身大人形（marionnette de taille humaine）、テーブルトップ（marionnettes sur table）、抱え遣い人形（marionnette portée）といった人形劇らしい分類名もある。しかしそれだけではなく、「オブジェクト・シアター」（théâtre d'objet）、「ヴィジュアル・シアター」（théâtre visuel）、「マテリアル・シアター」（théâtre de matière）、「ニュー・テクノロジー」（nouvelles technologies）などのよく分からないものが続く。さらには「ブンラク」（Bunraku）という聞き捨てならない分類名まである（本稿末尾で触れる）。

糸あやつり、手遣い、影絵などは日本でもよく目にするが、実はこれらはプログラム全体の中では少数派である。最大派閥は「オブジェクト・シアター」で、数えてみればこれが公式招待の全八一作品中、三一作品を占める。なお、糸あやつりに分類されているのは三作品、手遣いは七作品、影絵は四作品、テーブルトップは六作品、抱え遣い人形は六作品だった（一つの作品に複数の分類が該当する場合も全て算入）。さらに「ヴィジュアル・シアター」や「マテリアル・シアター」などその他の分類のものが数作品ずつある。このように現代の「人形劇祭」は、こういったさまざまな舞台表現の受け皿となっており、またその中でも、オブジェクト・シアターの優勢が目立っているという状況である。

日本の「いいだ人形劇フェスタ」で行われる人形劇はほとんどが糸あやつり、手遣い、影絵、テーブルトップといった昔ながらの技法を用いたもので、オブジェクト・シアターに分類されるような作品はほとんど発表されていない。しかし「世界人形劇祭」の内訳のように、国外（韓国などアジアを含む）で行われている現代人形劇を見わたせば、こうした昔ながらの人形劇の方が少数派となりつつある。

オブジェクト・シアターの変化

オブジェクト・シアターは最近始まったわけではなく、従来の人形劇に対するアンチテーゼとして一九八〇年代に広まったスタイルである。しかしそれから五〇年を経てオブジェクト・シアターも変化した。人間が舞台上で操るために形作った「人形」ではないもの、すなわち「オブジェクト」が演じる劇という当時の定義はいまでもある程度有効であるが、五〇年前の「オブジェクト」はせいぜい大工道具や日用品、ゴムやブリキのおもちゃなどだった。対して二〇二三年の「世界人形劇祭」の舞台に上った「オブジェクト」のごく一部を挙げても、電子回路基盤、雑穀の苗、レゴブロック、搾乳器、白鳥の剥製、DJブース、羽毛布団の中身、サンドバック、二〇〇キログラムの岩、等々なんでもありである。

また五〇年前は、人形の代わりにオブジェクトを用いたとて、それで表現するのはある戯曲の人物や動物などのキャラクターであり、台詞も動きも擬人的であった。対して近年は、こうした擬人化を廃そうとする傾向がある。主体としての人間が客体としての物を「操る」、あるいは「魂を与える（アニメートする）」という非対称的な関係を見直そうという動きである。無生物を人間の力で操る・動かすのではなく、むしろ物それ自身の動きに任せる、あるいは人間はその物の内在的な動きや性質を引き出すような手助けをするに留める。こうした物と人とのより対等な関係性の探究が、オブジェクト・シアターの新たな主題となりつつある。

物と人間の関係性

そうした近年のオブジェクト・シアターの傾向をはっきりと示していた作品が、「世界人形劇祭」の公式招待作品として上演された**マクデブルク人形劇場（Puppentheater Magdeburg）**による**『リ・メンバー（RE-MEMBER）』**である。演出は、フェスティバル常連でありコンセプチュアルな作風で知られるフラン

Puppentheater Magdeburg „Re-member“ ©Viktoria Kühne

スのカンパニー、テアトル・ド・ラントルヴェール（Théâtre de l'Entrouvert）の演出家エリーゼ・ヴィニュロン（Elise Vigneron）と、ドイツを拠点とする気鋭の演出家ユリカ・マイヤー（Julika Mayer）による。演じるマクデブルク人形劇場は、旧東独で一九五八年に設立された公立劇場。中部ドイツ最大の人形コレクションを保持する人形博物館も併設していて、中部ドイツ人形劇の伝統を背負う劇団である。と同時に、毎年新作を創造して四〇〇以上もの公演を行う、ドイツ現代人形劇の牽引者のひとつでもある。

　舞台が幕を開けると、ふだんは人形博物館に所蔵されている、多くの歴史的人形たちが上から糸で吊されている。と同時に、何本か大きな白樺の木も吊されている。文楽人形は檜という木から作られるが、ドイツの人形も菩提樹という木で作られている。人形と木が並んで吊されていることで、人形の木という自然物としての側面、あるいは人形と木の等価性が自ずと意識される。

　そこへ、電話での会話の断片のような音声が聞こえてくる。一九四五年、英米軍によるマクデブルク空爆の直後に作られた『嘆きのマクデブルク』という人形について語る声。あるいは、一九〇〇年頃にザクセンのボネシュキー家という有名なマリオネット一座が残した人形について語る声。すると今度は、ああ明るい緑、鳥の声、水鳥が巣のために葦を集めている、私たちは舞台のために木を集めている……、となにやら森の中から語るような声。こうして断片的に交叉する語りから、人形が背負う歴史すなわち人間の歴史と、木が劇場に来る前に生きていた森の情景が、同時に浮かび上がってくる。糸で吊された人形と木は、ときどきゆっくりと上下し、糸の先には人形遣いがいる。

作品リーフレットには、糸あやとり遊びについて書かれたダナ・ハラウェイの著作の引用があった。ハラウェイの考える糸あやとりは、人間と人間以外の存在の間で行われるもので、「形を与えたり受けとったり、時には糸を取り落としたり、しかし時にはうまくいって、前にはなかった何か、ひょっとしたら美しくさえある何かを見つけること」だ。(2)

通常、マリオネット糸の長さは長くてもせいぜい三メートル程度だが、この舞台では糸は天井を通って舞台袖までずっと引かれており、ゆうに一五メートル以上はある。したがって人形遣いは、人形や木を「操る」ような複雑で恣意的な動きを与えることはできない。ハラウェイの言葉のように、人間と人形や木はマリオネット糸によって確かに繋がってはいるが、いつもうまく動くとは限らない。人形遣いは、ただ糸を張っては緩めることを繰り返し、人形と木が作り出す偶然的な動きに任せるしかない。

しかし、人が恣意的に人形や木を操ることを止めたとき、むしろ人形と木の本来の動きの面白さが際立ってくる（照明の手腕もある）。人形と木が、それぞれの持つ内なる動き、内なる律動を見せる。ニューマテリアリズムの哲学者ジェーン・ベネットが述べた、人間によって「廃棄物」や「栄養素」などとラベリングされた無生物も、それ自体生き生きと「脈動」(pulsing)しつつ、人間に何らかの「力」(*thing-power*)を及ぼす「行動主体」(agent)なのだ、との指摘が思い出される。(3)驚いたのは終幕、五人の俳優が人形の隣に立ち、人形や木と共に飛び跳ねるシーン。予想に反して、人間よりも人形と木の方が生き生きと多様な動きをみせる様に、目を開かれる。

人と物の主従関係を最も強く示してきたマリオネットという人形劇の形式を用いつつ、そのままならなさと人間の無力を示すことで、物と人の対等な関係を鮮やかに描きかえそうとする。人形劇の歴史と現在に精通した二人の演出家ならではのオブジェクト・シアターであった。

ブンラクの流行

最後に、現代人形劇を席巻しつつある「ブンラク(Bunraku)」に少しだけ触れておきたい。二〇二三年に訪れた五つの人形劇祭全てで「ブンラク」作品があり、もはや現代人形劇の定番と化していると言っても過言ではないと感じたからである。米国最大の国際人形劇祭「シカゴ国際人形劇祭」の芸術監督ブレア・トマスも、フェスティバル・プログラム選定のために世界の現代人形劇を見て回るなかで、「ブンラク」を標榜する作品の多さに気づき、ディレクター業の傍ら「現代人形劇におけるブンラク」を主題にした学位論文まで書き始めた（彼はこの道四〇年ほどのベテラン人形遣いでもあるので、すごいバイタリティ）。

ただしこの「ブンラク」、太夫・三味線・人形の文楽三業のうち最初の二つをまったく無視したもの。ただ二つの条件、すなわち（1）三人遣いであること、（2）手で直に人形を持って操作すること（文楽はそのように見えるらしい。胴串や差金は無視）、をクリアした人形劇が「ブンラク」と呼ばれる。

日本で文楽は一般的に、一人前になるために長い下積み期間を過ごさねばならぬ厳しい芸道という印象があるが、欧米ではそうではない。「ブンラク」とはすなわち、対等な三人の人形遣いが互いにぴったり寄り添い、仲良く息を合わせて一つの人形を動かすものである。見る／見られるの非対等な関係で操り方を指導するのではなく、横に並んで息を合わせながら互いに操り方を学んでいく、という劃期的な教育手法としても、勝れて現代的であると見なされている。したがって、欧米では比較的若い世代の人形遣いに特に好まれている手法である。「ブンラク」の語がこのように、反権威主義的で現代的なイメージを付与されて国外で流布していることは、日本の人形劇を知る身としては戸惑いもあるが嬉しくもある。

「ブンラク」のもう一つの特徴は、人形遣いは出遣いをすれども物語には関与しないという文楽の慣習に背いて、人形と人形遣いのインタラクションがむしろ物語の焦点となることである。**ブラインド・サミット**（**Blind Summit**）というイギリスの人形劇団を一躍著名にし、ロンドン五輪開会式にまで登場せしめたヒット作**『ザ・テーブル』**（**The Table**）は、この種の「ブンラク」の代表作である。

冒頭、三人の人形遣いを背後にテーブル中央に立つ人形が、次のように自己紹介する。「わたしは日本のブンラクのスタイルの人形でね」。さらに人形は観客にこう投げかける。「始まってから今まで、人形遣いに目が行かなかっただろう？ 私だけを見てしまっただろう？ それは端的に、私の性的魅力によるのだが」と一笑いを誘った後、「もう一つ理由がある。それが、人形遣いの行う『焦点化』というやつで……」と続け、人形遣いがいかにして人形へ、時には人形遣い自身へと観客の視線をコントロールしているかを解説する。出遣いという日本人形劇の独自性は、いまや人形と人形遣いのインタラクションという現代人形劇に欠かせない要素として世界中に浸透した上、新たな表現やジョークの苗床となっている。

ちなみにこの作品『ザ・テーブル』は、筆者が立ち上げた「下北沢国際人形劇祭」（二〇二四年二月二日〜二七日、会場ザ・スズナリ）という人形劇およびオブジェクトシアターのフェスティバルにおいても上演された。このフェスティバルは今後隔年開催を予定しており、次回は二〇二六年二月下旬に開かれる見込みである。その頃には、日本でのみ知られていない「ブンラク」の傑作がまた国外で数多く生まれていることだろう。

（1）毎年一月に開催される米国の「シカゴ国際人形劇祭」（Chicago International Puppet Festival）、隔年で五月に開催されるエアランゲンの「人形・劇・祭」（figuren.theater.festival）、毎年八月に開催されるヘルシンキの「サンポ人形劇祭」（Festival Sampo）、隔年で九月に開催されるマリボルの「スロヴェニア人形劇ビエンナーレ」（Biennial of Puppetry Artists of Slovenia）、隔年で九月に開催されるシャルルヴィル＝メジエールの「世界人形劇祭」（Festival Mondial des Théâtres de Marionnettes）の五箇所。

（2）Donna Haraway, *Staying with the Trouble: Making Kin in the Chthulucene*. Duke University Press, 2016. p.10

（3）Jane Bennett, *Vibrant Matter, A Political Ecology of Things*. Duke University Press, 2009.

2023年の演劇

『ことばにない』レズビアンを主題にした大作が完結

青年団演出部・こまばアゴラ劇場の大きな果実

中西理

一、はじめに

宮崎玲奈作演出による『**ことばにない**』（**こまばアゴラ劇場**）はLGBTQの中でもとりわけレズビアン（女性同性愛者）を取り上げた作品だ。LGBTQとは、Lesbian（レズビアン＝女性同性愛者）、Gay（ゲイ＝男性同性愛者）、Bisexual（バイセクシャル＝両性愛者）、Transgender（トランスジェンダー＝心と体の性が異なる人）、Queer／Questioning（クィアまたはクエスチョニング＝性的指向・性自認が定まらない人）の頭文字をつなげた略語である。いわゆる性的少数者（セクシュアル・マイノリティー）の総称で、LGBTQの存在やそれに対する差別、社会的な抑圧の問題は日本でも昨今は人口に膾炙して、そういう問題があるのだとの認識は定着しつつあるが、そうした中でもレズビアンを正面から取り上げた演劇作品は従来あまり見当たらなかった。

二、レズビアンを取り上げた複数の作品

実は二〇二三年にはこの作品以外にもいくつかレズビアンを取り上げた作品を目にした。女子高という一見同質性が強い世界を舞台にして同性愛者や性同一性障害者に対して不作為に起こる差別の構造を描きだした**果てとチーク**『**はやくぜんぶおわってしまえ**』（**作・演出：升味加耀、アトリエ春風舎**）。二〇二三年の岸田國士戯曲賞の受賞作を再演した**ぱぷりか**『**柔らかく揺れる**』（**作・演出：福名理穂、こまばアゴラ劇場**）も地方の一家族を描きながら、同性愛のパートナーと一緒に田舎の実家から離れて暮らす女性を登場させた。これらの作品には共通点があった。いずれも主題としてLGBTQを取り扱うが、それを特殊な事例として描き出すのではなく、周囲に普通にありうる出来事として取り上げているのが特徴である。

ムニ『ことばにない　後編』（2023年11月、こまばアゴラ劇場）
撮影＝黑田菜月

この三つの舞台はいずれも平田オリザが主宰した若い演劇人のための育成機関「無隣館」の出身で青年団演出部所属（当時、二〇二三年六月に解散）の女性作家によるものだった。これはおそらく偶然ではない。彼女らの周辺に日常的にこうした状況はありうるということへの共通認識が生まれていたからであろう。

平田オリザがことさら同性愛の問題を取り上げたことはなかったように記憶するが、平田の代表作である『ソウル市民』（一九八九年初演）が戦前の朝鮮半島における日本人家族の無意識な差別意識を描き出したように差別が起こるような状況をその構造から提示するような演劇手法を平田は得意としてきた。平田の傘下には障がい者の問題を積極的に作品化している伊藤毅（やしゃご）もおり、コロナ禍の問題を演劇とする作品に取り組んだ綾門優季らも含め、若手劇作家らの社会的問題への関心は極めて高い。

平田の弟子筋にあたる宮崎玲奈も『ことばにない』で家族や友人などの人間関係に起こるほころびなど日本社会で女性が受ける社会的抑圧をそれぞれの問題として描き出している。そしてLGBTQあるいはレズビアンの差別問題も特別なものではなく、その延長線上として描かれる。表題となった「ことばにない（＝なかったことにされる）」は劇中で複数の話者によって何度も繰り返し発話されるが、それは抑圧構造のひとつの現れとして提示されている。

『ことばにない』は『ことばにない　前編』が二〇二二年に上演され、その続編として『ことばにない　後編』が二〇二三年に上演された。合計で上演時間が八時間超の長尺な作品。この作品で宮崎は高校時代から演劇部の仲間だった塩田朝美、高倉かのこ、野村ゆず、宮地美緒という二十代半ばの四人の女性たちを物語の中核に置いた。四人のうち、かのこは同性愛者だがほかの三人はそうではない。それゆえ、同性愛のみが主題ならこの物語はかなこのことを中心に展開してもおかしくないところだが、宮崎はそうはしない。

彼女らは社会人となった現在も年に一度集まって一緒に演劇を上演している。高校時代に世話になっていた顧問の教師（山川紗代）がいたが、亡くなった知らせを受けて葬儀に出かけてみると、書き残された遺稿があり、そこで自らを「レズビアン」だと告白し、しかもその遺稿を演劇として上演したいとの遺志を持っていたということが彼女の息子から伝えられる。

『ことばにない』の独自性は単純に同性愛の問題のみを描き出すのではなく、もうひとつの重要なモチーフとして演劇を取り上げたことにもあるかもしれない。「亡くなった同性愛者の遺書を演劇化する」という作品の枠組みにより、宮崎はこの二つの主題に関係する様々な問題群を浮かび上がらせてみせた。

そこからこの作品が同性愛者の問題にとどまらず、女性差別や家族による束縛など社会的な抑圧に関わる全体に射程を広げたいとの意図も感じられる。

このようにそれぞれに立ち位置の異なる複数の人物が登場し、それを俯瞰するような形で取り上げられるため、依然として同性愛の問題が重要な位置を占めることは間違いない。一方でそれはかならずしも特権的な問題というわけではなく、無意識のジェンダー差別や家族間に起きる問題など彼女らの年齢の女性に起きうる社会的な抑圧の一部なのだということを、この作品はより広い視野で描こうと試みている。

四人の女性のうちのひとり、かのこもレズビアンで、彼女はパートナーの女性（吉井花苗）と一緒に暮らしている。それゆえ作品は当事者であるかのこを中心に据えた物語として構築されていてもおかしくなかったはずだ。だが、宮崎はあえてそうはせずに、それぞれ異なった性格、属性を持つ他の三人の女性も同等に扱い群像劇として描き出すことを選択した。

それでも『前編』はかのこと花苗のカップルの描写が中心。二人は一緒に暮らしているが、花苗が精神的な病に陥る。彼女らの現実の生活の描写と同等以上の重みを持って、赤い獣や謎の声、紗代の亡霊などの非現実的存在により花苗が悩まされていることが描かれていく。

だが『後編』では、かのこ以外の三人の最近の悩みもより詳細に描かれていく。例えばそのひとりである朝美。彼女は大学時代からの友人、浅田春と一緒に住み、近く結婚をしようと考えている。しかし、以前はあまり顕著ではなかった春の朝美への束縛が激しくなり、二人の間にすれ違いが起こっていく。

大学時代には映画サークルの仲間として価値観を共有していた春と朝美だが、社会人として働き、会社で男ばかりの同僚に囲まれるようになると、春は態度を変容させていき、麻美の演劇仲間を、自分たちには必要ない存在として排除したがるようになる。それが麻美の中で抑圧を生みだしていく。

朝美が用事で席を外している帰りの車の中で、春は朝美の友人に「自分たちは結婚するので、今後は朝美を演劇などに誘わないでほしい」などと唐突に言い出す場面が『前編』にあり、私はこの場面について同性愛差別問題と同じくらい引っかかってしまった。

背後にはジェンダーに関わる偏見がある。「家庭第一」という錦の御旗のもと、春は朝美にとって大切な友人関係や演劇を相談もなく平然と否定していくのである。それが麻美の人格否定につながりかねないのに。

男が働き、女は家庭を守るべきだという旧態然とした結婚観に春はとらわれており、彼が悪意なくこういう行為をしてしまうということを描くことで、無意識の女性への抑圧の構造を宮崎は提示してみせる。

そして、さほど重要ではないと思った小さなほころびは『後編』において、大きな亀裂となっていく。春の行為を知った朝美が一緒に暮らしていた家を飛び出し、これをきっかけに美緒が大事にしていた仲間との関係性がいろんな周囲の状況の変化で危うくされてしまうことの精神的な負荷が耐えられなくなり、姿を消してしまう。

そうした問題とは直接のかかわりはないがもうひとりの仲間であるゆずも実家の両親に認知症の症状が出る。ゆずもそうした両親のひとり娘であることの重圧から心理的な葛藤を引き受けざるを得ないし、個人だけの「やりたい」では演劇を続けられないようになっていく状況も描かれていく。

今回上演されたのは昨年の『ことばにない 前編』の続編だが、今回も同様に四時間半という長尺の舞台だった。『前編』と『後編』を合わせると上演時間九時間近い滅多にないほどの大作となっている。興行的なことを考えると長すぎるといえなくもないが、同性愛者への差別以前にまず女性の抑圧など社会全体の構造があり、それをまるごと全体性として描き出すにはこの分量が必要と判断したということのようだ。

『後編』の冒頭部分では朝美らがこれまで毎年彼女らの演劇を上演していた区民施設である劇場に演劇の上演の申し込みに出かけるが「レズビアンを主人公にしたってのが、まず、どうなんだろう」などと館長に難色をしめされ上演を拒絶されてしまう。

紗代の姪の保守派議員の圧力があったことなども館長の言葉

の端々から分かってはくるが、「反対運動が起これば区民の人が使えなくなる、それをあなたたちは保証できるのか」などと言われるとその論理を突き崩すことはなかなか難しい現実もこの作品では示される。海外作品によくあるような同性愛の当事者である主人公＝作者自身のような構造の作品では、主人公の被る不条理な差別などへのレスポンスがストレートに差別するものへの糾弾となりがちだが、この作品は社会全体を俯瞰で捉えた中で差別の構造を描こうとしている。

三、「劇中劇」含む複雑な劇構造

『後編』は後半部分に彼女らが上演した演劇が劇中劇として「入れ子構造」になり、劇中で演じられるという複雑な劇構造になっている。

『前編』は平田オリザ流の群像会話劇の手法で四人を中心とする群像が描かれる部分が多いが、その中に時折、この世界の外部から干渉する声だけの存在や正体不明の赤い獣など現実にはありえない描写が挟み込まれた。『後編』ではそれに加えて彼女らが上演した演劇が「劇中劇」として出てくる。それらは最初のうちはこれは「現実」、これは「劇中劇」とある程度分かるように描かれているが、すべてのパートを同じ俳優が演じていることもあり、さらに作者が意図的に区別を曖昧にするように仕掛けていることで、物語が進行するにつれて次第にその三つの世界は混然一体として入り混じり判別ができなくなってくる。

『前編』の中心には、劇中には登場せずに遺書のテキストとしてのみ存在する不在の中心としての紗代がおり、時折虚構と現実をつなぐような役割を紗代の「亡霊」が果たしたのだが、『後編』では引き続き謎の声や獣も登場するもののそれと似た役割を花苗が果たしている。そのため、そこに出てくる花苗が現実の描写として描かれているのか、劇中の人物として書かれているのかははっきりとしない。

例えば旅行鞄を持ち、明らかに旅先にいる美緒が「声」と話すシーンがあり、そこに花苗が登場し会話を交わすが、ほかの三人の目の前から姿を消し、誰もその行方が分からない時期での出来事と思われるためにここに登場したのが現実の花苗とは考えにくい。

『後編』では花苗はほかにもいろんな場面に登場する。同性愛者を差別する議員である美由との対話では花苗は獣や紗代の亡霊とも同一視されており、やはりこれも現実の存在ではない。

このように『後編』では花苗は現在どうなっているかはあまり描かれることはなく「ことばにない」と自問自答する相手の対話役として、この物語に遍在するような存在として立ち現われる。

この亡霊のような花苗の現れ方は死者が示現する能楽のシテを連想させるため、花苗がかのこと離れた後すでに死んでいることが強く暗示されはするけれども、物語のなかではその経緯は描かれることはない。

『シアターアーツ』六七号の拙稿（『ことばにない　前編』の劇評）でも指摘したことだが、『ことばにない』には『エンジェルス・イン・アメリカ』（一九九一年）を想起させるところがある。長尺ということや劇中にリアルな描写と幻想的な要素が混在するような複雑な劇構造含めエイズ禍のもとでの米国の同性愛者らを描いたことなど両者に共通することが多いためだ。戯曲巻末の参考文献一にも作者が『エンジェルス・イン・アメリカ』を挙げているから、意識して作品作りをしたことは間違いないだろう。『エンジェルス・イン・アメリカ』も二〇二三年に新国立劇場でひさびさに上演されたが、この作品が改めて取り上げられたのも世間におけるＬＧＢＴＱ問題へ認識が当たり前のこととなりつつあることが背景にあると思われる。

ただ、エイズ禍を背景に主として米国での男性同性愛者を描いた『エンジェルス・イン・アメリカ』と『ことばにない』にはかなり大きな違いが存在するのも確かだ。ひとつは同性愛だけではなく、ＨＩＶを『エンジェルス・イン・アメリカ』ではもうひとつの重要な主題として登場させていたのに対して、ここ二年間はいくつもの作品で重要なモチーフになったコロナ禍のことが『ことばにない』では一切触れられていない。もちろん、この物語は時代設定をちょうどコロナ禍が起きるより前に設定してあるからだ。だがそうした時代設定にしたのは、この作品の後半で演劇を上演することが最重要な主題となっており、コロナ禍後の現実で設定すると物語の進行上いろいろ不都合なことが起こってしまうという理由もあるのだろう。コロナ禍の場合、同性愛と感染症は関係性が薄いとはいえ、『エンジェルス・イン・アメリカ』との違いを強調するとともに、この作品で作者が伝えたい本来の問題にそれとは無関係な感染症の問題が異物のように混入するのを避けたいとの心理が働いたということもあったのではないか。

四、「ニッポン物語選考委員会」の謎

『ことばにない』でもっとも不思議なのは、最後に近い部分に「ニッポン物語選考委員会」という謎めいた場面があり、その場面で突然に登場人物たちがそこまで進行してきた物語に対して自己言及的な論議を始めることだ。

その中には「四人の女性の物語が山川紗代という人物を起点に描かれてきましたが、女性の物語というのであれば、過剰

なくらいの身体性やエクリチュールを見る側は期待しているんじゃないですか」「なるほど、それも一理ありますね」「女性の物語ならでは、の部分ということですね、自己批判も踏まえての発露」「男性が露悪的に描かれすぎていませんか。わたしはその点に首肯しかねるんですよ」……。

この部分を取ってみるだけでもこの作家が演劇の方法論について非常に意識的に考え抜いて作っていることが分かるが、一方でここでこのような趣向で批評の先回りをするように手の内をさらすことにどんな意味があるのだろう。蛇足なのではないかとも考えてしまった。

そして最後に蛇足のようでも作者に取っては必要なのかもしれないと私が考え直したのは、ここの部分などは批評家に対してというよりは日常的に議論をしあっている演劇仲間に対してのメッセージなのではと思えてきたからだ。冒頭近くに、解散した青年団演出部のことを書いたが、この作品が生まれてきた背景に青年団演出部とこまばアゴラ劇場の存在が不可欠のものとしてあったのではないかと思い当たったからだ。

単独の劇団の自主公演ということであれば動員を考えても、俳優らにかかる負荷を考えても総上演時間九時間近い作品を上演することは困難であったに違いない。実は冒頭に取り上げた果てとチーク『はやくぜんぶおわってしまえ』は逆に上演時間一時間ときわめて短いもので、こちらも劇場を借りての単独の自主公演としては成り立ちにくい長さといえる。

青年団演出部が解散、こまばアゴラ劇場も二〇二四年五月末日で閉鎖されることがすでに発表されている。また運営形態は不明だが、アトリエ春風舎の存続は決まっているようではある。それでも、今後はこういう実験的形態の舞台作品は生まれにくいだろうということは容易に想像される。『ことばにない』自体は新国立劇場で『エンジェルス・イン・アメリカ』が上演されたように今後はより大きな規模での劇場での再演も予想されるし、それだけのクオリティーの高さを十分に持ち合わせた作品だとは思うが、こまばアゴラ劇場の最後の年に間に合ったからこそこれが完結したのだと思えるので、この作品にはそういう歴史的な意味もあったのではないかと思う。

2023年の演劇

パレスチナとアラン・プラテル
——文化的ボイコットの倫理

坂口勝彦

私たちは今、ナチス以来の最大のジェノサイドであり民族浄化と言いうる暴力を目撃している。パレスチナ・ガザ地区へのイスラエル軍による容赦ない空爆だ。二〇二三年十月七日、ハマスの越境襲撃に端を発するイスラエルによる報復は、パレスチナ人の一掃という、イスラエル建国時に果たせなかった目的を今ようやく実現させようとしているかのようだ。十一月九日、アラン・プラテルはベルギーの舞台雑誌『etcetera』のネット版に、イスラエルを非難する公開書簡を掲載し、イスラエルに対する文化的ボイコットを訴えた(1)。

プラテルがパレスチナとどう関わってきたのか、そして日本ではあまり話題にされない文化的ボイコット運動について考えてみたい。

1　公開書簡

プラテルは書簡の冒頭で、イスラエル政府の現在進行中の暴力につながるこれまでの暴力行為を、強く批難する。

二〇年余り前から、私を含む多くの人たちが、ガザと占領地で展開されつつある怖ろしいシナリオに対して警告を発してきました。ここ数十年の間にそこにいた人なら誰もが、相互不信と過激な主張が両者の間で増大しているのを見て来たでしょう。その原因のひとつは、イスラエル政府の極右化、超国家主義、暴力的な政策であり、イスラエル国防軍（ＩＤＦ）に支えられた不法な入植者によるパレスチナの人たちへの暴力なのです。

十月七日のハマスの攻撃がいかに問題含みであるにしても、それに対する報復としてのイスラエルによるガザへの攻撃はあまりにも非対称であることを指摘し、この公開書簡の目的が次のように述べられる。

デモをしたり、抗議集会を開いたり、支援公演を行ったりすることは、価値があるし意味のある行動です。それとともに、アーティストや文化的機関が、自らの立場を明確にするのが急務ではないでしょうか。たとえば、イスラエルに対する（文化的）ボイコットの支持です。イスラエルが極めて暴力的なアパルトヘイト国家になってしまったことをいまだに疑うような人は、ここ何十年も火星にでも住んでいたとしか思えません。（……）ＢＤＳ（ボイコット、投資撤収、制裁）運動に公に参加しているベルギーのアーティストや団体がどれだけいるのかは知りませんが、私はこれまで多くの人に参加を呼びかけてきました。この運動は私たちが行える唯一の非暴力的で強制力を持った行為です。多くの人がこの運動に賛同していることが明らかになればなるほど、大きな力になります。

ＢＤＳ運動にはのちほど触れることにして、アラン・プラテルについて簡単に紹介しておきたい。ベルギーのフランダース地域で爆発した一九八〇年代のコンテンポラリー・ダンスを、アンヌ・テレサ・ドゥ・ケースマイケル、ヤン・ロワース、ヴィム・ヴァンデケイビュス、ヤン・ファーブルらと共に担ったひとりがプラテル。自らのカンパニー les ballets C de la B を率いて四〇年ほど活動し続けて来たが、二〇二二年に代表の立場から退いた。プラテル自身は、アンヌ・テレサのような卓越したダンサーではないが、カンパニーに集うひと癖もふた癖もあるダンサーたちから動きを引き出し、それらを編集して作品を組み立てるという、ピナ・バウシュに近い作業で作品を作り続けている。代表的な一連の作品では、神経症や痙攣の動きの中に身体の解放を見出して、そこから動きを広めていく。プラテルの元から優れたダンサーや振付家が数多く育っていることも特筆される。シディ・ラルビ・シェルカウイ、ダミアン・ジャレ、ピーピング・トム、伊藤郁女、セルジュ・エメ・クリバリーなど、今まさに大活躍しているかれらから厚い信頼を寄せられている。

プラテルがパレスチナと最初に関わりを持ったのは、この公開書簡の冒頭で「二〇年余り前」と言われている第二次インティファーダが始まった頃だった。二〇〇〇年、一方的な支配と搾取に対するパレスチナの不満が爆発し、五年ほど衝突が続いた。その時、欧州の舞台芸術団体のネットワークＩＥＴＭ（一九八一年に Informal European Theatre Meetings として設立、二〇〇五年にInternational Network for Contemporary Performing Artsと改名。本部はブリュッセル、現在では五〇〇を越える舞台関係団体が参加）が、「一〇〇人のアーティストをパレスチナに」という企画を始めた。「メディアのステロタイプな情報に頼らずに、私たちのことを見にとにかくパレスチナに来てください」という、ラマッラのアシュタール劇場の訴えに答える企画であり、「パレスチナのアーティストの孤立状態の解消、ヨーロッパとパレスチナのアーティストの持続的な交流関係の構築」を目的とする。こうして、二〇〇二年から西岸とガザに何人ものアーティストを派遣し続けている。その第一弾として依頼を受けたのがプラテルだった。

プラテルが数人のカンパニーメンバーと共に、最初にパレスチナに赴いたのは二〇〇二年七月。それ以来ほぼ毎年のように、主にラマッラで、パレスチナの民族舞踊団（El Funoun）やサーカス学校などと交流したりワークショップを行ったりしている。逆に、パレスチナのカンパニーをベルギーに招いてもいる。二〇〇七年の十一月に訪れた際に綴ったプラテル自身の日記が、les ballets のサイトに掲載されている(2)。この時は当時制作していた『vsprs』のメンバーなどと行ったのだが、プラテル以外はブラジル人、ベトナム人、フランス人、レバノン系ベルギー人、ブルキナ・ファソ人というあまりに多国籍なメンバーだったので、検問所の兵士が驚いたという。こうして、プラテルはパレスチナの人たちと二〇年以上一緒に仕事を続けている。分離壁で風景が一変してしまったのも見ている。ラマッラからエルサレムに行くのに、大回りをしなければならなくなったのも体験している。アラファトが亡くなり破壊された議長府跡が、いつのまにかモニュメントになっていたのも見ている。西岸のパレスチナの人たちは、リハーサルに来るだけでも命の危険があることも知っている。二〇一三年には、カンパニーメンバーがラマッラの若者たちと一緒に作品（『Badke』）を作ってヨーロッパツアーもしている。

こうしてパレスチナの変化を見てきたからこそ、プラテルは公開書簡でキッパリと言う。

> 私はこれまで二〇年間、私の作品のイスラエル上演の誘いを断ってきました（十月七日の直前にも、テルアビブの映画祭で私たちのドキュメンタリー『なぜ戦うのか？』の上映が選ばれましたが断りました）。私はイスラエル政府が支援する団体とは仕事はしません。しかしそれは、ユダヤ人やイスラエルの人たちと作品作りをやめることにはなりません。

あくまでもイスラエル政府による暴力を止めるためにボイコットをするのであって、ユダヤ人やイスラエル人との仕事は続けている。イスラエル政府がユダヤ人を代表しているわけではない、という立場をプラテルは明確にとっている。

2 BDS

二〇〇八年、独立宣言が発せられてから六〇年を祝うイスラエルに対して、パレスチナNGOネットワーク（パレスチナで活動する三〇余りのNGOを統括する団体）が、「祝う理由などない！」というメッセージを、当時のインターナショナル・ヘラルド・トリビューンに掲載した（五月八日）。「イスラエルの建国六〇年を祝うことは、いつまでも続く収奪と多方面にわたる不正義という調べにのって、パレスチナの人たちの墓の上で踊ることに等しい」。このメッセージには五四名の作家、ミュージシャン、学者が名を連ねている。イスラエル批判を長年続けているロジャー・ウォーターズやケン・ローチがいることは当然としても、ユダヤ人であるジュディス・バトラーも署名している。そして、アラン・プラテルも。

確認しておくと、イスラエルの独立宣言とナチスによるホロコーストは直接には関係ない。イスラエルは一九世紀末からのシオニズム運動の成果として生まれたと言える。シオニズムが、反ユダヤ主義から最終的に解放されるための運動だとしても、シオニズムのリーダーであり建国を宣言したベン＝グリオンは、ホロコーストで殺害されたユダヤ人には当初は冷淡だった。第二のホロコーストを避けるためのシェルターとしてのイスラエル、という方便を使い出したのは建国後である。しかも、建国時の「ナクバ（大厄災）」の前から、パレスチナの地からパレスチナの人たちを追い出すことは始まっていた。今、ネタニヤフが行っている事は、ナクバの完成という意図もある。事の経緯を顧みれば、イスラエル国家を批判することは必ずしも反ユダヤ主義ではない。この立場を明確に表明するジュディス・バトラーは、「巨大な苦しみを味わったという事実は復讐や合法的暴力の理由にはならない」ことを確認した上で、「ユダヤ人とイスラエルとを同一視するどんなレトリック上の試みにも私たちは疑いを抱くべきではないだろうか？　すべてのユダヤ人がイスラエル国家に心の底から帰依しているなどと言うのはまったくの誤りだ」（「反セム主義という嫌疑」、『生のあやうさ』（本橋哲也訳、以文社）所収）一六九、一八二頁）と言う。プラテルの立場も同じだ。シオニズムの最終目的を強行するイスラエル国家を批難するが、反ユダヤ主義にはもちろん与しない。

プラテルが公開書簡で参加を訴えているBDS運動は、パレスチナ系の市民団体が一〇〇以上集まって二〇〇五年に始められた運動であり、イスラエル政府が支援する企画や製品のボイコット、企業からの投資撤収、そして政府への制裁を呼びかける。ジュディス・バトラーもたびたび賛同を表明している。だが、バトラーがいくら言ってもこの運動が反ユダヤ主義として批難されることも度々で、実際アメリカの多くの州でＢＤＳは規制されている。プラテルも、この運動に参加することによる危険性を十分自覚している。「この（文化的）ボイコット運動に参加する決断は、深刻な結果を招きます。攻撃や批判、反ユダヤ主義者という批難、強迫、検閲、キャンセルもあります。ですから、支持をためらうのも理解できます」。

実際、プラテルはキャンセルされた経験がある。二〇一二年にマドリード王立劇場で制作した『C(H)ŒURS』を、二〇二〇年にオペラ・バレエ・フランダース（この時のバレエ監督はシディ・ラルビ・シェルカウイ）で再制作し、ルール・トリエンナーレの開幕上演として招致が決まっていたが、突然中止になったのだ。フェスティバル主催者に圧力をかけたのは、ノルトライン＝ヴェストファーレン州の文化相イザベル・プファイファー＝ポエンスゲンだった。ＢＤＳ支持を表明しているアーティストの個人情報が調査され、助成金の打ち切りや制裁の可能性もある、というのが当時のドイツの政策だった。三年前の話だが、今でも同じだ。

3 『C(H)ŒURS』

ドイツでキャンセルされた作品の内容について、少し触れておきたい。というのも、プラテルのメッセージがかなりストレートに現れている作品だからだ。プラテルのカンパニーダンサー十人に、歌劇場の数十人の合唱団と数人の子どもが舞台に乗る。ヴェルディとワグナーの耳になじんだ曲が二〇曲ほど演奏され、主にダンサーたちの主導によって大きなうねりのように進んで行く。物語はない。タイトルの『C(H)ŒURS』は、「CŒURS＝心」と「CHŒURS＝コーラス」を掛け合わせたものであり、心ないしは個人をダンサーが、コーラスないしは公的なものを合唱団が表していると見える。個を体現するダンサーは、あまりにも個に深く入り込み、神経症ないしはスキゾフレニア的な身体性を表すのだが、それはプラテルが『vsprs』以来探究し続けている心身性だ。自己の身体を完璧にコントロールできるダンサーたちが、自己の身体をまったくコントロールできない事態を完璧にシミュレートする。通常の社会性からしたら、隠されたり、見ずに捨て置かれるかもしれない心身性が、突然輝きをもって現れるのだ。この作品はプラテルたちが十年かけて育んだそうした痙攣的な動きから始まる。十人のダンサーたちの奇妙でもあり魅力的でもある動きに、合唱団は最初はおずおずと近づいてみるのだが、そのうちに合唱団にも動きが伝わり、こわばっていた体がほぐれ、壮大な解放へと至る。全体主義的な抑圧や、資本主義による搾取など、今においても世界中の至る所で滞る膠着状態を揺るがすことができるのではないか、というプラテルの希望が体現されている。

Alain Platel's *C(H)ŒURS*. Photo: © Opera Ballet Vlaanderen, Filip Van Roe

この作品を制作していた二〇一二年は、アラブの春やウォール街占拠などが起こり、世界が全体として民主化の方向へ動き出すのではないかという希望を多くの人が感じていた頃だった。ヴェルディやワグナーが作曲していた頃、特に一八四八年に各地で起こった革命には二人ともそれぞれの希望を見出していた。もちろん、アラブの春にしても、ワグナーのその後の言動をみるにつけても、必ずしも民主化が進んだとは言えないのではあるが、それでも、世界を変える力のありかがわずかながら見えていた。そうした力を込めたプラテルの集大成とも言えるこの大作が、一人の政治家の意見でキャンセルされたことは、プラテルにとって非常な驚きだったのも納得できる。そして、今、ガザに対するイスラエルの暴挙を目の前にして、イスラエルが支援する文化事業に対するボイコットをあらためて訴えるのも理解できるし、私としてもできる限り共に動きたいと思う。

4　文化的ボイコットの倫理

文化的ボイコットないしはキャンセル・カルチャーに関しては、とりわけSNS上で安易になされる危険もあるので慎重になるべきであろう。たとえば、ウクライナに侵攻したロシアに対して、そもそもロシアの文明自体に元凶があるとしてドストエフスキーも否定しようとする主張もあり、確かにウクライナの人々からすれば、ロシアのすべてが忌まわしいのも十分理解できる。一方、プーチンの暴挙とロシア文化は切り離すべきだという意見もある。ボリショイ・バレエを人類の到達し得た美の頂点のひとつとして愛することは、プーチンとは無関係なのだ。とはいえ、ロシアも芸術を愛する普通の国である事をアピールするための国家戦略のひとつにボリショイも組み込まれているとしたら、ボリショイを見ることが、ロシアの侵略に加担することにもなるという主張もある。プラテルの訴える文化的ボイコットは、この三番目の主張に近く、文化や作品そのものを否定するわけではなく、イスラエル政府とベルギー政府に圧力をかけるための平和的手段と言える。それゆえ、個人のユダヤ人やイスラエル人との仕事は続けているし、ユダヤとアラブの対立においてアラブ側に与するというイデオロギー的な態度表明でもない。

では、このプラテルの主張に私が賛同するとしたら、この一月に予定されていたバットシェバ舞踊団の公演を見に行くのはやめるべきだったのだろうか。ボイコット運動を展開する必要もあったかもしれない。イスラエル大使館が後援している公演なのだから。幸いなことに、何らかの理由で来日はキャンセルになり、私は葛藤する必要がなくなった。

テルアビブに拠点を置くバットシェバ舞踊団は、一年中世界のどこかでツアーをしているほど人気が高いのだが、昨年の一〇月から日本に限らず欧米のツアーをすべてキャンセルして、拠点とするスザンヌ・デラル・センターで毎日のように公演を続けている。

実はバットシェバは、二〇一二年にイギリスで大きなボイコット運動にあっている。この年、ネタニヤフ首相はガザ地区に大規模な軍事侵攻を行い、子供を含む多くの一般市民が亡くなった。この時も、ハマスへの攻撃に際しては一般市民の犠牲を出さないよう最大限の努力をする、と今と同じことをネタニヤフは言っていた。今回の攻撃でも子供の死者が多いのに驚くのだが、ガザの人口の四割が一四歳以下なのであるから、無差別に攻撃をすれば死者の半数近くが必然的に子供になるのも怖ろしい事実なのだ。バットシェバは、エディンバラ演劇祭で大絶賛を受けイギリスをツアー中だった。一一月、ガザへの大規模攻撃のニュースを受け、ロンドン公演をボイコットする運動が起き、サドラーズ・ウェルズ前で大規模な抗議デモも行われた。運動の主体がどういうメンバーであったのかはわからないが、バットシェバがイスラエルを代表するシンボルのひとつと認識されていたのだ。

私としては、オハッド・ナハリンのバットシェバをボイコットするのはためらわれる。それほどに彼の作品には力があるからだが、ここで、いわゆるキャンセル・カルチャーの倫理性が問われるだろう。反倫理や反人権という悪しき行為を行うか少なくとも加担している者の作品を享楽することは人倫に悖るのか、という問題だ。プラテルのボイコットはイスラエル政府の行為を止めるためであり、作品や人の価値を判断するわけではないのだが、作品の享楽を常とする鑑賞者としての私たちとしては、この問題は無視できない。私としてはボリショイが見られなくなってもさして気にならないが、バットシェバが見られなくなるのはつらい。おそらく同じ葛藤に多くのジャニヲタやヅカヲタが今苦しんでいるだろう。ダンス界で言えば、数々のパワハラ、セクハラ、動物虐待で訴えられ、今や自身のアトリエでしか公演ができなくなっているヤン・ファーブル。映画なら、ハーヴェイ・ワインスタインの映画プロダクション「ミラマックス」が送り出した数々の名作。科学界なら、倫理観など持ち合わせていなかったジョン・フォン・ノイマンの膨大な理論。彼らの作品や業績を私たちは楽しんでいていいのだろうか。

楽しみたい人は楽しめばいいと思うが、その享楽は多くの人の犠牲の上で成り立っていることは忘れてはならないと思う。私のちっぽけな快楽を生み出すために、その遙か彼方にはどれだけの人の苦しみや犠牲があるのかを忘れずに快楽にふけらなければならない。作品の価値と作者の人倫とは別物だという見解もあるだろうが、そもそも作品の価値というものも感性的で相対的なものでしかないのなら、あるのは私のちっぽけな快楽だけという可能性もある。だとしたら、芸術性よりも人権や人倫の方が上位価値であるべきだ。芸術を堪能している気になっているが、実際はその作品を生み出し得た暴力をひそかに楽しんでいるという実態もあるだろう。

二〇一二年、『Out of Context ― for Pina』で来日したプラテルと少し話をしたときに、パレスチナのことを聞いてみた。「始めてパレスチナに行ったときは、どういう状況になっているのか興味があったのですが、一度訪れてみたら、「さようなら」といって簡単に別れることはできなくなりました。長い時間をかけてつきあわなければいけないと思い、何度もパレスチナを訪れるようになりました。ですから、私たちは中立の立場ではいられなくなったんです。おそらく正義であろうとする限り、人は中立の立場で居続けることはできないと思います」。

アラン・プラテルの作品は、その人倫性に疑問を抱くことなく享楽できる数少ない存在である、と私は思っている。

(1) https://e-tcetera.be/meer-dan-ooit/
(2) https://www.lesballetsdela.be/en/projects/les-ballets-and-the-world/palestine/extra/journey-palestine/

特集
演劇
と
エコロジー

演劇とエコロジー・批評的接続の試み

ヴィッキー・アンゲラキ、エリザベス・サケルラリドウ

翻訳＝三井武人

以下に訳出した文章は、国際演劇評論家協会(AICT/IATC)が発行するオンライン演劇批評雑誌『クリティカル・ステージズ(*Critical Stages*)』の第二六号の特集「演劇とエコロジー・批評的接続の試み(Theatre and Ecology at Critical Junctions)」(二〇二二年一二月発行)の論文募集(Call for papers)のために書かれた文章および序論(Introduction)を、執筆者で本特集の編集を務めたヴィッキー・アンゲラキ(Vicky Angelaki)とエリザベス・サケルラリドウ(Elizabeth Sakellaridou)の許可を得て編集し翻訳したものである。

本特集号では、国家と社会の両側面において根本的な行動変容が急務となっている環境問題に対して、現代の演劇と舞台芸術がどのように関わってきたかを様々な角度から取り上げる。このテーマ自体は、学問の専門性を横断する環境人文学への共通かつ継続的関心に基づいている。世界が並外れた、そして現実にあらゆる意味で劇的な規模で繰り返されている自然災害を経験している今、実社会と繋がりをもつ学問的営みと社会に積極的に参画しようとする市民にとっては、気候変動をそうした危機の要因でないと考えることは難しい状況にある。空間の問題、地理的特性、移動の可能性、相互作用、循環や異種との交流といった概念は、私たち演劇研究者にとっても、これまでも横断的な思考を促してきた。また、私たち自身が国際的な研究者であるかぎり、国境を横断した私たちの共同作業にとって、国際的な舞台公演ツアーを実施するために必要な資源は不可欠

なものであるが、そのために要求される移動手段による二酸化炭素の排出量や、それによる環境への影響といった点への配慮は欠かせない。こうした側面において注目すべき舞台芸術作品には、異国色豊かな思考と存在感のあるパフォーマンスだけでなく、国際的に共同制作された環境に焦点を当てた作品や、環境活動家たちの思想と実践に基づくものも当然ながら含まれるだろう。環境保護をめざす人びとによる学問的倫理は、環境保護主義的な舞台芸術の倫理と同様に、私たちにとって重要なものと言わざるを得ない。

国際的な研究者やアーティストたちが研究成果や作品を共有し広めるための意見交換の場を提供することは、より多くの人たちにとって環境問題について理解することができる機会となるだけでなく、互いの研究成果や作品から学ぶ契機を増やすためにも、自然を破壊すること無く国境を越え、できるだけグローバルな規模で、こうした学際的な枠組み（それぞれの人たちの距離を縮めるための土台と手段）を構築することが重要となる。そうした点で、私たちの演劇批評雑誌『クリティカル・ステージズ』が無料で誰でもが閲覧可能なオープンアクセスで発行されていることは、私たちにとって実質的にも象徴的にも大きな意味を持っている。私たちは、特に環境問題をはじめとする世界的に重要で緊急性の高い問題に関しては、可能な限り研究成果も自由なアクセスが可能であるべきだと考えているからである。

同じような意味で、演劇は公共的な場へと開かれたパブリック・アートであり、戯曲のページ上や舞台上だけでなく、個人の身体の中や観衆の頭や心の中にも、生命が宿っている。私たちの地域環境が限界まで試練にさらされている今こそ、私たちは状況を見きわめ、舞台芸術が社会を変えるような行動をどのように生み出し推進するかを議論し、そして団結するために、かけがえのない生命を支える構成要素のひとつひとつを必要としているのではないだろうか。

今日、私たちは、身近に差し迫った不可逆的な破局から地球を守ることを目的とした多様な文化活動に触れることができる。たとえば、環境保護の理念に敏感な劇作家の作品、エコロジカルな思考を出発点として制作されたパフォーマンス、環境問題についての啓発を目的としたエコ・イベント、地球環境に強い関心を持った理論家や批評家などが参加するイベントなどが挙げられる。

具体的な作品を挙げるとすれば、キャリル・チャーチル(Caryl Churchill)の予言的な一幕劇『Not Not Not Not Enough Oxygen（酸素が全く、全く、全く、全く、全く足りない）』[1]の中には、二一世紀という近未来に対して劇作家がいだく恐怖が色濃く投影されていたが、作品が書かれた一九七一年当時、彼女の考えに共感する演劇人は稀だった。彼女が戯曲の中で予言した世界（特にロンドン）のディストピア的未来を、単なる想像にすぎないと片付けてしまった人が大多数だったろうから。しかしいま読み返してみると、彼女の戯曲が現代の私たちが直面する危機をかつてないほどに時事的に、かつ緊急性をもって描き出していることは間違いない。その後、半世紀にわたって、特に最近の作品においてもチャーチルは、私たちを取り巻く状況が強く憂慮しなければならないほどに悪化してきていることを常に意識してきた。そして、彼女の劇作は驚くほど多様で実験的なスタイルを用いながらも、この状況を真に破滅的な現実として提示し続けているのである。今日になってようやく、後を追うようにして多くの新しい演劇作品が、彼女が提示し続けたテーマを扱うようになってきた。新しい劇作家だけでなく、社会的もしくは政治的な作品の制作に関わる演出家、劇団、俳優をはじめとしたパフォーマーたちも、気候危機、人口過密、環境汚染、自然資源の枯渇その他の環境問題を、彼らの活動における優先事項として位置づけている。加えて、近年ではこれらをテーマにした学術活動も活発になってきており、特にこの二〇年間には新著が数多く出版され、多くの学術雑誌がこの緊急性の高い環境問題をテーマとした特集をしている。

現在、注目されているエコロジーの理念の起源は一九世紀後半の科学的調査にあるが、政府や科学者にとって環境問題が緊急な課題となったのはごく最近のことで、社会活動を行う団体やアーティスト集団が主導してきた規模の大きな環境保護運動も同様だ。そうしたなかで、ヘンリック・イプセンの『民衆の敵[2]』が新たな人気を博し、多くの上演回数を重ねていることは、このノルウェーの劇作家が、人間による自然破壊への懸念を示した先駆的な演劇人であったことへの賛辞と受け止めることができる。私たちはイプセンの象徴的な位置づけを契機としながら、災害を防止し、人間および地球上の全ての生命体の生活を向上させるための政策変更を推進するために、地域や国境に縛られることなく、近代および現代の舞台芸術の諸側面を包含するような新たな研究を推進する必要があるだろう。さらに、動物や植物のイメージが中心的な位置を占める作品が生まれていることも挙げておきたい。たとえば、木や作物、草花、蜂や蛇などといった存在が、アニミズム、擬人化、動物化などさまざまな芸術的変革の中で存在感を強めている。同様に、水（湖、川、海）、雨、干ばつ、雪、霜、洪水といった自然の要素や現象の存在もまた、劇作品や演劇研究の中で繰り返し用いられる重要なモチーフとなってきているのである。

最後に付け加えれば、たしかに私たちはコロナウィルスの蔓延によって多大な時間を失ったけれども、他方でこの間、環境的にも経済的にも持続可能かつ、批評的で創造的な方法で作品を共有する術を得ることができた。それによって、舞台芸術と観客との関係を育み、かつ支えている演劇的なライブ感を犠牲にすることも、ある程度防ぐことができたのではないだろうか。本特集号に掲載された論考が、考察や議論、そして行動のための肥沃な土壌となるだけでなく、この分野において花開き続けることを願ってやまない。表象芸術や社会との繋がりを持つ文学の中で、演劇には特有の資質がある——すなわち、共同体を形成する能力、そして作品を鑑賞するだけなく、世界を共同で創造することを誘う能力である。

（1）ディストピアの未来で、暴力と漢環境汚染を避けながら、高層マンションに住むカップルを描いたラジオドラマ。一九七一年に英国 BBC Radio 3 にて放送された。邦題は筆者訳。

（2）一八八二年に書かれた戯曲。近代演劇において、環境汚染を最初に扱った作品として知られている。

特集
演劇とエコロジー

パフォーマンスと環境アクティビズム
――参加のあり方をめぐって

三井武人

二〇二三年一二月八日（金）に、東京・新宿のバスタ前で行われた「フライデーズ・フォー・フューチャー・東京（Fridays For Future Tokyo）」が主催するCOP28（国連気候変動枠組条約第二八回締約国会議）緊急アクション（街頭での抗議活動）「一・五度目標やってるふりはもうやめて」に参加した。温暖化の影響だろうか、一二月に入っても二〇度を超える日が続いていた東京だったが、その日はやっと冬の訪れを感じるような気温で、薄手のコートで出掛けてしまったことを後悔した。一七時半過ぎに到着すると、自動車の往来が激しい甲州街道を背にして、大学生や高校生を中心に二〜三十人ほどが集まって路上記者会見を行っていた。そこでは、同時期に中東・ドバイで行われていたCOP28に参加していたメンバーからの現地リポートや日本政府にさらなる気候変動対策を求めるメッセージ（七つの提言）などが紹介された。これに引き続き、一八時からはスタンディング・アクションが行われ、街頭の人たちに向けて、参加者が環境問題に対するそれぞれの意見が述べられていった。拡声器を肩から下げて壇上に立つ登壇者のスタイルは様々で、スマートフォンを手にして事前に準備した原稿を読み上げるもの、他のメンバーから勧められて戸惑いながらもその場の高揚感に背中を押され話し始めるものなどがあった。スピーチの順番も前もって決めていないようで、参加者たちが拡声器を譲り合う姿が時折あった。この光景を演劇（パフォーマンス）に置き換えれば、台本の無い、もしくは稽古（事前準備）が不十分な未完成の作品と感じられるだろう。しかし、この予定調和ではないパフォーマンスの形態こそ、アクティビズム（社会運動）の本質であると言えるのではないだろうか。なぜなら、アクティビズムの目的は、次々に観客（街頭の聴衆）が演者（アクティビスト）へと姿を変えること、つまり、参加者が増加しパフォーマンスが波及していくことによって、より多くの人たちに自分たちのメッセー

COP28 緊急アクション（2023 年 12 月 8 日）

ジを伝えることだからだ。（特に、環境問題のような地球規模の問題ではたくさんの人を巻き込んだ活動が不可欠となる。）そして、この日のスタンディング・アクションにも、偶然通りかかった人たちやソーシャル・メディアの告知を通して集まった飛び込みの人たちが参加（介入）する余地が生まれていた。このように、舞台芸術の枠組みを超え、環境アクティビズムを市民参加型の仕組みを備えたパフォーマンスと捉える研究も出てきている。例えば、環境問題と演劇の関係を研究するヴィッキー・アンゲラキ（Vicky Angelaki）は著作『演劇と環境（theatre & environment）』の中で以下のように述べている。

> 環境問題を演劇作品に取り入れることは、上演の新しい方法を形成し、観劇の新しい条件を開発するために、パフォーマンスにおける環境的転回を実施することを意味する。演劇の観客をコミュニティと考えることで、より強い市民意識を醸成しながら新自由主義の偏狭さを攻撃してきた。このような実践は、しばしば制度的な空間の使い方を再定義し、その構造的な制約を超えることにも役立ってきた。その結果、私たちが共有する倫理、責任、相互の意味合いを強調することで、観客／コミュニティ・メンバー間の互恵感が高まり、受動性や不作為を攻撃することになった。……私は、演劇とパフォーマンスの定義に対してより広いアプローチをとり、ジャンルを

超えた取り組みについて考えている。これには、パブリック・インスタレーション、参加型ディスカッション、相互作用的な参加型のパフォーマンス、演劇制作における持続可能性を追求する団体、倫理的な意思を持った市民によるパフォーマンスを可能にする集団的プロジェクトなど、旧来の組織に囚われない、劇場の外でのパフォーマンスが含まれる。[1]（筆者訳）

彼女の議論を言い換えると、パフォーマンスにおける環境的転回（環境問題を演劇作品に取り入れること）には、観客／コミュニティーが参加する相互作用的な要素が重要になるということだろう。これに関連して、現在の環境アクティビズムを先導する中心的なグループの「フライデーズ・フォー・フューチャー（Fridays For Future）」（以下ＦＦＦ）の成り立ちに触れておく。ＦＦＦは、二〇一八年八月に当時一五歳のグレタ・トゥーンベリがひとりで始めた活動だった。彼女は毎週金曜日に学校をボイコットして「気候のための学校ストライキ」と書かれたプラカードと共にスウェーデン国会前で座り込みを始めた。（これは現在も継続中で、彼女のインスタグラムには、活動参加者との写真がアップされ続けている。）彼女の行動はスウェーデン国内だけに留まらず世界中のメディアで取り上げられた。さらに、ＦＦＦの活動は、若者を中心に世界中の人々の共感を呼び、コロナ禍前には多くの都市で気候変動危機を訴える大規模なマーチ（街頭での抗議活動）が行われた。

トゥーンベリの活動をまとめたドキュメンタリー映画『グレタ ひとりぼっちの挑戦』[2]の中では、スウェーデン国会前での活動の初期の様子が紹介されている。ここで印象的なのは、「気候のための学校ストライキ」と書かれたプラカードの横に座る彼女に話しかける人々だ。あるものは座りこみなどやめて学校に行くべきだと促す。また、あるものは彼女の考えに共感して一緒に座りこみをする。このように人々を惹きつける彼女の行動は、ただ単に注目を集めようとする見せ物というだけではなく、街頭の人たちを聴衆（見ていただけの存在）からパフォーマー（参加する／見られる存在）へと誘うような相互作用的な参加型のパフォーマンスと言うこともできるだろう。このような点において、国会前の通りに座るトゥーンベリの姿は、参加型パフォーマンスの初期の代表作品として取り上げられることの多い『カット・ピース』[3]でのオノ・ヨーコの姿と重なって見える。このパフォーマンスは、床に座るオノが着用している衣服に観客が次々とハサミを入れていくというもので、観客はオノの下着や素肌があらわになっていく過程をパフォーマンスとして目撃することになる。おそらく、彼らの多くは日常では有り得ない体験への好奇心から、他人の服にハサミを入れていくのだろうが、そこであらわになるのは、無抵抗のもの（オノ）に対する人々の無意識な暴力性だろう。別の言い方をすれば、パフォーマンスを成立させる上で、オノは観客に依存しているものの、完成した作品には観客（大衆）に批判的なメッセージが内包されている。一方で、トゥーンベリの活動においては、観客（大衆）の環境問題に対する無関心な態度（もしくは環境破壊に加担する無意識な暴力性）が批判の対象になっている。そして、そのような大衆の態度を改めるためには、環境問題に苦しむ人への「共感」や「理解」が必要だと考え、彼女は座り込みを始めたのだろう。このような初期の活動について、トゥーンベリは以下のように述べている。

多くの人はおそらく「フライデーズ・フォー・フューチャー」（未来のための金曜日）がもともと抗議運動として意図されたものだと考えているだろうが、そうではない。少なくとも、この運動はそのように始まったのではない。私たちの当初の目的はこの危機に関する情報を広めるためだった。より正確に言えば、フォルクビルドニング（広く自由で自発的な公共教育）として。二〇一八年八月二〇日に私がスウェーデン議会の外に座り込んだとき、私は「気候のための学校ストライキ」と書かれた大きな白いプラカードを持参しただけではなかった。何よりも重要なことに、私は気候と生態環境の緊急事態についての事実と情報を満載した大量のチラシも持参して、通りがかりの人が誰でも自由に手に取れるようにしたのだ。両親のアパートメントの机の引き出しに、まだ一束だけ仕舞い込んである。チラシはその論点を広めるうえでは、大きな白いプラカードをもった引っ込み思案の女の子ほど効果はなかったのだろうと思う。[4]

彼女の活動に、若者を中心とした多くの人たちを巻き込むことができたのは、彼女の活動（パフォーマンス）が『カット・ピース』と同様に誰にでも簡単に参加できたこと、そして、それを彼女がひたむきに続けていくことによって一般の人たちが常に彼女を中心とした環境アクティビズムに参加できる場を提供しているからだろう。つまり、グレタにできるなら「わたしにもできる」といったように、アクティビズムへの敷居が次第に低くなっていったのだ。そして、気候変動のような大きな問題の解決のために声を上げるアクティビズムには、その声を広げる人たちを増やしていくことが不可欠になってくる。そのような中で、演劇においても、アクティビズムを取り入れた作品が出てきている。その例として、二〇一七年にロンドンの低所得者が多く暮らす高層マンションで起きた火災事故を題材にした『グレンフェル：生存者たちの証言（Grenfell: in the words of survivors)』[5]がある。ドキュメンタリー仕立ての本作では、自治体のずさんな管理の下で火災が起こり大きな被害に発展したことが、生存者たちが声を上げたことによって明らかになっていく過程が描かれる。そこで特に印象的なのは最後の場面の演出である。実際に住人だった人たちによって行われたマーチ（抗議活動）と同様に「チェンジ（Change)」や「正義

（Justice）」など書かれた大きなプラカードを持った俳優たちに導かれ、客席に座っていた観客たちが劇場の外に促されていくのだ。と言うのも、観客の身体的参加が伴わない舞台上のアクティビズムは作品の内に留まり、観客と一体となった公共性を生み出すことは難しいからだ。さらに、演劇研究者であるクリストファー・バルミ（Christopher Balme）の言葉を引用すれば、公共性を犠牲にして美学的な没入を獲得した結果、プライベートな空間になってしまった現在の劇場では、公共性を備えた「共感」を生み出すことは難しくなってしまっているからでもある。(6) 要するに、本作では、（バルミの主張を逆手に取りながら）観客をプライベートな劇場空間から、公共性の高い劇場の外、すなわち、現実社会へ誘うことによって、物語と観客一人ひとりの生活に繋がりを持たせていると言えるだろう。このようにして、既存の演劇空間の枠組みを超えて、アクティビズムを演劇に取り入れた作品も多く生まれてきている。

私がおばあちゃんになるのは二〇八〇年くらいです。このまま地球温暖化が進めば、現在、日本で収穫されている野菜は栽培できなくなり、食べられなくなります。

一二月八日に行われた緊急アクションの参加者によるスピーチの一部である。ここに環境問題の本質が詰まっていることは誰にとっても明らかだろう。気候変動危機は若者のこれからの生活に直結する問題だ。ただ残念なことに、多くの若者が行き交うなかで、足を止めてスピーチを聞く人は非常に少なかった。実は、これを裏付ける数字もある。連合の「多様な社会運動と労働組合に関する意識調査 二〇二一」によると、社会運動に参加した一〇代の割合は三五・五％と全世代の平均（二七・五％）よりも高い。一方で、デモ行進や街頭宣伝活動などのパフォーマンス型の社会運動に参加したことのある一〇代の割合は、三％で全世代の平均（二・九％）とほぼ同じ数字である。したがって、若者の社会運動の参加は、基本的にパーフォーマンス型ではなくネット（例えば、ハッシュタグをつけてソーシャルメディアに投稿）での活動に限られていることが分かる。一方で、パフォーマンス型の社会運動に参加してみたい一〇代の割合は十七・五％で全体の平均より五％ほど高い。この数字から読み取れることは、冒頭でも論じたように環境アクティビズムの活性化のためには、同じ意見を持った一般の人たちが自由に参加できる仕組み（観客から演者への転換）を構築することが不可欠ということだろう。例えば、演劇研究者のアンゲラキも触れているように、イマーシブ・シアター（没入型演劇）のような相互作用的な参加型のパフォーマンスを応用することも考えられるだろう。FFFをはじめとした彼ら環境アクティビズムの活動は、地球に生活するすべての人たちの生活を脅かす共通の問題を解決するために連携しようという意欲的な取り組みだ。このよ

プラカードと観客――『グレンフェル：生存者たちの証言』の終演後

うな活動を、より多くの人たちを巻き込んだものにしていくためには、既存の演劇／パーフォマンスやアクティビズムといった枠組みに縛られない横断的な連携が不可欠になるだろう。

＊本稿は二〇二三年八月二〇日に座・高円寺のけいこ場3にて行われた「思考の種まき講座二三・環境アクティビズムと演劇～参加のあり方をめぐって～」（司会：寺尾恵仁、パネリスト：黒部睦、三井武人）で行った筆者の発表に、加筆修正を加えたものである。

（1）Angelaki, Vicky. theatre & environment. Bloomsbury Publishing Plc, 2019, pp.10-1
（2）日本公開二〇二一年一〇月。
（3）一九六四年に京都の山一ホールで初演。
（4）グレタ・トゥーンベリ編（訳：東郷えりか）『気候変動と環境危機』河出書房新社、二〇二二年、三三五～六頁
（5）作：ギリアム・サロボ（Gillian Slovo）、演出：フィリア・ロイド（Phyllida Lloyd）、アンソニー・シンプソン＝パイク（Anthony Simpson-Pike）、二〇二三年七～八月にかけて英国
（6）クリストファー・バルミ（訳：藤岡阿由未）『演劇の公共圏』春風社、二〇二三年、二一頁

特集
演劇と エコロジー

チェーホフのドラマトゥルギーにおける自然／エコロジーのモチーフ

ニコライ・ペソチンスキー
翻訳＝三井武人

遡ること約一三〇年前の一八九九年、すでにモスクワ芸術座の観客は、舞台上から発せられた自然環境破壊が人々の日常生活を脅かすという警告を受け取っていた。

アーストロフ　……今やロシアの森は、斧の下でめりめり音を立てているよ。何十億本という木が滅びつつあるし、鳥やけものの棲家は荒されるし、河はしだいに浅くなって涸れてゆくし、すばらしい景色も、消えてまた返らずさ。(1)

ロシアの劇作家チェーホフによって書かれた『ワーニャ伯父さん』の中で、ひときわ魅力的な登場人物であるアーストロフによって発せられたこのセリフは、エコロジカルな視点を持った発言として、現代の観客にも受け止められるだろう（この重要な役を演じたのは、モスクワ芸術座の創設メンバーであるコンスタンチン・スタニスラフスキー自身であった）。この戯曲で、チェーホフは、多くの場面（具体的には四回）を割いて、環境破壊が引き起こす問題を明らかにしようと試みている。たとえば、アーストロフの二回の長いモノローグの中で、そしてソーニャ、テレーギン、エレーナの三人が議論する場面で、この問題が言及されている。このように多くの場面で環境問題が取り上げられているが、それが戯曲の構造的な連続性を損ねることは決してない。物語の進行を妨げることなく、エコロジーの視点がテーマのひとつとして盛り込まれているからだ。たとえば、ソーニャが父親であるセレブリャコーフたちと散歩から屋敷に帰ってくる冒頭の場面では、父親が周りの自然に魅了されていることを察したソーニャが次のように言う。

ソーニャ　あしたは、森の番小屋のほうへ行ってみましょうね、お父さま。いいでしょう？……

ソーニャ　あのへんの眺めも、きっとお気に召してよ。(2)

会話が進んでゆくと、ソーニャの問いかけに答えるように、今度は、テレーギンがそこに広がる自然や田園風景への賞賛を次のように口にする。

テレーギン　……わたしは野原へ出てみても、こんもり茂った庭を歩いても、このテーブルを眺めても、言うに言われぬ仕合せな気持がしますよ。うっとりするようなお天気だし、小鳥はさえずってるし、みんなはこうして、仲よく平和に暮してるし、――この上なんの文句がありましょう。(3)

またアーストロフは、エレーナが自然に無関心であることに気づき、彼女に不信感を抱くが、この気づきは、自然の大切さに無関心な人たちへの非難と受け取れる、後で検討する非常に印象的な長セリフへと繋がってゆく。

エレーナ　あなたが大そう森や林のお好きな方だということは、もう承っておりますわ。それはもちろん、たいへん世の中のためになることには違いないでしょうけれど、でもご本職の邪魔にはなりませんこと？……

エレーナ　（アーストロフに）あなたはまだ、お若くてらっしゃるわ、お見受けするところ……そうね、三十六か七ぐらい。だから本当は、おっしゃるほどには面白がってらっしゃらないのよ。しょっちゅう森や林のことばっかり。それじゃあんまり単調だとあたし思うわ。(4)

一方で、チェーホフは自然保護と相反する見解も紹介している。同じ場面で、主人公であるワーニャは、自然保護に夢中になっているアーストロフを小馬鹿にし、燃料や建築資材として木材を使う権利を要求する。それに対して、アーストロフは次のように返答する。

アーストロフ　ストーブなら泥炭を焚けばいいし、小屋なら石で造ればいいじゃないか。(5)

二〇世紀末に温室効果ガスを排出する木材の燃料としての利用が社会問題となる半世紀以上も前に、作者のチェーホフが、木材の利用が制限されることを予言していたことは注目に値するだろう。

アーストロフと反りの合わないもうひとりの人物はセレブ

А. П. Чеховъ.
„Дядя Ваня". д. III.
М. Х. Т.
Астровъ. Для васъ, пожалуй, это неинтересно.

『ワーニャ叔父さん』
エレーナ（オリガ・クニッペル）に森林の地図を見せるアーストロフ（コンスタンチン・スタニスラフスキー）、モスクワ芸術座（1899 年）

リャコーフ教授である。彼は屋敷の売却を検討しており、この土地に愛着を持つ娘のソーニャとアーストロフの思いには無関心だ。最終的には、森林を保護する重要性を説くアーストロフを無視し、彼は領地の木材を伐採し売却して収入を得る計画を発表する。これに対して、ワーニャの姪でもあるソーニャは、この問題を哲学的なレベルにまで引き上げて以下のような議論を展開する。

ソーニャ　……森林はこの地上を美しく飾って、美しいものを味わう術を人間に教え、おおどかな気持を吹きこんでくれる、とおっしゃるんですの。森林はまた、きびしい気候を和らげてもくれます。気候のおだやかな国では、自然との闘いに力を費やすことが少ないので、したがってそこに住む人間の性質も、優しくて濃やかです。そういう土地の人間は、顔だちが好くって、しなやかで、ものに感じやすく、言葉はみやびやかで、動作はしとやかです。そこでは学問や芸術が栄え、哲学も暗い色合いを帯びず、婦人にたいする態度も、上品で優美です。(6)

アーストロフは自然破壊に対してただ不平を言うだけではなく、自ら新しい木を植え自然を守る活動にも全力を尽くしている。次のセリフにおいて、チェーホフは、自分の行動に対して心理的な余韻に浸るアーストロフの心情を巧みに描いている。

アーストロフ　……白樺の若木を自分で植えつけて、それがやがて青々と繁って、風に揺られているのを見ると、僕の胸は思わずふくらむのだ。[7]

さらに、彼は、自分の人生の限界を超えて、この問題を哲学的に解釈しようと試みるが、これは、作者のチェーホフ自身の自然に対する心情にも繋がる重要なセリフと言えるだろう。

アーストロフ　……僕のおかげで、伐採の憂目をまぬかれた、百姓たちの森のそばを通りかかったり、自分の手で植えつけた若木の林が、ざわざわ鳴るのを聞いたりすると、僕もようやく、風土というものが多少とも、おれの力で左右できるのだということに、思い当るのだ。そして、もし千年ののち人間が仕合せになれるものとすれば、僕の力も幾分はそこらに働いているわけなのだと、そんな気がしてくるのだ。[8]

この一節に、現代のエコロジーに対するもうひとつの予言的な考えを見出すことができる。それは、地球上の植物を保護することによって気候変動を食い止めようと努力することだ。チェーホフの戯曲において、森林は、その当時の大半の人々の生活していた環境そのものを映し出している。二〇世紀初頭、ロシアの領土の四〇%以上を森林が占めていた。彼が生きている間にロシア帝国の人口は倍増したが、そのほとんどの人たちは都市ではなく農村部に住んでおり、森林を伐採し薪や建築資材を得ることで生活収入を稼いでいた。

　また、アーストロフの行動は、現代のエコロジー団体の活動を先取りしたと言えるだろう。彼は、森林再生のために自ら新しい木を植える傍ら、自然環境の調査や分析も行っている。第三幕における彼の独白は、現代の環境保全会議での発表報告のようにすら聞こえる。このセリフは、チェーホフの全戯曲の中で最も長いモノローグであり、一般的な登場人物のセリフのスタイルとは異なっている。また、この台詞に引きずられるように、同じ場面でのエレーナのセリフのリズムにも特有なアクセントがつけられていることは、チェーホフが戯曲の中でこの会話を重要視していたことを表しているのである。

　アーストロフは五〇年間におけるこの地域の変遷をいくつもの地図を用いて分析している。その地図には、森林やそこに暮らす多くの動植物の生態（大鹿、野生の山羊、白鳥、雁、鴨の大群、ヤマドリなどのあらゆる種類の鳥）や人々の生活（さまざまな集落、農場、坊さんの庵室、水車小屋、多くの牛や農家一軒あたり平均三頭の馬が飼育されていることなど）が記録されている。しかし、アーストロフが報告書を提出する二五年前に、その豊かな自然はすべて失われてしまっていた。彼はこの現状を「いま、それらは雲のように消えてしまった」と結論づける。

アーストロフ　……だんだんと、しかも確実に衰えてゆく有様が、見えているわけで、まあもう十年か十五年もしたら、元も子もなくなってしまうに違いありません。……この郡内には、相変らず沼地がのさばっているし、蚊はぶんぶん言っているし、道らしい道はないし、百姓は貧乏だし、おまけにやれチフスだ、やれジフテリアだ、やれ火事だ、という始末なのです。(9)

一方で、一九世紀末の環境活動家は、古い生活様式と当時のものの相関関係を否定しているわけではない。もし、自然破壊を伴う開発によって、荒廃した森に道路が敷かれ、そこに工場や学校が建設されていれば、この現状を正当化できただろうが、現実はそうではなかった。

アーストロフ　……無気力と無知と、徹底的な無自覚とが、今日このような情勢の悪化を招いたそもそもの原因なので、つまり飢え凍え、病みほうけた人々が、なんとか露命をつなぎ、子供を守ってゆくために、いやしくも飢えをしのぎ、身を暖めるたしになるものなら、わっとばかり飛びついて、明日のことなどは考えもせずに、すっかり荒してしまったわけなのです。(10)

実際、産業革命以前のルソー的思想に基づいて自然の存在を理解し維持しようとするイデオロギー（当時のロシアではレフ・トルストイが先導していた）も存在していた一方で、チェーホフはアーストロフを通して、この考えに対抗する知的な市民のあいだに生み出された思想を浮き彫りにしようとしている。だから、アーストロフは、この理不尽な状況に抵抗を示しながら、そのような状況に至った社会的要因にも目を向けているのだ。

アーストロフ　……今ではもう、ほとんど完全にぶち毀してしまったのですが、その代りに創り出したものは、まだ何ひとつないのです。(11)

さらに別の見方をすれば、アーストロフは、現代のそれよりはややトーンを抑えた物言いではあるものの、環境保全活動の知識を備えた環境アクティビストの先駆者であったと言えるだろう。これに加えて、エレーナは、アーストロフの主張を人類学の一般的な問題へと昇華し、自然に対する態度を人間が持つ破壊的なエネルギーへと還元してゆく。

エレーナ　あなたがたはみんな、分別もなく森を枯らしてばかりいるので、まもなくこの地上は丸坊主になってしまうんだわ。それと同じように、あなたがたは、分別もなしに人間を枯らしているので、やがてそのおかげで、この地上には貞節も、純潔も、自分を犠牲にする勇気も、何ひとつなくなってしまうでしょうよ。……あなたがたは一人のこらず、破壊とやらの悪魔をめいめい胸の中に飼ってらっしゃるからなのよ。森も惜しくない、鳥も、女も、お互い同士の命も、何ひとつ大事なものはない。(12)

ここで、チェーホフは、環境保護活動に関わる人たちの心理を深く考察しているだけではなく、このような活動に参加する人たちに向けられた他者の批判的な態度（現代社会で見られるものと酷似していると言ってもいい）も描き出している。アーストロフは、周囲の人たちが、彼のことを非難するように「気ちがい」や「法螺《ほら》吹き」と呼ぶこともまた知っている。

アーストロフ　……じろりと横目で睨んで「ああ、こいつは気ちがいだよ」とか、「こいつは法螺吹きだよ」とか決めてしまう。相手の額に、どんなレッテルを貼っていいかわからなくなると、「こいつは妙なやつだ」と言う。私が森が好きならこれも変てこ。私が肉を食べないと、これもやっぱり変てこ。(13)

（アーストロフはベジタリアンであるが、おそらく、『ワーニャ伯父さん』はベジタリアンのキャラクターが登場する歴史上最初の戯曲ではないだろうか。）そして、このような人々によるアーストロフに対する敵意は、彼のなかでの人間と自然との関係性を変化させる要因となっている。

アーストロフ　……いや、今日ではもう、自然や人間に向って、じかに、純粋に、自由に接しようとする態度なんか、薬にしたくもありはしません。……あるものですか！（飲もうとする）(14)

ここで、チェーホフは、アーストロフの信念つまり、彼の哲学的理念が形成された背景を語っている。彼の環境保護主義的な主張は、ヒューマニズム的な信念と個人的な人生観によって構築されてきたと考察できる。また、チェーホフ自身もガーデニングが大好きだった。高校生の時には、南部の町タガンログに小さなブドウ畑を持っており、そこでくつろぐ時間が好きだった。さらに、ロシア中部の荒廃した土地であったメリホヴォにある屋敷に住み始めると、そこに約千本の桜の他にもトウヒ、カエデ、ニレ、マツ、ナラ、カラマツなどを植え、緑地化に尽力した。そして数年後、クリミアに移住した際にも同様に、焦土と化した土地に、サクランボ、桑の実、ヤシの木、糸杉、ライラック、スグリ、サクランボなどを植樹した。

『ワーニャ伯父さん』のように、自然がモチーフとして登場する作品は、チェーホフの著作の中に他にもいくつかある。実際、この戯曲の最初のバージョンは、初演の約一〇年前の一八八九年に書かれた『森の精』という作品であり、フルシチョフと呼ばれるアーストロフと性格や特徴が酷似した人物が登場する。彼の自然保護の重要視する姿勢が現れたこの戯曲は、同じ年にモスクワの民間劇団によって上演された。チェーホフのすべての戯曲に共通することは、物語の舞台が中心都市ではなく、田舎の邸宅であることで、加えて、彼の戯曲では、自然の存在を強調するために、少なくとも一幕は野外の場面が組み込まれている。自然は、登場人物たちの生活の中心に据えられており、物語の重要な要素として彼らの行動にもしばしば影響を及ぼす存在として描かれている。

チェーホフの別の代表作である『かもめ』は、日没近く「まどわしの湖[15]」と呼ばれる実在の巨大な湖を背景に、トレープレフが書いた戯曲が上演される場面から始まる。そこでは自然の美（空気、空間、色、水、植物）が組み合わされることによって、作品の雄大な世界観が作り出されている。劇の後半では、実直なトリゴーリンが、この同じ湖が映し出す別の自然の姿に惹きつけられていく。

トリゴーリン　……この湖には、魚がどっさりいるでしょうな[16]。

また、戯曲のタイトルである鳥の名「かもめ」は、自然のイメージが内包されている一方で、トリゴーリンとニーナの会話においては、物語の主題を暗示するメタファーとしても機能している。

トリゴーリン　……湖のほとりに、ちょうどあなたみたいな若い娘が、子供の時から住んでいる。鷗のように湖が好きで、鷗のように幸福で自由だ。ところが、ふとやって来た男が、その娘を見て、退屈まぎれに、娘を破滅させてしまう――ほら、この鷗のようにね[17]。

見捨てられ孤独になったニーナは、手紙に「かもめ」と署名する。次に大きな自然の力が物語に介入するのは、ニーナが心に大きな傷を負ったトレープレフを訪ねるシーンだ。トレープレフはニーナにここに留まるように懇願するが、説得も虚しくニーナは、強い風が吹きすさむ嵐の中、出て行ってしまう。部屋の外の荒々しい自然とは対照的に、トレープレフが心的に衰弱し自殺を決意する姿は「静」として映し出されている。このように、チェーホフの作品では、物語の展開に合わせた演出効果として、自然の威力が巧みに使用されている。

チェーホフによって書かれ一九〇一年に初演された戯曲『三人姉妹』は、主人公の三姉妹が亡き父を偲びながら過ごした一年の喪が開けた後の、希望に満ちた早春の場面から物語は始まる。モスクワ芸術劇場で上演された時、この場面では、イリーナは開け放たれた窓から鳥に餌をやっている。そして、部屋は明るい陽の光に照らされており、登場人物たちはその土地の気候について語っている。この場面で、前向きな夢想家ヴェルシーニンの言葉は彼の楽観的な性格を簡潔に表している。

ヴェルシーニン　何を仰しゃる！　ここは実に健康な、申しぶんのない、スラブ的な気候じゃありませんか。森がある、河がある……おまけに、白樺もありますしね。なつかしい、つつましやかな白樺、——わたしは木のなかで、あれが一ばん好きです。住むにはいい土地ですね。[18]

彼のセリフは、この地を離れてモスクワに行きたいという三姉妹の願いとは対照的に映るが、そのことを示唆するように、第四幕の最後の場面では彼女たちの希望が叶わないことを悟ったマーシャがこの土地の風土について別の見解を述べる。

マーシャ　……こんな時候になって、今にも雪が降りそうだというのに、その上まだ、こんな話をきいてなきゃならない。……もう渡り鳥が飛んで行く……（空を見上げる）。白鳥かしら、それとも雁か。……可愛い鳥たち。いいわねえ、お前たちは……（退場）[19]

この場面の季節は秋であり、移り変わる自然の情景は、登場人物たちの人生の行き詰まった様子を反映している。また、チェーホフは第四幕の初めのト書きでこの場面を、虚無と絶望で満たされた墓地のように描写している。

ブローゾロフ家の古い庭。樅の並木が長く続いて、そのはずれに河が見える。河の対岸は森。舞台右手に、家のテラス。[20]

加えて、次のセリフからもわかるように、物語を通して次女のマーシャが恋心を寄せるヴェルシーニンは鳥（渡り鳥）のイメージを連想させるような存在として描かれている。

トゥーゼンバフ　……渡り鳥——たとえば鶴なんかは、空を飛ぶ、飛んで行きます。高尚な、あるいは低級な、どんな思想が彼らの頭に湧いたにせよ、やっぱり彼らは飛んで行くでしょうし、どこへ何しに行くのかは、知り得ないでしょう。たとえどんな哲学者が彼らのなかに出て来ようと、彼らは現に飛んでいるし、こののちも飛ぶことでしょう。勝手に哲学をならべるがいい、おれたちは飛びさえすりゃいいんだ、とね。[21]

このように、チェーホフの戯曲において、自然は登場人物たちの生活に深く根付いたものとして描かれていることが分かるだろう。

チェーホフの最晩年に書かれた戯曲である『桜の園』においても、一般的な現象としての自然の変化が、重要な機能を果たしている。それは一つの時代の終焉や国家の比喩、人々の幻想とも言えるだろう（かつて「ロシア全土は我々の果樹園である」と言われていた）。たとえば、幻想について言えば、登場人物のラネーフスカヤは、生い茂る木々の向こう側に母の姿を想像している。そしてまた、次のフィールスのセリフからも分かるように、自然は農業を営む上で重要な要素としても描かれている。

フィールス　昔は、さよう四、五十年まえには、桜んぼを乾して、砂糖づけにしたり、酢につけたり、ジャムに煮たりしたものだった。それから、よく……

…

フィールス　それからよく、乾した桜んぼを、荷馬車に何台も積んで、モスクワやハリコフへ出したもんでござんしたよ。大したお金でしたわい！　乾した桜んぼだって、あの頃ころは柔らかくてな、汁気があって、甘味があって、よい香りでしたよ。……あの頃は、こさえ方を知っていたのでな[22]

さらに、自然は単に人間の寿命を超えて存在し続けるということでなく、人間を超越した存在であり、人間は自然とせめぎあいながら生活を営んできたことがガーエフによって語られる。

ガーエフ（低い声で、朗読口調で）おお、自然よ、霊妙なるものよ、おんみは不滅の光明に輝く。われらが母と仰ぐ、美しく冷やかなおんみは、おのれのうちに生と死を結び合わす。おんみは物みなを生み、物みなを滅ぼす。[23]

「桜の園」の破壊は（実用的な目的であれ、比喩的あるいは哲学的な意味であれ）非常に印象的な損失として認識されている。この物語においてのパラドックス（矛盾）は、「桜の園」を破壊したロパーヒンが、生命と能力に限界がある人間よりも永遠に続く自然の優位性を理解していることである。

> **ロパーヒン**　……時どき、寝られない晩なんか、こんなことを考えたりしますよ、——「神よ、あなたは実にどえらい森や、はてしもない野原や、底しれぬ地平線をお授けになりました。で、そこに住むからには、われわれも本当は、雲つくような巨人でなければならんはずです……」とね。[24]

チェーホフが考える自然は永遠であり人間から独立し、そしておそらく人間と対立する存在なのだろう。モスクワ芸術劇場で『ワーニャ伯父さん』が初演された時の舞台美術は、まさに人間との対立を表現していた。第一幕では秋は黄金色に輝いていた。太陽の日差しが四方八方で輝き、生い茂った木々は紅葉を向かえ、古い温室のガラス屋根は真珠のように輝いており、舞台は穏やかで陽気な光で満ちあふれていた。これらの舞台美術は、まさに「祝祭的な自然と退屈した人々との対比」という演出家のスタニスラフスキーが考えた舞台を具現化したものであった。

チェーホフが書いた短編小説『春』において、自然に対する自信過剰なまでの態度を持った人物（園丁のパレテレイ・ペトローヴィッチ）を描いている。

> 自然を眺めるにも彼は優越感を持って眺め、その眼つきには主人顔をした、尊大な、見くだすような感じさえほの見える。温室にすわっていたり、庭を掘りかえしたりするうちに、誰ひとり知らないような植物のことを知りつくしたとでも言わんばかりだ。自然が壮大で、恐るべきもので、傲慢な人間すらその前に頭を垂れなければならないほどの奇蹟的な魅力に充ちていることを彼に説いたとしても無駄というものだ。[25]

まさにチェーホフが描き出す世界では、人々はある時は密かに、またある時ははばかることなく自然と戯れる。彼らの生活は自然の力を感じることができる距離を持って常に存在しているのである。

(1) チェーホフ（訳・神西清）『かもめ・ワーニャ伯父さん』新潮文庫、一九六七年、一四七頁
(2) 前掲書、一三二頁
(3) 前掲書、一三三頁
(4) 前掲書、一四五頁
(5) 前掲書、一四七頁
(6) 前掲書、一四六頁

(7)前掲書、一四八頁
(8)前掲書、一四八頁
(9)前掲書、一九四〜五頁
(10)前掲書、一九五頁
(11)前掲書、一九五頁
(12)前掲書、一五〇頁
(13)前掲書、一七三〜四頁
(14)前掲書、一七四頁
(15)前掲書、四一頁
(16)前掲書、三四頁
(17)前掲書、六五〜六頁
(18)チェーホフ(訳:神西清)『桜の園・三人姉妹』新潮文庫、一九六七年、一四六〜七頁
(19)前掲書、二五二頁
(20)前掲書、二三九頁
(21)前掲書、一八六〜七頁
(22)前掲書、二九頁
(23)前掲書、六六頁
(24)前掲書、六五頁
(25)チェーホフ(訳:松下裕)結婚披露宴――新チェーホフ・ユモレスカ2、中公文庫、二〇一五年、二九六頁

特集
演劇と
エコロジー

小さな演劇が問い直す〈世界〉の仕組み

――座・高円寺レパートリー「世界をみよう！」

塚本知佳

友人とその子ども（三歳）と一緒に歩いていた時のこと。はしゃぐ子どもは、繋いでいた友人の手をすり抜けて走り出した。「走ると転ぶよ！」という親の注意（予言？）の通り、子どもは転び、膝小僧をすりむいて泣きながら戻ってきた。泣きじゃくるその子を抱っこして、友人は「大丈夫？ どこが痛いの？」と尋ねた。するとその子は赤くなった膝小僧ではなく、転んだ地面を指さした。もう一度、聞き直しても、やはり地面を指さした。なぜだろう？

毎年、夏とともに始まる座・高円寺の「世界をみよう！」は、国内外の小さな舞台作品が集まるフェスティバルである。その特徴は、大人から子どもまでが楽しめる作品、かつ、言語に依存しない作品が揃うところにある。初夏の風物詩ともいえるこのフェスティバルも、二〇二三年は初日時点で既に真夏の暑さ。例年の「世界をみよう！」を観るときとの身体感覚のズレが、気候変動による温暖化の深刻さを物語る。

二〇二三年のラインナップは、座・高円寺のレパートリー作品『ピン・ポン』（日本）、シアター・リフレクション『ロミオとジュリエット』（デンマーク）、メロディ・モラン『ぬけがら』（フランス）、ファブリツィオ・ソリナス『リトル・ガーデン』（フランス）の四作品。そのいずれもが、人と世界の関係性を問い直す作品であった。本論では筆者の観劇順に論じていく。

●ボールと人の新しい関係
――佐藤信 構成・演出『ピン・ポン』

座・高円寺の前芸術監督である佐藤信構成・演出の『ピン・ポン』は、十年以上のロングランを続ける作品だ。（美術・演出

＝tupera tupera、振付・演出＝竹屋啓子／7月15日〜17日／座・高円寺1）

出演は、舞台下手で演奏するミュージシャン（磯田収）と三人のパフォーマーと、多数のピンポン球。女の子（公門美佳）が入り込んだのはピンポン球の世界。舞台上の大量のピンポン球の中から、それぞれオレンジとグリーンの衣裳を身に付けた二人（久保恒雄、光田圭亮）が、オレンジとグリーンのピンポン球を探し出し、この二つのピンポン球を中心に、女の子とピンポン球による冒険が始まる。(1)

ただし、この作品はミュージシャンによる歌やかけ声（と最初のアナウンス）を除いて台詞がないため、パフォーマーとピンポン球の関係性やストーリーについての説明はない。だが、あえて読み込むとしたら、二つのピンポン球が結婚し、子どもたちがたくさん生まれ（舞台にピンポン球がザザーっと溢れる）、そのピンポン球たちが、筒を抜けたり、飛んでいったり、山あり谷ありの旅をして、家へと辿り着く——ということになるだろうか。だがここで注目したいのは、ピンポン球を人間の代理表象としない、ピンポン球とパフォーマーの運動性における関係である。

たとえば、太く長いビニールのホースを抜けて、家（と思しき箱）の中に、次から次へとピンポン球が入っていく場面。パフォーマーの一人がホースに直接息を吹き込むと、ピンポン球はその息の勢いに乗り動いていく。ただし、ホースは一部が高くなっていたり、カーブがあったりするので、ピンポン球も減速するし、パフォーマーも息を切らす。そこで今度は、ホースの口にドライヤーを当てての送風。するとピンポン球はスルスルとホースを通り抜けていく。

このピンポン球とパフォーマーの関係を考えるうえで参照したいのがフランスの哲学者ミッシェル・セールによる〈準—客体〉という概念である。それはラグビーにおけるラグビーボールのようなものだという。すなわちラグビーのフォーメーションはボールが軸となる。言い換えれば、集団の動きにとって軸となっているボールは、単に人間が扱うモノ（客体）にとどまらず、客体でありながら、主体のような能動的な働きもしている（準—客体）のではないか、というものだ。この関係性が『ピン・ポン』における、ピンポン球とパフォーマーの関係にも言えるのではないか。(2)

そう感じるのは、舞台上の大量のピンポン球に対して、それを「量」ではなく「個」として、一つ一つのピンポン球を支配することなく扱うパフォーマーたちの身振りがそこに見てとれるからであろう。人が常にモノの支配者であるという枠組みから脱した、モノと人のより平らかな関係がそこにはある。

高校で習った物理によれば、私が壁を押している時には、壁も同じ力で私を押している（作用・反作用の法則）ということになるのだから、人とボールの関係は、物理的な世界観からみれば自明のことなのかもしれない。人間中心主義の新自由主義経済が環境破壊を促進させているとしたら、それを変更するためにまず必要なのは、人間だけが主体ではない世界、すなわち人とモノとの関係性の捉え直しではないか。

●グラデーションのなかのグラデーション

そして『ピン・ポン』は多様性を扱った作品でもある。多様性はよく虹に喩えられる。虹にはさまざまな色が入っているように、いろいろな価値観を尊重しあう多様性への理解はここ数年でだいぶ広がってきたように思える。しかしその一方で、同質に見えるものの中にある差異に対する寛容性というものが失われているように感じるのはなぜだろうか？　つまり完全に別の文化、別のカテゴリーと分けられるのであれば、それを別のもの――別の〈色〉として了解する。ところが、同じ〈色〉だと思っている内部での違いについては、より不寛容になっているのではないか？

しかしグラデーションは、虹の色と色の間だけにあるものではない。虹の黄色と緑色の間だけではなく、黄色と緑色のそれぞれの色のなかにもグラデーションがあるはずだ。このピンポン球が教えてくれるのは、このグラデーションである。ピンポン球にはいくつかの色が付いているが、それぞれは同色に見える。しかし前述の通り、ピンポン球が「個」として取り扱われているため、一見、同じ色のピンポン球もそれは異なるピンポン球となるのだ。カテゴリーの内部にある差異へのまなざし。それに気づくことができるのは、やはりこの作品がノンバーバルな作品であるからだろう。言葉の意味は時に人の目にフィルターをかける。意識によるカテゴライズが目の前の差異を無効化する。その意味で『ピン・ポン』は私たちの色眼鏡を外し、より〈世界〉の隅々まで見ることのできる目を与えてくれる作品なのだ。

●ほんの〈少し〉の過剰さ
――シアター・リフレクション『ロミオとジュリエット』

「世界をみよう！」シリーズではすっかりお馴染みの人形劇団シアター・リフレクションの作品は、『ロミオとジュリエット』。（7月26日～30日／阿波おどりホール）

人形は、出演者（シフ・イェセン・ヒモラー、アーポ・レポ）の一方の手の甲部分が胴体（指が人形の手足となる）、もう一方の手で頭を扱うスタイルの、まさに「手のひら」サイズの人形たちで、舞台冒頭でこの物語が「愛と憎しみの物語」であると書かれた紙が掲げられる以外は、ときどき息のような音（声？）

は聴こえるが、言葉による台詞はない。

舞台には、赤と青に分かれた人形の一団が置かれている。それが舞台後方の上手と下手に分けられた台に置かれ、物語が始まる。とてもシンプルだがこれだけで、この分けられた人形たちが異なる一族の集団であるということがわかる。原作に照らし合わせれば、モンタギュー家とキャピレット家になるだろうが、台詞はないので、家族も人形それぞれの名前も定かではない（以下、本論で名前を示す登場人物も、あくまでも原作から想定した名前に過ぎない）。

この小さく愛くるしい人形たちは、胴体と頭が左右の手に分かれているので、ときどき胴体から頭が離れるという、人間の俳優には不可能なユーモラスな身体性を見せる。この離れ業、最初はビックリして笑ってしまったが、繰り返されるうちに、もしかしてこの世界の住人たちは首が外れる一族なのかも、と思うようになるから不思議だ。つまりこの人形たちは、オルタナティブな身体文化の可能性へと観客の意識を開いてくれるのだ。

原作では「なぜあなたはロミオなの？」となるロミオとジュリエットの逢瀬の場面も、この人形たちはふわふわと宙に舞うという独特の身体表現で、恋の激情ではなく、何とも柔らかで幸せな光景をつくり出す。しかしそう感じるのは、「等身大」の私たち人間から見れば、人形が表すあらゆる感情も、ささやかで小さなものにしか見えないからかもしれない。

では悲劇の発端となる喧嘩の場面はどうだろうか（この作品ではおそらく、ジュリエットに言い寄るパリスがマキューシオを殺してしまい、激怒したロミオがパリスを殺してしまうという筋書きに変更されている）。そもそも人形の手足は人間の指なので、パンチもキックも、ある意味で微笑ましいじゃれ合いをしているようにしか見えない。ところがマキューシオもパリスもそのダメージによって死んでしまう。捕まえようとした虫を力加減を間違えて殺してしまうように、この小さな人々にとっては、ほんの少しの匙加減が命とりとなったのだろう。

この匙加減の誤りが、ロミオとジュリエットも死に至らしめる。ジュリエットが飲む仮死の薬は、たくさん飲むと毒薬となるというもので、薬を渡す神父はジュリエットに、「ほんの少し」というジェスチャーをし、ジュリエットはその教えに従い少しだけ飲む。ところがロミオは同じ仮死の毒薬を、ゴクゴクとたくさん飲むことで死ぬのである（原作のロミオは持参の毒薬を飲む）。同じ毒薬でも少しならＯＫで大量なら毒となるという、ここでも少しの匙加減が運命を狂わせる。こうしてこの作品は、小さな身体のヴァルネラビリティ（可傷性）を通じて、ほんの〈少し〉の過剰さが生む悲劇を描く。この過剰さによる悲劇は、環境問題に限らず、現代社会における多くの問題の根本にあるものではないか。

座・高円寺レパートリー「世界をみよう！」
ファブリツィオ・ソリナス『リトル・ガーデン』
撮影＝梁丞佑

しかし最も印象深いのは、原作では両家の和解によって終わるラストを、両家の人々の間に、それぞれの家の子どもが並び、中央で手をつなぐという結末にしたことである。家ではなく、次世代に、未来にその融和をつなげる。この愛と憎しみの物語は誰のためにあるのか——それは未来のためである。家の名前も人物の名前も必要ない。これは特定の家の物語ではなく、この〈世界〉の物語なのだ。

●進化の形
——『ぬけがら』＋『リトル・ガーデン』

『ぬけがら』と『リトル・ガーデン』は、それぞれソロパフォーマンスによる二本立て上演であった。（7月22日〜24、29、30／座・高円寺1）

『ぬけがら』は、若きサーカス・アーティストのメロディ・モランによるシルホイールという、大きな等身大のリングを使ったパフォーマンスである。モランはパーカーにスウェット、頭にはフードを被ったカジュアルな服装で、両手両足でリングを操り、リングの縁が舞台をなぞるようにクルクルと回転させる。ところがリングが回っていくうちに、フードの中に見えていた顔が消え、そこが暗闇となる。思わず『千と千尋の神隠し』のカオナシを思い浮かべたが、そういえばカオナシには顔があった。それに比べて、このフードの中は本当に顔がない。そしてクルクル回るうちに、パーカーとスウェットの中にあったはずの身体の存在感もどんどんなくなっていき、最後には服だけが残ったぬけがらとなる。

この大きなリングを動かし続ける身体能力を考えれば、そのパーカーの下に鍛えられた筋肉が隠されていることは想像に難くない。その筋肉が消失して、最後は服とリング、そしてその動力だけが残っていく。この身体（主体）がなくなっても、それを包む服とリング（客体／モノ）、そしてエネルギーが失われないパフォーマンスは、主体とは何かという問いそのものであろう。

ファブリツィオ・ソリナスの『リトル・ガーデン』は、舞台奥の幕の下からニョキっと顔が出てくるところから始まる。濃い眉にギョロリとした目で観客を見つめ、額の上にはジャグリングボール。体を左右に振る度に、ボールは額からこめかみへと移動する。そのビジュアルだけでも十分面白いのだが、そこから体が出てくると、なんと下半身は魚！　人魚というと、つい人魚姫を想像してしまうので、この人魚男は更なる爆笑を呼ぶ。そしてこの「人魚」は「ウォ、ウォ」とオットセイのような鳴き声を出し、舞台に出てきて、魚の下半身を脱ぎ、イグアナのような動きをしながら鳴き始める（実際にイグアナが鳴くかどうかは知らないが）。下半身は中腰の爬虫類の形態で、ジャグリングをしつつ、鳴きつつ、動く。このパフォーマンスは、地球における生命の起源、魚が陸にあがり、爬虫類へと変化していく、その進化の過程を見ているようでもある。

さて、この作品でもボールの存在に注目したい。本作を観ていると、そもそもジャグリングとは、人間が完全にボールをコントロールすることはできないということを逆説的に示すためにあるのでは、と思えてくる。それはソリナスが魚類や爬虫類の状態でボールを扱うという、すでにモノを扱えるのがホモ・サピエンスの特性であるということを逸脱しているからかもしれない。この作品もまた、人間中心主義の世界とは異なった世界を私たちに体験させてくれるのである。

そしてこの作品は、類まれな〈優しさ〉による衝撃で終わる。それまで鳴き声しか発していなかったパフォーマーが、爬虫類からおそらくゴリラに進化し「オォー」「ウォー」と唸っていたかと思うと、突然歌い出す「…… someday ……, ……somebody ……」という歌。まさかこんなに優しい声がその体の内部に秘められていたとは——想定外の繊細な歌声。そのたどたどしい英語の歌からは、切実な思いが伝わってくる。ここで歌詞の意味はわからなくても問題ない。もしイグアナが何かを伝えたいと初めて声を出したら、このような歌になるのだろうか、と思わずにはいられない、鳴き声が歌に変わる〈進化〉

の瞬間。この作品における進化論は、誰かに何かを伝えたいという〈優しさ〉を最終形態とするのである。

エコロジーが人間も生態系の一員であるという自覚から始まるとしたら、この人間の身体と動物の身体とモノとが共存する作品が示すのは、紛れもなくエコロジカルな思想であり、その思想の基幹となるのは〈優しさ〉なのだ。最後の歌には言葉が使われているが、もし人間の言葉の獲得がこのようであったなら、優しさの発露として人が言葉を必要とするなら、世界は変わりうるだろう。

「世界を見よう！」シリーズは、毎年さまざまな国の、すなわち世界各地のすぐれた小作品を見せてくれる。が、ここでの〈世界〉の意味はそれだけではない。今回の四作品が見せてくれたのは、この世界と人間がどのように調和していくのか、そのための〈世界〉の仕組みなのである。

そしてこれら小作品が描く小さな世界（それは作品の規模の問題ではなく）とは、人間が、外部、すなわち環境と自身を切り離し、世界を壊すモンスターに完全に変身する前に、小さな生き物としての謙虚さを取り戻すためのものではないか。冒頭で紹介した子どものように、より小さい時には、膝の痛みと、膝がぶつかった地面の痛みとは不可分であったのだから。

経済格差も進み、演劇のチケットはますます高騰し、ましてや世界に演劇を観に行けるのはごく一部の人々のみだろう。しかし演劇はそのごく一部の人々のためにあるのではない。だからこそ公立劇場がこのようなプログラムを続けてくれることの意義は大きい。私たちがこれからもこの〈世界〉と生き続けていくために。

(1)『ピン・ポン』の出演者は、「ぴん組」＝公門美佳、久保恒雄、光田圭亮／磯田収（音楽演奏）と、「ぽん組」＝徳田美佳、出﨑洋樹、鳥飼健太郎／磯田収（音楽演奏）のダブルキャスト。

(2)ミッシェル・セールの〈準─客体〉については、清水高志『ミシェル・セール──普遍学からアクター・ネットワークまで』（白水社、二〇一九年）、清水高志『実在への殺到』（水声社、二〇一七年）等を参照。

特集
演劇とエコロジー

自然と不自然のはざま
——演劇的想像力におけるエコロジー

寺尾恵仁

1　演劇とエコロジー

エコロジーから演劇を、あるいは演劇からエコロジーを考えるとき、そこにはいくつかの異なる位相が存在する。それはまず、エコロジーという概念の多義性・多面性による。狭義のエコロジーとは、自然環境保護を目的とした社会運動を指す。人間が世界に及ぼす影響を把握し、それを可能な限り小さくすることで、世界の自律性を保とうとする営為である。その背景にあるのは、「わたし」（人間）と「あなた」（世界）を分けて考える思想であると言ってよい。「自然を守れ」と言う時、その自然に「わたし」は恐らく含まれない。もちろん、自然環境を保護することが、結果的に「わたし」のより良い生につながるという含意はあるだろう。しかし、自然を守ることが人間を守ることと同義にはならない。「まず」自然を守り、「次に」人間が守られるのである。

もう少し広い意味では、社会運動に限らず、意識的に自然環境に融和的であろうとする態度や理念と考えられる。通俗的な意味で「エコ」と言えばこのことだろう。ドイツ語の「エコ」にあたるumweltfreundlichは「環境に優しい」という程度の意味だが、字義に忠実に訳せば「環境に対して友愛的である」とでも言えようか。「わたし」（人間）と「あなた」は友好によって結び付けられているが、ここでもやはり「わたし」と「あなた」は区別されている。

エコロジーを最も広く、生態学つまり生物と環境についての学問的取り組みと捉えると、そこには生物としての人間の生のあり方、人間と他の生物との関係性、生物同士の関係性、そして生物と非生物との関係性など、多種多様な考察対象が含まれる。それは人間を含む世界全体について問おうとする営為である。言い換えれば、「わたし」は「あなた」の一部であり、「あなた」もまた「わたし」の一部であるかもしれない、そのようでもありうるとする態度であるだろう。

エコロジー自体に、こうした相反する態度や考え方が含まれる以上、演劇がエコロジカルな営みであるかどうかという問いの答えもまた、多義的・多面的なものにならざるを得ない。ごく狭い意味で考えても、演劇は演劇であるがゆえにエコロジカルであるとも、また非エコロジカルであるとも言える。それは言うまでもなく、演劇そのものが多義的・多面的な営みだからでもある。

ただし、広い意味でのエコロジーすなわち「わたしはあなた(の一部)であるかもしれないし、そのようでもありうる」とする態度は、演劇そのものの特性と深く関わっている。演劇とは、様式やジャンルや時代的・文化的制約を問わず、虚構の枠組みの中で、「そうであるかもしれない」「そのようでもありうる」世界を示し、それによって「現にそうである」世界について問いかけるという、「可能性の空間」[1]であるからだ。それゆえに演劇においては、「今ここ」と「いつかどこか」、現実と虚構、可視と不可視、在と不在、そして「わたし」と「あなた」とが、相互補完的に結びついている。

ここで重要なのは、演劇におけるエコロジーとは、「わたし」と「あなた」は同一であるとするイリュージョンとは似て非なるものだということだ。たとえば我々は、舞台上の俳優の振る舞いや語り口が「自然」であるとか「不自然」であるとか、よく口にするし、耳にする。そこで想定されているのは、演じる主体と演じられる客体、外面と内面、意味と形式における調和である。[2]かつて川村花菱は、文芸協会第一回公演『人形の家』でノラを演じた松井須磨子について、「自分は日本に生まれた女優の口から初めて自然な台詞を聞く事が出来た」[3]と書いたとされる。この場合の「自然」とは、一義的には「嘘くさくない」「現実に即している」また「誇張された様式的演技ではなく心理主義的解釈に基づいている」といった意味であっただろう。しかし当時の「自然」という言葉が用いられた文脈(たとえば「自然」主義文学)を考えると、その言葉には主体と客体あるいは自己と世界との理想的一致、すなわち俳優と役との区分が止揚された人間本来の姿という含意が存在していたことが分かる。

つまり「自然である/ない」という言葉においては、虚構と現実、外見と内面、様式性と写実性、仮面と素顔、作為と無作為といった様々な対立軸を見出すことができる。それ故に私達は、いかにも作為的で本心とは関わりない、とってつけたような言動を「不自然」と称し、また作為的に演じない、その人自身の本性に由来する(ように思える)言動を「自然」と呼ぶのである。しかし、こと演劇において、舞台上の俳優の振る舞いが「自然」であるなどということはあり得るのか。確かに松井須磨子の演技は、当時の歌舞伎や新派の様式的演技に比べ、より写実的な演技という印象を与えただろう。しかし、表現行為である以上そこには何らかの作為が存在し、観客に見せる／見られるという状況である限りそこには何らかの虚構性が介在する。すなわち演劇における「自然」とは、あくまで「不自然」の枠組みの中で、あるいはその土台の上に成立する仮象であるのだ。演劇とは実在（Sein）と仮象（Schein）のせめぎ合いの芸術であることは今さら言うまでもない。あるいは松井は、自死によって自らが演じてきた悲劇的ヒロインと実在において同一化してしまうことで、仮象と実在の二律背反を解消してしまったと言えるのかもしれない。しかし言うまでもなく、それはもはや演劇ではない。

演劇におけるエコロジーを問うとは、まさしくこうした演劇ならではの主体の二律背反を問うことに他ならない。環境哲学者ティモシー・モートンによれば、「エコロジカルに考えることとは、ただ人間ならざるものに関わるのではない。エコロジーは、あなたと私の問題である」[4]。エコロジーとは、環境主義やそれに基づく自然保護思想に限定されるものではない。私自身の存在を、他者との関係性の上で再確認し、その不確定さを受け止めつつ問い直していくことだと言えるだろう。そうした観点に立つと、舞台上の俳優の振る舞いが「自然である／ない」という二元論的な考え方自体が、非エコロジカルな態度だと言えるかもしれない。エコロジカルな態度とは、自然と人間との関係を通して、主体のあり方を見つめ直す態度だと言えるからだ。

2　丸山明宏の「不自然」

天井桟敷第三回公演『毛皮のマリー』において、丸山明宏が演じた男娼マリーは次のように言う。

マリー　そう、世間の人はあたしのことを、自然じゃないって仰言るようね。作りもので、神さまの意志にさからっているって。でも、そう言う人に限って、庭に花の種子をまいたりすることは平気なんだ。神様とはまるで無関係の、一袋二十円の種子なんぞまき散らし、それが自然を冒瀆しているなどとはツユ思わない……いいえ、どうせ、人生には自然のままでいいものなんて一つもありゃしないんだよ。[5]

『毛皮のマリー』は、アメリカの劇作家アーサー・リー・コピット作『ああ父さん、かわいそうな父さん、母さんがあんたを洋服だんすの中にぶら下げてるのだものね　ぼくはほんとに悲しいよ――まがいもののフランス的伝統にもとづく擬古典的悲笑劇』のプロットを生かした改作である。(6) 寺山の独創性は、原作における抑圧的な母親を、丸山という演者を前提とした女装の男娼というキャラクターに置き換えた点である。丸山演じるマリーは、バスタブに入り鏡に向かって『白雪姫』の継母よろしく「鏡よ鏡、この世で一番の美人は誰かしら?」と問いかける。しかしバスタブから伸びる足は毛深い男のそれである。マリーは、自らの女性性が見せかけの作りものであることをあえて暴露し、「自然」の虚構性を暴き出す。それによって、虚構と現実、見せかけと本質、嘘と真という二元的な世界観そのものが、極めて不自然な虚構によって成立していることが浮かび上がる。またマリーは、自身の親友だという「かつ子」の忘れ形見である欣也を養子として育てているのだが、かつて自身はかつ子に侮辱され、それに対する歪んだ復讐として、欣也を女の姿にしようとしているということが語られる。しかしその語りもどこまで本当のことなのか、劇中では明らかにならない。ただ丸山演じるマリーの謎めいた語りが、この演劇作品の時空間全体をパフォーマティヴに創出していく。実際に初演のバージョンでは、欣也が彼を外の世界に連れ出そうとやって来た少女を殺害してマリーのもとを去るのだが、全ての出来事がマリーによって仕組まれた劇中劇であることが最後に明らかになる。「世界劇場」(theatrum mundi)というバロック的世界観の、寺山なりの変奏と言えるだろうか。

ただし『寺山修司著作集』に掲載され、一般に決定稿とされているバージョンでは、この幕切れに変更が加えられている。殺害された少女は生き返らず、マリーが手を打って欣也を呼ぶと、欣也は再び彼女のもとに帰ってくる。マリーが欣也に鬘をかぶせ、化粧を施して少女の姿にしていく中で終幕となる。劇中劇という形で謎解きを行うのではなく、あえて結末を開かれたままにしておくことで、仮象と実在との複雑な関係がより衝撃をもって迫ってきただろうと類推される。

「見世物の復権」という天井桟敷の初期のスローガンは、一見するとナマの肉体をそのまま提示することで演劇の虚構性を打ち破り、猥雑でグロテスクな想像力を演劇に呼び戻そうとする試みを象徴するものだと考えられる。しかし、それは単なるリアリティ・ショー(現代的な言い方をすれば「当事者性への依存」ということになろうか)にとどまるものではない。寺山の演劇実践における一つの重要な両義性は、俳優(あるいは舞台上の事物)そのものの持つ個性を、できる限り人工的な演出を介在させずに観客に呈示しながら、同時にそうした個性における人工性をも浮き彫りにするという点である。言うまでもなくそれは、新劇における「あたかも」の観念に対する反逆である。ただしそれは、実際に性的少数派である丸山明宏が女装の男娼を演じる、また実際の「ゲイバーのママさんたち」が登場してダンスを踊るといった、出演者の当事者性・真正性のみに基づくのではない。また同様に、筋や行為を中断する事で演劇の虚構性を暴露する叙事演劇的な異化効果というだけの問題でもない。『毛皮のマリー』は、出演者の当事者性・真正性を一種のスペクタクルとして利用しながら、そうしたスペクタクルが生成される過程を繰り返し強調する事によって、真正さという観念をも問いに付している。

『毛皮のマリー』にしても、『青森県のせむし男』や『大山デブコの犯罪』にしても、そこで表現された人物像の特徴とは、自己の身体に異質な他者性を抱え込み、それにも関わらずその他者性が自己のアイデンティティをも規定するという、屈折した主体性にある。寺山が演劇活動において試みたのは、現実の虚構性や自然の不自然さを暴露するにとどまらず、主体性における自己と他者との二律背反があってこそ人間の想像力と創造力が生み出されるということの証明であったように思われる。

3　鈴木忠志とエコロジー

鈴木忠志は、すでに一九六六年に、伝説的な歌舞伎役者である六世中村歌右衛門を通して、演劇における自己と他者の問題に理論的に切り込んでいる。鈴木は歌右衛門が足の障害を抱えていたという点に触れて、俳優の魅力は肉体の美にあるのではなく、俳優が自身の身体を「疎外」[7]していくその構造にあると論じる。鈴木によれば、歌舞伎の女形に求められるのは「女性を模倣するのではなく男性の身体の動きを殺す」ことだと言う。この点に、鈴木は異化、すなわち自己の身体そして自分自身をも異質なものにするという俳優の本質を見出す。演技において重要な事は、自己の身体を徹底的に観察・分析する事によって異化し、日常的現実とは異なる身体感覚を獲得する事だと鈴木は言う。「人間には自然体などというものはないのであって、美しい肉体と呼べるものがあるとしたら、それは仮構されたものなのである」[8]という一文には、新劇における「自然」な演技という観念を乗り越え、俳優の本質に迫ろうとする鈴木の姿勢が見て取れる。俳優の本質は自己の身体を客体化し、日常的現実の模倣とは異なる次元における芸術的身体を構築する事だという鈴木の基本的な演技概念の本質が、すでにこの時点で形成されている。

周知のように鈴木は一九七〇年代に富山県利賀村に拠点を移して以来、文字通り圧倒的な自然と格闘しながら、演劇における自己と他者の関係を実践的に問い続けている。利賀村での生活／訓練／作品創造は、演劇的創造性を通して、個人と集団のエコロジカルなあり方を実践する営為だと言えるだろう。それは同時に、仮象と実在、個人と集団、自己と他者との関係性を演劇的に表現するという果てない取り組みでもある。

エウリピデス『バッコスの信女』は、一九七八年岩波ホールでの初演以来、鈴木が最も多く上演してきた戯曲の一つである。鈴木とその集団における『バッコスの信女』の上演史は、白石加代子と観世寿夫という類まれな個性を持つ俳優と共に始まった。しかし観世の早逝と白石の退団の後、大きな演出コンセプトの変更が行われる。白石退団直後の一九八九年のバージョンにおいて、鈴木は狂信的宗教集団と政治的権力との対立というテーマをより先鋭化させる事を試みた。このバージョンでは日米の俳優がペンテウスとディオニュソスにキャスティングされ、またアガウエには舞踏ダンサー芦川羊子が起用された。しかしこのバージョンにおいて最も重要なのは、ディオニュソス教の僧侶達というコロスが新たに導入され、彼らがディオニュソスと共にペンテウスを殺害するという場面が誕生した事である。[9] 最終場面でペンテウスの首を持って登場するアガウエは、ディオニュソスによって洗脳され、自分が息子を殺したと思いこむという設定が作られた。イアン・カラザースとエリカ・フィッシャー＝リヒテは共に、カルト宗教集団による洗脳というモチーフにオウム真理教の影響を指摘している。[10]

鈴木の『バッコスの信女』は一九九〇年に『ディオニュソス』と改称されるが、それとともに（興味深いことにタイトルと相反して）ディオニュソスの役自体が削られ、ディオニュソス教の信者によるコロスがディオニュソスの台詞を受け持つことになる。二〇〇一年に現在の構成がほぼ固まったこの作品は、仮象と実在、個人と集団、自己と他者との関係性が最も鋭利な形で表現された、鈴木演出の代表作と言える。二〇二三年のSCOTサマーシーズンでの上演では、中国人俳優の田冲がペンテウスを、韓国のSung Won Leeがカドモスを演じた。第二場から第三場にかけてのディオニュソス教の僧侶たちからなるコロスとペンテウスとの対決は、本作品の前半の山場である。

ペンテウス　さてその秘儀とは、いったいどんなものなのだ？
僧侶5　それは信仰に入らぬ者には申すことはできません。
ペンテウス　信心すれば、いったいどのような利益があるというのだ？
僧侶4　聞いておかれてよいほどの立派なご利益はありますが、それをお聞かせするわけにはまいりません。
ペンテウス　おれに訊きたがらせようと思って、うまい返答をこねあげたな。
僧侶3　神の秘儀は、神に非礼を働く人間を忌むのです。
ペンテウス　お前たちは神の姿をはっきり見たと申すが、では神はどんな姿をしておった？
僧侶2　神は気の向くままの姿をとって現れたもうたのであって、私がとやかく申す筋合いのものではありません。[11]

エウリピデスの戯曲ではディオニュソス自身が発することになっている台詞を、鈴木演出ではディオニュソス教の僧侶たちが発語する。すなわち鈴木は、人間と神との対立を、国家権力に対して私的集団が自分達の正当性を確保しようとするレトリックの闘争に置き換える。その主張は、相手の論難を躱し、言いくるめようとする詭弁である。しかしこのレトリックによって、僧侶たちがディオニュソスを代弁しているのではなく、彼らの代弁によってディオニュソスという神が作り上げられるという逆転の関係が立ち現れることになる。ペンテウスの、ディオニュソスは一体どこにいるのかという問いに対して、僧侶1は「私の立っているところにです。そなたは信心がないゆえに、神のお姿が目に入らぬのです[12]」と答える。不自然と言えばこれほど不自然な台詞はない。しかしエウリピデスの『バッコスの信女』において、この問答ほど真実と虚偽、虚構と現実、自己と他者との緊張関係が生じる場面もない。戯曲上では、この台詞は人間に扮したディオニュソス自身の言葉であるために、意味としては真であるが、ペンテウスにとっては偽であるという二重の関係が生じる。ところが鈴木演出においては、その関係が反転する。この台詞を発するのはディオニュソス自身ではなくディオニュソス教団の僧侶であるために、意味としては偽であるが、それがペンテウスに及ぼす効果は真となる。つまり、ペンテウスの胸には「ひょっとしたらこいつは本当に神なのではないか」という疑惑が生じるのだ。

田冲の演じるペンテウスは、たとえば新堀清純や竹森陽一などSCOTの俳優たちが演じてきた重厚なペンテウスとは異なり、若く凛とした貴公子である。妥協や打算を許さず、自身の正しさを微塵も疑うことがない。そうしたペンテウスが、ディオニュソス教団の「不自然な」レトリックに敗北し、自己のアイデンティティをも失っていく様は見事と言う他ない。ペンテウスは女装して信女たちの姿を覗き見に行こうとするが、その姿は自己の境界を見失い、カルト的熱狂にとらわれた信者の姿そのものである。その果てに、彼は僧侶たちによって無惨に殺害されることになる。

『ディオニュソス』がさらに秀逸なのは、集団的な狂気によって虚構が現実へと反転してしまうという歴史/物語の成立のメカニズムを見事に描いていることだ。実際にペンテウスを殺害したのは僧侶たちであるにもかかわらず、カドモスの言葉(「お前が殺したのだ」)によってアガウエがその殺害者に仕立て上げられてしまう。アガウエもカドモスも、最後まで狂乱から醒めることがなく、共同体全体が事実とは異なる偽史を正史として共有してしまうのである。物語とは、虚構か事実かを問わず、共同体を形成するために必要不可欠な力学である。それが暴政を打ち倒す革命の原動力にもなれば、個人を圧殺する暴力

SCOT『ディオニュソス』 撮影者：Djajusman

にもなりうる。二千年以上前に書かれた戯曲が、優れた演出と演技によって現在の我々に衝撃をもたらすのは、こうした物語の暴力性をあますところなく描いているからである。そしてその戯曲は、歴史上無数の俳優たちによって繰り返し身体化され、演じられてきた。演劇のエコロジーとは、まさしくこうした絶えざる時間的・空間的・存在論的な実践にあるのではないか。

二〇世紀初頭のドイツの生物学者ヤーコプ・フォン・ユクスキュルは、個々の主体がその感覚によって知覚する世界を、客観的空間としての「環境」(Umgebung) とは区別して「環世界」(Umwelt) と名付けた。[13] ユクスキュルによれば、あらゆる生物にとって等質な普遍的・客観的な世界は存在しない。個々の主体は、この世界をそれぞれ独自の時空間すなわち「環世界」として認識している。ユクスキュルの生物哲学は、絶対的・普遍的な世界が我々に先んじて存在し、その中で我々が生きて行為するのではなく、世界が(少なくとも神ならぬ我々生物にとって)我々なしには存在し得ないというラディカルな転倒をもたらした。そして現在、世界のあらゆる事象が電子情報化されていく中で、ユクスキュルの思想は改めて生物と世界を理解するために有用であるように思える。我々が劇場に足を運ぶのは、とりもなおさず自らの「環世界」が、独立しつつ他のそれとつながっていくことを、身体を通じて経験したいと欲するからではないか。演劇のエコロジーとは、そうした生身の経験にこそあるように思える。

(1)ドイツの演劇学ではこの概念がよく用いられる。一例としてHans-Thies Lehmann: *Das politische Schreiben*. Berlin 2002, S. 366-380参照。

(2)柳父章によれば、英語のnatureが人間の精神や意識に対置される客体的な世界であるのに対して、日本語の「自然」はそうした二元的な区別を拒み、主客未分の状態・境地を指す。柳父章『翻訳の思想――「自然」とNATURE』平凡社、一九七七、48－50頁参照。こうした「自然」の用法は、坪内逍遥から島村抱月にかけての自然主義文学理論において形成され、発展していく。以下の資料を参照。島村抱月「今の文壇と自然主義」、『早稲田文学』六月号、一九〇七。権藤愛順「明治期における感情移入美学の受容と展開：「新自然主義」から象徴主義まで」、『日本研究　43巻』所収、国際日本文化研究センター、二〇一一。

(3)秋庭太郎『日本新劇史　下巻』理想社、一九五六、一〇六頁。

(4)篠原雅武『複数性のエコロジー』以文社、二〇一八、五二頁。

(5)寺山修司『毛皮のマリー』、『寺山修司著作集3』所収、クインテッセンス出版、二〇〇九、一七六頁。

(6)以下の資料を参照。清水義和「『毛皮のマリー』を通して『ああお父さん、…』からのコラージュを読む」、『寺山修司研究第2号』所収、文化書房博文社、二〇〇八。久保陽子「寺山修司『毛皮のマリー』論」、『演劇学論集　第62号』所収、日本演劇学会、二〇一六。

(7)鈴木はここで「疎外」という語を用いているが、その意図するところはドイツ語の「異化効果」(Verfremdungseffekt)に近いものと考えられる。

(8)鈴木忠志『内角の和・I』而立書房、二〇〇三、一三頁。

(9)一九八九年版については以下の資料を参照。Ian Carruthers, Yasunari Takahashi: *The Theatre of Suzuki Tadashi*. Cambridge 2004, pp. 160-169.

(10)Carruthers pp. 161-162; Erika Fischer-Lichte: *Dionysus Resurrected: Performance of Euripides' 'The Bacchae' in a Globalizing World*. Chichester/West Sussex 2014, pp. 174-176. ただし一九八九年の時点では、オウム真理教の反社会性やテロ行為は一部のジャーナリズムを除いてまだ一般的に認知されておらず、この解釈には疑問も残る。

(11)SCOT『鈴木忠志　演出台本集1　リア王・ディオニュソス』二〇〇九、一四〇－一四一頁。

(12)同、一四五頁。

(13)ユクスキュル／クリサート『生物から見た世界』日高敏隆・羽田節子訳、岩波書店、二〇〇五を参照。

【レポート】舞台芸術界がアップデートするために

〜ハラスメント根絶に取り組む創造現場から〜

鳩羽風子

灰皿を投げる演出指導が名舞台を生んだ——。この「灰皿伝説」は、多くの演劇関係者らによって吹聴されてきた。事実を誇張され、演劇愛を物語る美談や武勇伝として広く知れ渡り、演劇の創造現場を象徴するエピソードとして、多くの人々の脳裏に、焼き付いているのではないだろうか。

その舞台芸術界では二〇二三年、ハラスメントの訴えやそれに関連した事案・事件が相次いだ。立場の弱いフリーランスが多く、人事権を握る座組みトップに権力が集中しがちな構造、閉鎖的な空間で人格を傷つける罵倒や暴力が「厳しい指導」としてまかり通ってきた因習、長時間労働……。業界特有の事情が明るみに出て、社会的な批判を浴びた。「灰皿伝説」を尊ぶ価値観がくすぶる業界で、誰もが安心して意見を言い合える、風通しの良い創造環境をつくるにはどうすればいいのか。急速に進む法整備も追い風に、ハラスメント根絶に乗り出した現場の取り組みや実情を追った。

言いにくいことも安心して言い合える稽古場に

「演劇の稽古場は、多様な年齢や経験、価値観の人たちが集まっています。この講習は、これからのコミュニケーションを円滑に取っていくための準備運動だと思ってください」。「劇団温泉ドラゴン」は、公演『キラー・ジョー』の稽古初日を迎えた二四年二月上旬、都内の稽古場でハラスメント防止研修を開いた。顔合わせを済ませた劇団員や客演の俳優、スタッフら約二〇人が机を囲んだ。

舞台芸術制作者で上級ハラスメント対策アドバイザーの植松侑子氏が講師を務め、「リスペクトを欠いた言動が繰り返し、執拗に行われる」というハラスメントの定義を説明。判断が悩ましいその線引きについては、例えば、注意散漫で危険な作業に当たっている人に対し、「危ない！ちゃんとやれ！」と怒鳴るなど、「業務上必要な指示や提案はハラスメントと見なされないことが多い」などと解説して、知識の共有を図った。

「ハラスメントを恐れるあまりに、本来必要なディスカッションや挑戦ができなくなるのは本末転倒」とした上で、誰もが言いづらいことも安心して言い合えることができ、共通の目標に向かって助け合える「心理的安全性」を担保された場こそが、チームのパフォーマンスを高めると強調した。それとは反対に、暴言を吐く人は、周囲の人々の能力を著しく低下させるので、いくら才能があったとしてもマイナス面の方が大きいという研究結果も併せて紹介した。

「直接暴言を吐かれた人は処理能力が61%、創造性が58%下がる」「他人が暴言を吐かれるのを目撃しただけの人でも処理能力が25%、創造性が45%下がる」――。そのデータを見た男性俳優の一人から、質疑応答でこんな発言が出た。「チームの能力がどんどん下がってしまうということですよね。じゃあ、（反対に）物を投げたり、暴言を吐かなかったりしたら、もっといい作品ができたってこと？」

安心・安全の稽古場について話し合う「劇団温泉ドラゴン」のシライケイタ氏（手前）や出演者ら＝都内で

「劇団温泉ドラゴン」の公演『キラー・ジョー』の稽古初日に開かれたハラスメント防止講習。講師の植松侑子氏（奥のテーブル左端）の話に聞き入る出演者やスタッフら＝都内で

ハラスメント関連の事案が相次いだ二〇二三

多くの演劇関係者が「業界に衝撃が走り、対策に力を入れるきっかけになった」と口をそろえる事案が、二〇二二年一一月に起きた。劇団「DULL-COLORED POP」所属の俳優・大内彩加氏が、劇団主宰であり、『福島三部作』で岸田國士戯曲賞を受賞した劇作家・演出家の谷賢一氏から性被害を受けたとして、慰謝料など計五五〇万円を求める訴訟を実名で東京地裁に起こしたのだ。翌月には自身のブログでも告発。それを受けて福島で予定されていた谷氏の作・演出の新作公演は中止になった。二三年一月の第一回口頭弁論では、谷氏側が請求棄却を求めて争う姿勢を示し、現在も係争中だ（二四年三月上旬現在）。

二三年三月、ジャニーズ事務所（現「SMILE-UP.」）創業者の故・ジャニー喜多川氏が所属タレントらに対し性的虐待を繰り返していた疑惑を取り上げたBBCドキュメンタリー「J―POPの捕食者　秘められたスキャンダル」が放送・配信された。これを嚆矢に事務所の元所属タレントらからの告発が相次いだ。八月には、「一九五〇年代から二〇一〇年代半ばまで、少なくとも数百人の被害者がいる」との性加害を認定した報告書が、事務所設置の調査チームによって発表された。事務所は性加害を認めて謝罪、藤島ジュリー景子氏は九月に社長を引責辞任した。

ジャニー氏は帝国劇場での『SHOCK』シリーズなどの演出やプロデュースでも手腕を発揮、所属タレントから多くの舞台俳優を送り出した。舞台芸術界にも強い影響力を持っていただけに、大きな影を落とした。

五月には、歌舞伎俳優市川猿之助氏が、パワハラ加害疑惑の週刊誌報道で将来を悲観し、父・市川段四郎氏と母の自殺を手助けし、自身も自殺を図るという事件が発生した。命に別条がなかった猿之助氏はその後、死亡した両親に対する自殺ほう助罪で起訴され、懲役三年、執行猶予五年の有罪判決が確定した。

九月、宝塚歌劇団宙組に所属する当時二五歳の女性劇団員が、兵庫県宝塚市内の自宅マンション敷地内で亡くなっているのが発見された。遺族側は一一月に開いた会見で、「過重な業務や上級生のパワハラによって自殺した」と訴え、歌劇団や運営する阪急電鉄ホールディングスの謝罪と補償を要求した。それに対し、歌劇団側は、長時間労働による心理的負荷などは認めたものの、いじめ・ハラスメントは確認できなかったとする調査報告書を発表した。しかし、歌劇団側は二四年二月に一転して、遺族側が指摘した一五件のうち約半数についてパワハラに当たると認める意向を示した。両者は合意書締結を目指し、交渉を続けているが、その主張にはなお隔たりがある（二四年三月上旬現在）。一方、この問題を受けて、西宮労働基準監督署が歌劇団に立ち入り調査、宙組など多くの公演が中止となった。

調査結果から見る業界の実態

事案が噴出した背景の一端を示すのが、日本芸能従事者協会が二〇二二年六～八月に実施したネット調査だ。それによると、俳優や美術家、映像スタッフら芸能・芸術・メディア業界で働く人たち（四一八人回答）のうち、「パワハラを受けたり、見聞きしたりした」人は九割超、「セクハラを受けたり、見聞きしたりした」人は七割超に達した(1)。

厚生労働省の二三年版「過労死等防止対策白書」では、芸能分野のハラスメント調査が初めて盛りまれた。二二年一〇～一二月まで芸術・芸能分野で働く男女六四〇人を対象にしたアンケート結果によると、「俳優・スタントマン」の約二割が「仕事の関係者から殴られた、蹴られた、叩かれた、または怒鳴られた」と回答。「心が傷つくことを言われた」も五割超、「性的関係を迫られた」「必要以上に身体を触られた」も一割超あった。メンタルヘルスへの影響も深刻で、重度を含めて「うつ病・不安障害の疑い」があるとした人が三割超に上った。[2]

一方、国際社会はハラスメント根絶へ舵を切った。職場での暴力とハラスメントを禁止する国際労働機関（ＩＬＯ）条約が、一九年に採択され、二一年に発効した。日本は採択に賛成したものの、国内法の未整備などを理由に批准していない。それでも、重い腰を上げ、法整備が進んできたところだ。二二年四月から、職場のパワーハラスメントを防ぐ改正労働施策総合推進法（パワハラ防止法）が中小企業にも義務化された。続いて、フリーランスと取引する発注者にパワハラ対策を義務づける「フリーランス新法」が二三年四月に成立、二四年秋までに施行される。

また、行政も対応を強化。文化庁は二二年七月に公表した、適正な契約関係構築に向けたガイドラインの出演契約のひな型で、ハラスメント防止に必要な配慮をする条項を盛り込んだ。続いて二三年一二月には、ハラスメント対策の講習会実施などに対し、上限二〇万円を補助する事業を打ち出した。東京都と東京都歴史文化財団が共催し、都内で活動するアーティストや芸術文化の担い手の持続的な活動を支える「東京芸術文化相談サポートセンター『アートノト』」を二三年一〇月に開設。必要に応じて関係機関や外部専門家へつなぐ相談窓口や、ハラスメント防止講座、情報提供などに取り組んでいる。

ハラスメントは人権侵害

国内外からの「外圧」が強まる中、劇団や劇場、業界団体ではハラスメント対策に本腰を入れる動きが広がっている。前述の植松氏は、その第一線に立つ一人。「ハラスメントは思いやりや優しさ、ホスピタリティーの問題だと誤解されがちですが、人権侵害です。だから起きてはいけないし、予防のためにできることは全部やらなくてはいけない」。「アートノト」の講座で講師を務めたほか、各地の劇場や劇団向けに講習を開くなど奔走している。

力を注ぐのは、他者を尊重するマインドセット（心構え）を持ってもらうこと。「他者を自分の要求を満たすための道具にしない、違う価値観や人格を持ったひとりの人間だと理解してもらう。まだコミュニケーションが始まっていない、舞台制作の初期段階で、このマインドセットがつくれるかが重要なので、なるべく稽古初日に講習を開くように勧めています。他者を尊重する空気が醸成されれば、ハラスメントは起きにくくなる」

と力を込めた。家父長制が根強い日本の舞台芸術界は、師弟関係の結びつきが強い。また作品ごとに多様な人材を集めるプロデュース公演が主流となっており、ハラスメント対策の重要性がより増していると強調する。

安心・安全な稽古場から危険な作品をつくる
——「劇団温泉ドラゴン」の挑戦

植松氏が提唱する対策の柱は、①ガイドラインの作成②クリエーションのなるべく早い段階での研修③相談窓口の設置—の三つである。その導入に動いた当事者たちの思いを聞いた。

冒頭で研修のもようを紹介した「劇団温泉ドラゴン」は、二〇二三年から公演ごとにこの三点セットを取り入れた。その起点の一つとなったのが、劇団代表で演出家・脚本家・俳優のシライケイタ氏が、自身の名で同年一月に劇団ホームページ（HP）で公表した「ステートメント」だ。(3)

その中では、ハラスメント行為が優れた作品づくりという名の下に正当化され、成功体験としてされてきた従来の認識を批判。「許容してきたすべての演劇人の責任」として、自分自身も過去に俳優やスタッフに対し、尊厳を傷つける行いをした自覚と猛省を率直に述べた。その上で、「常に他者をリスペクトしあえる創作現場を作っていけるよう全力を尽くします」と表明した。

「過去のことを糾弾される可能性もある。だからステートメントを出すのは怖かった」とシライ氏は打ち明ける。三五歳まで俳優一本で活動し、小劇場から商業演劇まで幅広い舞台でさまざまな演出家らから指導を受けた経験を持つ。「稽古では本当に追い込まれた。これはいじめではないかと思うことも数多く経験してきたし、見聞きしてきた。でも、それに耐えてこそいい俳優になれる。極限まで追い込まれたときに生じる反作用のエネルギーが新しい表現を生む。演技とはそうやって獲得していくものだというのが、業界の『常識』だった。異常なことだと思ってこなかった」

閉鎖的な空間で座組みの頂点に立つ演出家たちが俳優を追い込み、絶対的な権力者になる構造も、見慣れてきた光景だった。二〇一〇年に劇団を結成し、作・演出を担うようになってからも、自分がされてきた演出方法が念頭にあった。

だが、一〇年ほど前に仕事上の人間関係で悩んだことがきっかけで、「このやり方は何かが間違っているのではないか。もしかしたら、僕がつぶされずに演劇を続けてこられたのは偶然だっただけで、つぶされてやめていった人たちが大勢いた」との思いが芽生えた。

過去のハラスメントや性被害を告発する「#MeToo」運動が広まった二〇一七年以降、日本の舞台芸術界でも、SNSなどで訴える声が上がり始めた。『おかしいじゃないか』と勇気を出して小さな声を上げ続けた人がいて、ようやく大きな声になった。その過程で『これはまずい』と気づいた演出家が、僕を含めて大勢いると思う」とシライ氏。業界の現状については「これまでの価値観が全部覆った」と捉える。

一方で、「負荷や摩擦を乗り越えた先に、質の高い表現は生まれる」という考えは変わらない。では、新しい舞台制作はどうあるべきか。「厳しく追い込まないでどう演出していけばいいのか。その答えはまだ出ていません。一生懸命学んでアップデートしていきたい」とシライ氏。講習を繰り返し受けてきた自身の経験から、「他者には他者の理由があると知ってからは、怒らないで演出できるようになってきたと思います。なぜ、こうなっているのか、相手の目線に立って考えると、掛ける言葉も決まってくる」と手応えを語る。令和の演劇人に求められる資質については、「演出家は俳優たちのいいところをいかに抽出して作品をつくれるか、手腕を問われる。一方、俳優は演出家からではなく、自らを追い込めることが必要になる」。

三月に上演する『キラー・ジョー』は、底辺を生きる家族が保険金殺人を企てるストーリーで、性暴力や流血などの描写が含まれる。「平和で安全で楽しい稽古場で、どれだけ危険で厳しい作品がつくれるか、チャレンジしたい」と意気込む。

シライ氏は日本演出家協会理事長を務め、二三年七月には東京の公共劇場「座・高円寺（杉並区立杉並芸術会館）」の芸術監督に就任した。演劇界をリードする立場から、舞台芸術界の今後の展望について意見を求めた。脱ハラスメントへの転換は「あっという間に広がると思う。そうしないと取り残されていく。ハラスメント行為が横行していた時代を知らない若い世代は、新しい価値観と言語で作品づくりをしていて、まばゆいばかり。最終的には、当たり前に他者を尊重できる創造環境になっていけば」と語る。

演劇のありようも変わると見る。傑出した異才が、自分の世界観を表現するために演劇を用いる時代の終わりを予感。近年は、演劇的手法がコミュニケーション能力の回復や老人介護、認知症ケアに取り入れられたり、市民参加型の舞台が増えたりしてきた。「より多くの人たちが演劇に関わるようになってきた。異なる価値観や国籍、文化を持つ人たちとどう友好的な関係を結んでいくのか。他者と尊重しあい、一つの世界をつくる演劇の未来が来ればいいと思っています」と期待を込める。

提携・貸館公演も対象に
――世田谷パブリックシアターのガイドライン

東京都世田谷区の公共劇場「世田谷パブリックシアター」は二〇二四年一月、「ハラスメント防止ガイドライン」をＨＰで発表した。[4] 冒頭、「私たちは、ハラスメントの発生を絶対に許さず、劇場が健全な心の拠り所となるために、全力で取り組んでまいります」と決意表明。ハラスメント対策への「姿勢」、「対策」、パワハラ、セクハラ、モラハラ、妊娠・出産・育児休業等に関するハラスメントの「定義」、「禁止行為」、そして「相談窓口」の計六項目で構成されている。

画期的なのは、提携・貸館公演も対象に含めたこと。ガイドラインでは、ハラスメントが発生した場合は、劇場利用者に対し「適切な情報提供や責任ある対応を求めます。ハラスメントの対応に適切な取り組みが見られない場合にはまず警告と指導を行い、それでもなお真摯な取り組みがおこなわれない場合には、劇場運営上の支障を考慮し、施設使用許可を取り消す場合があります」と明示した。こうした一歩踏み込んだ指針を策定するまでには、劇場内ではどのような合意形成のプロセスをたどったのだろうか。劇場部の滝口健氏と宮村恵子氏のふたりに振り返ってもらった。

劇場がハラスメント対策に取り組むようになったのは、白井晃氏が二〇一二年四月、芸術監督に就任したことがきっかけだった。公共劇場の「顔」をKAAT神奈川芸術劇場に引き続き担うことになり、公共劇場の役割について考え続ける中で、ハラスメント対策を喫緊の課題とし、講習の実施から始めることを提案したという。

二三年二月、新年度の主催公演ラインアップ発表会の席上、白井芸術監督は主催公演で専門家を招いたハラスメント講習の実施を明らかにした。その言葉通り、世田谷パブリックシアターは、白井氏自身が演出を務めた『ある馬の物語』を手始めに、『カラフル』『メルセデス・アイス』『無駄な抵抗』など、すべての主催公演でほぼ稽古初日に講習を実施。また、公演・事業ごとにガイドラインを策定し、相談窓口を設けてきた。

劇場版ガイドラインでは、相談窓口はハラスメントが起こっている場合だけではなく、該当するか微妙な場合も含めて「広く相談に対応し事案に対処します」と明記。劇場部の「総合調整担当マネージャー」が相談窓口を担当することとした。また、公演ごとのガイドラインにおいては、このマネージャーのほかに、現場の実情に詳しい若手制作スタッフと、外部専門家の三人を相談窓口に設定。相談者は、この三人の中から相手を選ぶことができる。「総合調整担当マネージャー」は現在、男性の滝口氏が務めているため、ジェンダーバランスの観点から女性の制作スタッフが相談員に加わる体制となっている。対応に当たっては、相談者や行為者らのプライバシーを厳守し、相談者の了承を得た上で事実確認をし、必要な措置を検討し、再発防止策を講じるとしている。「とはいえ、公演ごとのガイドラインと講習をきちんとやってコミュニケーションの素地ができていれば、相談窓口に頼ることなく現場レベルで解決できる可能性が高くなると考えています」と滝口氏は話す。

この劇場は、もう一つ活動の柱がある。子どもや区民、地域と連携した参加型の「学芸事業」だ。その中でも夏休みに集中開催する子ども向けのワークショップは毎年、人気を博している。こうした現場においては、高圧的な指導などを含む、子どもの心身を損なう「マルトリートメント（maltreatment　大人の子どもへの不適切な関わりの意）」を防ぐために教育現場で使用されている対策も参照しつつ、対応を進めている。

こうして公演と学芸という両輪で半年間積み上げてきた成果が劇場版ガイドラインに結実した。「公演や学芸の事業単位で経験を重ねたことが大きかった。講習を実際に受けてみて、深く考えさせられることも多くあり、気づきを得ることができました。それを織り込みながら、専門家に意見やアドバイスもいただきつつ検討をしていきました」と宮村氏。そこで生まれた究極の目的――クリエイティブな環境をつくること――に向けて、劇場としてのガイドラインづくりが、二三年夏ごろから始まった。

ほかの劇場や劇団、フェスティバル等の先例を参照しながらリサーチと議論を重ね、一一月に草案をまとめた。職員から意見を募り、寄せられたコメントを反映させて改訂する作業を行い、最終案が固まった。

文言の書き方には細心の注意を払った。例えば、世代間をめぐるハラスメント問題では、上の世代が加害者、下の世代が被害者になるケースが多いものの、決めつける表現を避けて「立場の上下の関係性に関わらず」という表現にした。

提携・貸館公演もガイドラインの対象に含める形となったのは、コロナ禍の感染予防対策ガイドラインを策定した経験が生きたという。この際には、ガイドラインに著しく反しており、注意喚起をしても改善が見られない場合には、施設利用の中止を求めることがあるという趣旨の文言を盛り込んだ。「ガイドラインをつくるのであれば、そこまでの覚悟を持つ必要があるし、実効性がなければ意味がないとコロナの経験から学びました」と滝口氏は語る。

劇場文化を牽引する使命を担う公共劇場として、世田谷パブリックシアターがハラスメント対策の歩を進めた意義は大きい。舞台芸術界では、二二年三月にいち早くガイドラインを発表した京都市の公共劇場「ロームシアター京都」に続き、平田オリザ氏主宰の劇団「青年団」がガイドラインを発表。女性劇作家四人でつくる「劇作家女子会。」は「持続可能な演劇のための憲章」を公表し、日本劇作家協会はガイドラインと対応要綱の一部を改訂して対策を強化した。俳優座や東宝なども相談窓口設置や講習に取り組む。こうした動きが加速する中、「ガイドラインは現場のためのもの。そこをないがしろにしては実のあるガイドラインにはならないし、何の抑止力にもならない」

（宮村氏）という至言は、貴重な道標になると思う。

舞台芸術界挙げてのマインドチェンジ

積極的に取り組む劇団や劇場がある一方で、舞台芸術界全体の現在地は、どこにあるのだろうか。松竹や東宝、劇団四季、東京芸術劇場など二百以上の団体が参加する業界団体「緊急事態舞台芸術ネットワーク」（ＪＰＡＳＮ）が二〇二三年一二月、「持続可能な創作環境を構築せよ」と題して開いたシンポジウムでは、対応に苦慮しつつも環境を改善しようとする現場のリアルな声が印象的だった。

「（対策を）やってもやっても言いたいことを自由に言い合えるわけではない側面が、構造的にどうしてもある。本当に主催者側が『言ってくれていい』と示し続けないと、関わるすべての人が安心・安全にクリエーションできない」。現場の実情について語った坂本もも氏（合同会社範宙遊泳代表・範宙遊泳プロデューサー、ロロ制作）は、「被害を受けるかもしれない側の人たちがＮＯと言える場所にしていく」重要性を強調。パルコ劇場の田中希世子氏も「コミュニケーションを取ることを恐れない環境づくりが一番大事。それにはまず、制作者やプロデューサーから『恐れなくていい』という姿勢を取ることがポイントだ」と同調した。

一方、質疑応答では、「明らかにハラスメントだと感じても、発言したら、今の稽古や作品はどうなるのか。制作会社から着実に厄介者扱いされる、この演出家とはもう仕事ができないなど、あまりにも多数のことが頭に浮かぶ」という切実な声が俳優から寄せられた。

業界の内外から対策を求める声が高まっていることを示すエピソードも。ロングラン公演が多い劇団四季は、俳優同士で役を引き継ぐことが多い。業務上必要な事柄をどこまで指摘していいのか悩むケースがあり、俳優の方から要請されてハラスメント防止セミナーを始めたと、同劇団の岡部真史氏は語った。ＫＡＡＴ神奈川芸術劇場の堀内真人氏は、「ハラスメント防止の取り組み[5]」を同年一〇月、ＨＰに掲載したきっかけが、ワークショップの参加者からハラスメントに対する考え方について問い合わせを受けたことだったと明かした。

ハラスメント対策は喫緊の課題だとして、「業界を挙げて取り組む必要がある」（ゴーチ・ブラザーズの伊藤達哉氏）との認識で一致。今回のシンポを一里塚として、ＪＰＡＳＮで具体的な施策を検討していく意向が示された。

「パンドラの箱」と心のケアの必要性

ハラスメント対策の導入が進む現場では、どのような反応が目立つのだろうか。植松氏の実感では、「賛否」が二極化しているという。消極的態度を示す人は、特定の属性に限定されない。性別を問わず、どの年齢層にも遍在している。「例えば同じ六〇代男性でも、『本当に大事なことだ』と口火を切って賛同してくれる人もいれば、講習に参加してくれない人もいます」。研修を提案しただけで「裏切り行為だ。自分のことをハラスメント加害者の予備軍だと思っているのか」と怒りだす演出家もいたそうだ。

「ハラスメントの被害者は女性が多い。だから女性なら対策に積極的であるはずだ」との思い込みを抱かれがちだが、「私たちは耐えてきたのに……」と反発する中高年女性の演出家やプロデューサーらもいる。日本映画業界の労働環境の改善に取り組む「Japanese Film Project」が、『演劇年鑑２０２３』(日本演劇協会発行)を基に実施した調査結果によると、演劇領域では実務を担う「制作」では女性が六割を占めたのに対し、意思決定をしたり組織を束ねたりする「製作・企画・プロデュース」では三割しかいなかった(古典・大劇場演劇・ミュージカルを除く)[6]。圧倒的な男性優位の演劇界を生き抜いてきた彼女たちの心情について植松氏は「男性と同じように振る舞い、やっとのことで権力を得たのに、今になって古いやり方だから改めるように言われる。これまでの自分の在り方まで否定されたと感じたのではないでしょうか」と慮る。

ジェンダー不均衡は、ハラスメントを生む土壌の一つになっている。しかし、ジェンダーバランスを是正すれば解決に向かうほど、話はそう単純ではない。労働環境や雇用形態のほかに、さまざまな感情や価値観などが複雑に絡み合っている。

ハラスメント問題に向き合うことは、「パンドラの箱」を開ける行為に似ている。植松氏によると、講習を受けたある演出家は、「五回受けて、やっと冷静に聞くことができた。これまでは被害を受けたこと、自分がやってしまったことが走馬燈のようによみがえってしまった」と話していたという。ハラスメント問題に向き合えば、記憶の底に沈めていた過去の辛い体験やトラウマ(心の傷)がフラッシュバックする危険性が高い。

「私が研修でやっているのは、ハラスメントを未然に防ぐこと。未来へのアプローチです。過去に起きたハラスメントに対してはアプローチできません。過去のハラスメントをどう総括し、癒やしていくのか。心理的ケアが今後の課題です」と植松氏は語る。

「この業界に限ったことではないと思うのですが、ハラスメントの問題は、長年にわたる流れの中で出てきた。それならば、環境を変えていくにもそれなりの時間がかかるかもしれない。そうだとしても、意識づけが少しずつ変わっていき、クリエイティブな創造環境が得られるという実感が持てれば、前へ進んでいくのではないでしょうか」と、世田谷パブリックシアターの宮村氏が話していた。舞台芸術界は従来の考え方をアンインストールして、ハラスメントを根絶したやり方を再インスールするぐらいの抜本的なマインドチェンジと覚悟が求められている。

取材を終えて

私は二〇二二年刊行の『シアターアーツ66』で、レポート「舞台芸術界の構造を考える～評価体系のジェンダー不均衡とハラスメント問題～」を書いた。その翌年に、これほど多くの問題が次々と明るみになるとは正直、予想していなかった。新聞記者として芸能担当をしていたこともあり、ジャニーズをめぐる性加害問題に対して見て見ぬふりをしてきたメディアの責任の一端を感じている。また、男性社会の組織で長年働いてきた女性の一人として、舞台芸術界で働く人たちの思いを少しは共有しているつもりだ。ハラスメント問題は、誰にとっても決して他人事ではない。私も痛みを抱えながら筆を進めた。

舞台芸術界の変革は、長い道のりになるだろう。しかし、多様な人々が集い、切磋琢磨して、一つの世界をつくり出す演劇の原点に立ち返るならば、きっと実現できるはずだ。舞台芸術に何度も救われてきた一人としてそう信じている。

（1）日本芸能従事者協会の「芸能・芸術・メディア業界のハラスメント実態調査２０２２」（https://artsworkers.jp/wp-content/uploads/2022/09/20220906.pdf）
（2）厚生労働省の「令和５年版過労死等防止対策白書」（https://www.mhlw.go.jp/content/11200000/001156170.pdf）
（3）劇団温泉ドラゴン代表・シライケイタ氏による「ハラスメントに対するステートメント」（https://www.onsendragon.com/harassment-prevention）
（4）世田谷パブリックシアターの「ハラスメント防止ガイドライン」（https://setagaya-pt.jp/anti-harassment/）
（5）ＫＡＡＴ神奈川芸術劇場の「ハラスメント防止の取り組み」（https://www.kaat.jp/prevention）
（6）Japanese Film Project の「日本演劇領域のジェンダー調査２０２３冬」（https://drive.google.com/file/d/1UVPXBbZU9vs4hSarWU98C6GzY1S7y4Bb/view）

国際演劇評論家協会［AICT］日本センター 2023年の活動

AICT日本センターは、ユネスコの下部組織であり、世界で、約60の国・地域が参加する国際的な舞台芸術の評論家のための協会、AICT／IATC（International Association of Theatre Critics）の日本支部かつ理事国として活動を行っています。AICT/IATC　https://aict-iatc.org/en/

二〇二三年は、世界各国の理事を招き、日本で国際理事会および国際シンポジウムを開催しました。十一か国（アメリカ、ジョージア、ナイジェリア、アルゼンチン、中国、ロシア、セルビア、スロバキア、タイ、カナダ、ギリシャ）から十二名の理事が来日（9月6日～13日）し、理事会に先立ち、東京・歌舞伎座では歌舞伎鑑賞、石川県立能楽堂では能のワークショップ体験をしました。

今回の各国理事の来日の理由の一つとして、SCOTの鈴木忠志氏が、二〇二一年にタリア賞（AICT／IATCが、舞台芸術の芸術家ないしは著作家で、その作品、実践、あるいは著作において演劇評論家の仕事に対して発見と新しい視点を与えた者を顕彰するための賞）を受賞したという経緯があり、金沢の後に理事たちは利賀村を訪問し「SCOTサマーシーズン2023」を観劇。さらに利賀・大山房にて「世界の評論家によるシンポジウム」を行いました（10日）。ここで興味深かったのは、SCOTの野外の花火劇『世界の果てからこんにちはⅡ』に対する各国理事たちの意見のなかでも、特に東欧圏の理事たちにとっては、この作品における戦争のイメージというものが深く響いていたことです。同じ作品を観ても日々の背景の違いによって感じ方が異なるという当たり前のことを改めて考えさせられる機会ともなりました。

その後で東京に戻り、東京経済大学で国際理事会および「演

「世界の評論家によるシンポジウム」（利賀・大山房）

劇とエコロジー」をテーマとした国際シンポジウムを行い（12日）、一連のプログラムは無事に終了しました。国際シンポジウムの内容については、本誌の別稿をご覧ください。

この国際理事会の準備のために、二〇二一年からＡＩＣＴ／ＩＡＴＣメンバーによる基調講演と、日本センターのメンバーによるオンライン・ディスカッション企画「Trans-Forum（トランス・フォーラム）」を続けてきました。世界の各地域における演劇批評・演劇状況を知ることから演劇批評に何ができるのかを考えることを目的とし、二〇二三年はスロバキアとカナダ（ケベック）の理事による基調講演を基に議論を進めました。

・**第六回「不可思議な遭遇――スロバキア人は「宇宙人？」」** Zuzana Uličianska（スロバキア／ジャーナリスト・批評家）▽ディスカッサント：山口遥子、南隆太（4月12日）

・**第七回「ケベックの演劇について」** Michel Vaïs（カナダ／ケベック演劇評論家協会前会長、演劇批評誌 JEU 編集長）、Raymond Bertin（カナダ／演劇評論家、モントリオール ケベック大学教授）、Sophie Pouliot（カナダ／ケベック演劇評論家協会会長）▽ディスカッサント：片山幹生、關智子（6月21日）

全七回に渡るトランス・フォーラムはここで第一期が終了と

なります。またいずれ世界の演劇状況を話し合う場を今後とも作っていきたいと思っています。

ちなみにＡＩＣＴ／ＩＡＴＣ本部のウェブ批評誌『Critical Stages』は、二〇二三年は次の二号を公開しています。

・『Critical Stages』No.27　特集：Renegotiating the Canon: Scenes of German/ic Theatre(s)（6月公開）
▽https://www.critical-stages.org/27/
・『Critical Stages』No.28　特集：Postmillennial Dramaturgies in Australia and Aotearoa/New Zealand（12月公開）
▽https://www.critical-stages.org/28/

＊

ＡＩＣＴ日本センターの二〇二三年の国内の活動は次の通りです。

【第28回ＡＩＣＴ演劇評論賞】…今回は次の二作品が受賞し、七月三〇日に座・高円寺「けいこ場」にて、授賞式と記念シンポジウム「シアター・クリティック・ナウ２０２３」を開催しました。

・大崎さやの『啓蒙期イタリアの演劇改革――ゴルドーニの場合』（東京藝術大学出版会）
・村島彩加『舞台の面影――演劇写真と役者・写真師』（森話社）

【第27回シアターアーツ賞】…演劇批評に新しい地平を拓く気鋭のための賞。今回は大賞と佳作の二本が選ばれました。

・〔大賞〕佐藤未来羽「白井晃演出『アルトゥロ・ウイの興隆』――「熱狂」と「距離」をめぐって」
・〔佳作〕高嶋慈「プッチーニ『蝶々夫人』の批評的解体と、〈声〉の主体の回復――ノイマルクト劇場 & 市原佐都子／Q『Madama Butterfly』」

【演劇批評誌シアターアーツ】…二〇二三年も四月に年間回顧号を刊行。ウェブ版では、同じ作品を三名の異なる批評家が論じるなど、批評誌ならではの記事を掲載。

・雑誌版『シアターアーツ』67号（２０２３春号）特集「なかったことにする？／しない？」
・ウェブ版「シアターアーツ」（随時更新）
▽http://theatrearts.aict-iatc.jp/

【思考の種まき講座】…座・高円寺と共催の演劇講座。

・1月「市原佐都子の演劇世界」（ゲスト＝市原佐都子、スペシャルゲスト＝竹中香子、聞き手＝鈴木理映子）

・2月「テラヤマワールドにようこそ！」（講師＝山田勝仁、ゲスト＝髙田恵篤、司会・進行＝林あまり）
・3月〈劇カフェ〉「シェイクスピア×狂言」（ゲスト＝河合祥一郎、聞き手＝山本健一・小田幸子）
・4月〈シリーズ講座◎観客を創る1〉「演劇活動の現場から――安田雅弘さん（山の手事情社）と考える」
・5月「舞台の上の戦争」（講師＝村井華代）
・6月〈演劇とエコロジー〉「水／土／身体をめぐる思考――人間中心主義を超えて」（パネリスト＝赤坂憲雄・花崎攝、司会＝寺尾恵仁）
・7月〈シアター・クリティック・ナウ２０２３〉「新しいメディアと演劇」（パネリスト＝大崎さやの、村島彩加、井上優、山下純照）
・8月〈演劇とエコロジー〉「環境アクティビズムと演劇／パフォーマンス～参加のあり方をめぐって」（パネリスト＝黒部睦、三井武人、司会＝寺尾恵仁）
・10月「いたるところに死者がいる：演劇にとって記憶とは何か」（講師＝吉見俊哉）
・11月「「女」を「演じる」こと――「じゃじゃ馬」って馴らさないといけないの？」（講師＝越智博美）
・12月「人形劇あるいはオブジェクトシアター：物と人の新しい関係」（講師＝山口遥子）

【Ａｃｔ】…ＡＩＣＴ関西支部による関西の舞台芸術を中心に扱う批評誌。
・『Ａｃｔ』33号（1月31日ウェブ公開）
▽https://aictact2018.wixsite.com/main

また二〇二三年は、若手演劇評論家育成のための制度をスタートさせました。若手演劇評論家の育成は今後のＡＩＣＴ日本センターの課題です。

ＡＩＣＴ日本センターでは、ホームページ・Ｘ（旧ツイッター）・フェイスブック等で、活動のご案内をしています。
▽ホームページ　http://aict-iatc.jp/
▽Ｘ（旧ツイッター）　@aict_iatc_jp
▽フェイスブック　AICT.IATC.JP

今後の活動もこれらの媒体で随時お知らせしていきますので、ぜひご参照ください。

（文責・塚本知佳）

「思考の種まき講座25」座・高円寺
演劇からジェンダーを考える

「女」を「演じる」こと

――「じゃじゃ馬」って馴らさないといけないの？

講師：越智博美

こんにちは。今日は、タイトルとして「女を演じる」としてみました。シアターですので『じゃじゃ馬ならし』を思いつき、そして、「馴らさないといけないの？」という副題をつけてみました。

わたしは英文科出身です。わたしの世代ですと小田島雄二訳を大体読んでいます。初めて読んだときには、これは冒頭、スライというおじさんが酔っ払って寝てしまったところを、彼を飾りつけて偉い人のように見せかけて騙してしまえ、というところから始まる、ドタバタのお笑いだと思って読み始めました。ところが、集英社の『りぼん』やら『マーガレット』やらを読んで規範的なジェンダーの考え方を身につけていたわたしにとってすら、この話はまったく笑えなかったのです。それから色々勉強していく中で、色々考えさせられてきました。

「じゃじゃ馬」ってどんな人のこと？

その前に皆さんに三つ、質問したいと思います。「じゃじゃ馬」とは、どんな人のことでしょう。①男なの？　女なの？　②年齢はどのくらいをイメージしますか？　③どういう性質がじゃじゃ馬なのでしょうか？

会場・Zoomからの回答

①若い女性、おてんば。②結婚前の女性。③女、若い、必ずし

もマイナスイメージではない。④まだ矯正可能、教育しなおせば改善の余地がある。

皆さんからの回答でも、なぜか「じゃじゃ馬」には男性のイメージはないですね。若い女性で跳ねっ返り、おてんば、改善の余地がある、矯正が必要というイメージでしょうか。

今日はこの「じゃじゃ馬」のイメージを導入として、ジェンダーについて考えてみたいと思います。ジェンダーは、自分が歳をとりながら色々と学び取っていくものでもありましょうし、時代とともに変わっていく部分もあるでしょう。だったらそれがシェイクスピアの作品解釈に関係するかもしれない、答えは出しませんが、そういったことを考えながらお話をしていきたいと思います。

自己紹介をかねて

わたしについてですが、一九八〇年代に英文科で学んでいました。そのまえに、集英社の少女漫画で自己形成をしてしまっていました。いわゆる“Boy meets girl”をしっかり信じ、女は幸せな恋愛結婚をして、子供は二人と思っておりました。ですが、全てが外れたところに今おります。さて、英文科に行くと、わたしは『赤毛のアン』を読むと思っていたのですが、ナサニエル・ホーソーンの短編「ウェイクフィールド」を読まされました。一九歳のわたしが、ある日突然家出をする中年男性の話を読まされても何ひとつわからない――どうしよう英文科！と思いました（いや、ほかにもいろいろ何がなんだかわからないまま読みましたが）。シェイクスピアも読みました。『ロミオとジュリエット』でしたが、びっくりしたのが主人公の年齢です。この人たち中学生？いずれにしても、大学で学ぶ英米文学の名作は、これまで名作と思って読んできた『赤毛のアン』や『風と共に去りぬ』といったものとは全然違っていました。こうして読まなければならない名作「正典《キャノン》」を読んで、四年間を過ごしました。

その後勉強していって、この名作のリスト、すなわち「正典《キャノン》」というものは時代とともに変わるし、読まれ方も変わることがわかりました。たとえば『源氏物語』はずっと名作であり続けているなかなか稀有な作品ですが、今のような恋愛ものとしてではなく、和歌の教科書のように使われていたと知りました。同じ物語でも読まれ方、位置付けられ方が変わっていくのですね。『平家物語』が再発見されたのは歴史的にも新しく、とりわけ第二次世界大戦後にますます読まれるようになりました。わたしにとって非常に大きな意味を持つことになる知識は、アメリカの日本文学の研究者から学んだものです。

また、客観的に書くという行為そのものが、実は、一定の階級性とジェンダーを帯びていることも学びました。階級で言えば中流階級以上の、そして客観性というのは「男性」の身振りであることを知り、自分のしてきたものはなんだったのだろうというもやもやとした気持ちを抱えつつ、勉強してきています。
さて、当時『じゃじゃ馬ならし』を読んだ時、それをどのように言えばよいか、語彙がなかったので、なんだか気分が悪いよねと思っているだけでした。ですが、男の子が女の子を馴らすというその関係性は、今回読み直してみると DVではないのか。眠らせない、食べさせないのは、DVであるばかりか拷問の典型的な手法でもあります。これはどれだけ酷いのか、というのがまず一つです。もちろんこれは、家父長制に組み込まれた男性による女性に対する暴力的な支配の体系などを勉強したから、またそうしたことの呼び名として「DV」といった表現が社会で使われるようになったからこそ、そのような用語が頭に浮かぶのですが、同時に、グアンタナモ収容所を思い出したりもしました。学ぶこと、そして社会が変わること、その両方をつうじて、わたしは変わってきた、ということかもしれません。

「じゃじゃ馬」ってなに？

そこで「じゃじゃ馬」です。シェイクスピアの『じゃじゃ馬ならし』における「じゃじゃ馬」とはなんでしょう？　当時の「じゃじゃ馬」は、先ほどの「おてんば」とは少しだけ違うようにイメージされています。ここからは、一五九〇年代の「じゃじゃ馬」がどんなイメージだったか、そして今、わたしたちが感じる違和感について、フェミニズムの歴史を少し振り返りつつ、そして「黙る」「黙らない」という観点からお話ししようと思います。沈黙する、させられる、黙っていていいのかといったことから、今日の結びに行ければいいのかなと思います。

さて、まず「じゃじゃ馬」を『広辞苑』第六版で引いてみました。①「跳ね暴れる馬、悍馬」②「人の制御に従わない人」とあります。馬を人に例えたわけですが、制度に従わない人であれば、わんぱくな男の子だっていいわけです。が、そこに記された例は「不従順な妻や娘など」であって、不従順な親や祖父母ではありません。では『じゃじゃ馬ならし』の「じゃじゃ馬」とされるカタリーナは、一般的にはどのように説明されているのでしょう。

『じゃじゃ馬ならし』（*The Taming of the Shrew*）は、ウィリアム・シェイクスピアによる初期の喜劇であり、一五九四年に執筆とされています。枠物語の形式をとり、いたずら好きな貴人が、酔っ払った鋳掛屋クリストファー・スライという労働者階級の男を着飾らせ、おまけに妻も添えたら貴族だと思い込むのではないかと騙す導入がついています。このスライの前で展開する芝居が「じゃじゃ馬ならし」です。そこでの劇中劇という体裁

思考の種まき講座 25「女」を「演じる」こと（2023 年 11 月 19 日 座・高円寺）

をとる「じゃじゃ馬ならし」の主筋は、最も簡便で「一般的」とされるもの——Wikipediaを参照させていただくと、以下のように書かれています。

> ペトルーチオがかたくなで強情なじゃじゃ馬キャタリーナに求愛する様子を描くものである。最初はキャタリーナはこの関係に気乗りがしないが、ペトルーチオは食べさせない、眠らせないといったさまざまなやり方で相手を心理的に苦しめて、キャタリーナを望ましく従順でおとなしい花嫁にする。脇筋はキャタリーナの妹で「理想的な」女性に見えるビアンカをめぐる求婚者たちの争いを描く。この芝居がミソジニー（女性に対する嫌悪や蔑視：講演者註）的かそうでないかについては、とくに現代の研究者、観客、読者のあいだでも非常に議論がある。[1]

では、このカタリーナ（あるいはキャタリーナ）が一体どのように「じゃじゃ馬」なのかを、戯曲のセリフから見てみたいと思います。彼女は「悪魔」と呼ばれています。

ホーテンショー　このような悪魔から、神様、おまもりください！

グレミオ　ついでにこのわしもお願いしますよ、神様。

トラーニオ　どうです、旦那様、こいつはおもしろい見世物だ、あの女は気ちがいでなきゃあすばらしいじゃじゃ馬だ。

ルーセンショー　それにひきかえ、もの静かなもう一人の娘はどうだ、あれこそ乙女にふさわしいつつましい物腰だ。静かに、トラーニオ！（第一幕第一場、傍点は講演者による）[2]

カタリーナは「物静かではない」人として設定されています。この「物静かではない」ということを、今日はキーワードにしていこうと思います。

「黙っている女」は麗しい――オフィーリア

物静かで綺麗と言えば同じシェイクスピアの『ハムレット』に出てくる恋人オフィーリアでしょう。ジョン・エヴァレット・ミレーの『オフィーリア』は、樹木希林『１２０の遺言～死ぬときぐらい好きにさせてよ』（宝島社）の表紙でもパロディとして使われている構図です。恋人のハムレットに「尼寺へ行け」と言われ、父を殺され、川に身を投げた姿を描いた有名な絵です。死の間際を描いたものですがセックスの恍惚にも似た表情であるともされています。モデルは詩人のエリザベス・エレノア・シダル。ラファエロ前派の画家たちのモデルを務め、のちにダンテ・ゲイブリエル・ロセッティの妻になった女性です。彼女自身詩人として紡ぐ言葉を持っているのに、水浸しで横たわってモデルにされた。このような、言葉を発することのない女は、しばしば綺麗なものとされてはいないでしょうか。鏑木清方による『続編金色夜叉』（一九〇二）の挿絵のひとつもミレーのこの絵を見たかどうかはわかりませんが、入水という形で死体を浮かばせている。この「黙る」ことが美しさにつながっていることは、どう考えればよいでしょうか。

このことを考えるために、たとえばですが、「黙る女」について冷戦期の文学を見てみます。「自由文化会議」（The Congress for Cultural Freedom）という反共知識人団体の雑誌のひとつに『エンカウンター』（*Encounter*, 1953-91）というものがあります。英国で出版されており、そこには各国の文学作品も英語に翻訳されて掲載されていました。日本の文学作品も紹介されていましたが、当初に紹介された作品においては、死んだ、あるいは狂気に陥った女が描かれたものが目立ちます。

創刊号にはエドワード・サイデンステッカー訳で太宰治の『雌に就いて』と『桜桃』が載せられます。サイデンステッカーは川端康成の『雪国』を訳した人ですが、よりによってなぜこれを選ぶのでしょうか。『雌に就いて』は男二人が女について冗談のように話し、最後は女と心中して男だけが生き残るという太宰の心中事件を思わせるシーンで終わっています。心中に失敗したら女だけが死んでいた、という話です。『桜桃』の方は「子供より親が大事、と思いたい」で始まるエッセイですが、この時点で太宰は亡くなっているので、つまり、死んだ作家が書いたエッセイと、気づいたら物言わぬ死体がいたという話です。なぜこれが創刊号で翻訳されたのでしょう。

次に日本文学の翻訳が載るのは、一九五六年五月号のアイヴァン・モリス訳の井伏鱒二『かきつばた』です。『黒い雨』の前身とされる短編で、広島出身の井伏が福山に帰っている時のエピソードが書かれています。かきつばたが狂い咲きして紫の色が尋常ではない夏。最後の方でそれは女の死体として見えてきます。おそらくは広島から逃げてきて、水死体となった女の身体の、その紫の色がかきつばたと重ね合わされて審美化されている状態です。次に出てくるのが一九五七年一月号のドナルド・キーン訳の三島由紀夫『班女』です。男と別れて物狂いになってしまった女が、男と会えないかと井の頭線の駅に毎日出かけて行く話です。

『エンカウンター』が出たこの時期は、日本が西側諸国に入っていこうとする時期です。一九五四年の第五福竜丸事件、翌年の原水爆禁止世界大会の開催の一方で、原子力の平和利用に向けた動きがあり、砂川事件なども起きており、日米関係ひとつとっても安定していない状態でした。このような時期に『エンカウンター』は、日本の文学をしっかり紹介していくことが重要だとしてこれらの作品を掲載しているのです。しかしここで選ばれている作品に出てくるのは「死んだ女」「もの狂いの女」です。ジェンダーは、しばしば表象のレベルで「国家」に横滑りしてつながっていると言えると思います。つまりこの時期についていえば、『雪国』もそうですが、日本が「女」として表象されがちであるということです。そして喋らない女というのは、何かしらの意味を持っているらしいと考えたくなりますね。

カタリーナの「じゃじゃ馬」

では、この喋らない女の対局にある、カタリーナの「じゃじゃ馬」というものを今一度考えてみたいと思います。大貫妙子の歌「じゃじゃ馬娘」（一九七八）に、以下のような歌詞があります。

女の子の遊びなんか　嫌いよ
泥だらけで　走り回る
私のこと　じゃじゃ馬娘と呼んで
相手にしてくれないならいいの

これは先ほど皆さんがあげてくださった「じゃじゃ馬」のイメージに近いですね。では黙っていればいいのかというと、これも時代によって異なります。十九世紀の『若い女性へのアドバイス』（一八一〇）という本には以下のようにあります。

> 哲学や文学の思索にふけったり、小説や空想的な物語をみて、これまたうっとりしてしまって、最重要の義務をおろそかにする不届きな女性より、妻と娘、母と友人などのさまざまな務めを果たすよう誠実に努める姿勢は、はるかに役に立つ立場にある。[3]

つまり、静かなだけではダメで、せっせと家事をしていなければならないのです。この「本を読む女」というのが問題になっているからこそ、あえて言及されているのでしょう。「べからず」というのがあるのは、何か事例があるからでしょうが、本を読んで家事をしないというのは、彼女らの抵抗かもしれませんね。ちなみに、一九九〇年代には、一九七〇年代以降に女性のあいだで流行ったロマンス小説の読書を、一定の抵抗の場としてとらえる研究も出ました。黙ってさえいれば女らしい、あるいはじゃじゃ馬ではない、というものでもないということですね。

一五九〇年代のカタリーナは黙っていないからダメ、つまり彼女のじゃじゃ馬ぶりというのは、「ガミガミ女」であるゆえで、しかも、それが「悪魔」であることに結び付けられています。ここでの「じゃじゃ馬」はいわゆる今風の「お転婆」ということではありません。また、一九世紀に指摘されたように思索に耽ってしまって家事がおろそかなのでもない。ガミガミと自己主張をする、それが跳ねっ返りのじゃじゃ馬ということになっているのです。では、この一五九〇年代の悪魔とまで呼ばれる「ガミガミ女」は歴史的にどこにいるのでしょうか。

女の舌問題

シルヴィア・フェデリーチ『キャリバンと魔女』（二〇一七）は、ジェンダー規範と社会経済の分かちがたい関係について述べた本です。一六世紀から一七世紀、資本を動かして蓄積する資本主義への移行期に、女性の権利がいかにして様々な法律を使って削り取られていったかが書かれています。この時代には、魔女裁判や、ガミガミ女の口に刑具を咥えさせて市中を引き回す刑罰がありました。

> 女性は道理をわきまえず、虚栄心が強く、野蛮で浪費的であると非難された。とくに責められたのは女性の舌であり、反抗の道具であるとみなされた。だが、「ガミガミ女」「魔女」「売女」とともに主たる女性の悪役として、劇作家や大衆文学作家、道徳家の格好の標的となったのは、反抗的な妻であった。この意味では、シェイクスピアの『じゃ

じゃ馬馴らし』(Shakespeare 1593-94) はこの時代のマニフェストであった。(4)

つまりシェイクスピアだけがこの人物を造形したのではなく、社会の要請があって、それと交渉しながら作られた人物像がカタリーナなのだと思います。

家父長的権力に対する女性の不服従を罰することが求められており、数えきれないほどの女嫌いの演劇やパンフレットのなかで称賛された。(中略)家の内外での女性の行動を管理するために新しい法律と新しい形態の拷問が導入され、文学上での女性の侮辱は、女性からいかなる自立と社会的力をも剥ぎ取ろうとする政治的企図の表現であったことを確実に裏づけている。(5)

実はこの一六世紀の終わり頃に、イングランドから大量の移民がアメリカに渡っています。彼らはアメリカで出会った先住民を敵として悪魔化することによって追い払うことを正当化するのですが、この先住民族の悪魔化とガミガミ女の悪魔化は同じ時代に起きています。

アメリカ先住民の悪魔化は、彼らの奴隷化と資源の略奪を正当化することに貢献したのだ。ヨーロッパでは、女性に対する攻撃によって、男性による女性の労働の領有と、女性による再生産の自己管理の犯罪化が正当化された。(6)

女性による再生産の自己管理の犯罪化とは、避妊や堕胎など、妊娠出産を自分で管理することが犯罪とされ、その発想が正当化されたということです。男女の差異は歴史的に作られてきたものであって、本来的なものではないことが「歴史」からは見えてくるのではないでしょうか。

カタリーナを「ケイト」と名づけ直す

ここで排除されていくのは、カタリーナのようなガミガミ女です。ペトルーチオはカタリーナを「ケイト」と名づけ直します。「私、違うわよ」と抵抗するカタリーナですが、最後は「キス・ミー・ケイト」と言われ、素直に従う様が描かれています。この点にも着目したいと思います。この時代は、アメリカではアフリカからの奴隷で国家を成立させ、イギリスはこの奴隷貿易を独占する方向に向かっている時期です。この名付け直しという行為は、アフリカから連れてきた人を「奴隷」にする最初の行為だったことを思い出させます。テレビ番組『ルーツ』(一九七七年放映)では、主人公のアフリカ人青年クンタ・キンテが名前を変えることを強要され、抵抗するも拷問され、それを受け入れることで奴隷となる印象的なシーンがありましたが、主人公は、生き延びるためには奴隷の地位を受け入れるしかなかった。ケイトと名付け、拷問にも等しいことをしてそれを受け入れさせることを「じゃじゃ馬を馴らす」とする行為は、誰かを奴隷にすることとどれほど違うのかと疑問に思わざるを得ません。

資本主義の発展のためには、資本の蓄積が必要です。ですが、普通の貿易、仕事だけでは蓄積には足りず、大量の無償労働を必要とします。西洋近代においては、その一つは奴隷制、もう一つは無償労働としての家事の誕生でした。資本主義の発展に伴いジェンダー規範が作られてきたのだというのが、フェデリーチの主張です。女性の労働と権利の価値を切り下げつつ管理することで、彼女たちの労働の余剰分を蓄積する。同時に植民地の人についても同様の対象になる。これが『テンペスト』における、ものぐさで飲んだくれの植民地人「キャリバン」です。彼は良い労働者にならないので厳しく罰せられます。つまりシェイクスピアは、資本主義が動き始める時期にあって期せずして、その時代が要請する女性や植民地の人々を描きこんでいたということです。

昨年刊行された、笑いながら読め、痛々しくも面白くためになる、カトリーン・マルセル『アダム・スミスの夕食を作ったのは誰か？』では、このような言い方になります。

西洋文化は二元論で満ちている。（中略）身体は女性、精神は男性。感情は女性、理性は男性。男性が拒否する依存や弱さが、そのまま女性の性質とされる。経済人のなかに、男性的とされる性質がすべて詰め込まれたのはなぜなのか。（中略）実をいうと、経済人は女性を締めだすための都合のいい道具である。私たちの社会は古くから女性に特定の活動を押しつけ、女だからそれをやれと命じてきた。そのうえで男性中心の経済理論を設計し、女性の活動に経済的価値を認めないことにした。男性の経済活動を支えるために、女性はケアや共感や献身や配慮を引き受けなくてはならない。だが世の中で価値があるのは、経済だけだ。経済理論は社会を支配するロジックとなり、女性の役割は経済の役に立たないものとして、しかし経済のためになくてはならない土台として、そこに固定された。こうしてできあがった経済の言葉は、全体像を語ることを不可能にする。(7)

女だから感情的であり、よく泣く、女だから家事をしろ——男性中心の経済理論を設計し、女性の労働は価値を認められてきませんでした。いまだに家事はＧＤＰに組み込まれません。この本の冒頭には以下のような言葉があります。

アダム・スミスは夕食のテーブルで、肉屋やパン屋の善意のことは考えなかった。取引は彼らの利益になるのだから、善意の入り込む余地はない。自分が食事にありつけるのは、人々の利己心のおかげだ。いや、本当にそうだろうか。ちなみにそのステーキ、誰が焼いたんですか？[8]

ステーキを焼いたのは彼のお母さんです。アダム・スミスはずっとお母さんに面倒を見てもらっていた人でした。アダム・スミスの著作には、肉屋やパン屋が経済活動をするために、家で彼らを支えていた人のことは書かれていません。こうした書かれていない労働が、近代に向けて積み重ねられていったものが資本主義の裏側にはあるのです。

そんな中で女や有色人種はある一定の地位に押し込められていき、それを正当化する性質を割り振られます。女は道理を弁えず虚栄心が強く、感情的でお喋りである。だから経済活動には向かない。アフリカ系の人は怠け者で働こうとしない。だから奴隷として管理が必要であるなど。女性やアフリカ系の人に対する一定の地位と、その地位を正当化するステレオタイプが作られていきました。

エリック・ウィリアムズ『資本主義と奴隷制』によれば、「奴隷制はレイシズムが先にあって生まれたのではなく、奴隷制が原因となって生まれたもの」でした。「人種のステレオタイプは奴隷制を正当化するために生まれた[9]」のです。奴隷制が先にあって、まず原因となって、人種のステレオタイプはその後、奴隷制を正当化するために生まれてきたとする指摘です。その逆ではなく。これを敷衍すれば、女は喋りすぎるとか、女は感情的すぎるとか、女はすぐ依存するとかといったステレオタイプは、もしかしたら同じしくみで出てきたことかもしれません。

理想の妻、ケイト

だから最後にケイトがこのセリフを言う時、わたしはもう笑えないのです。黙っているはずのケイトは、夫が神様だと長いセリフでいうのです。

> 夫は私たちの主人、私たちのいのち、私たちの保護者、私たちの君主なのよ、だって私たちのためを思い、私たちが安楽に暮らせるよう、身を粉にして、海に陸に働き続けているのだから。嵐の夜も、寒風吹きすさぶ昼も、休む暇さえ惜しむように。私たちが家でぬくぬくと手足を伸ばしているあいだも。それなのに私たちに求める貢ぎ物といえば、ただ愛と、やさしい顔と、従順な心と、それだけ。借りはこんなに大きいのに支払いはほんのわずか。そこで、妻が夫にたいして負っている義務は、臣下が主君にたいして負

うのと同じものになり、妻がわがままで、ひねくれて、不機嫌な顔をして、夫の正しい意志に従順に従おうとしないならば、とりもなおさず、思いやりのある君主にたいする不逞の反逆者、忘恩の謀反人になるわけです。（第五幕第二場、傍点講演者）

男が身を粉にして働いているといっても、あなたはご飯を作っていますよね。そして家事はしばしば愛に基づく労働とされてきました。ケア労働です。夫を元気にし、次世代を再生産するのは愛に基づく労働であり、経済には還元できない尊いものとされてきました。が、それは、今ならわかると思いますが、外注すると高額です。「愛」ということによって、それは見えない経済活動になってしまっている部分がある。この最後のセリフは、無表情に語ることによって、とても批判的な視線が生まれうるところだとも思うのですが、寝かせない、食べさせないという拷問の挙句に、奴隷と同じように、ケイトという名前を受け入れ、夫こそが主人であるという言葉を語るようになったことが「馴らす」ということだったのでしょうか。

　このような「黙って従う」ということについて、フェミニズムの歴史に重ね合わせて振り返ってみたいと思います。

「黙らない」ことを手に入れてきた？

　アメリカの二〇二〇年大統領選の民主党の予備選に出馬したエリザベス・ウォーレンは、バーニー・サンダースと並べられるような進歩的な政治家です。二〇一七年に、彼女が議会のある場面において発言を封じられた際に、「それにもかかわらず彼女は黙らなかった」と批判されたことを見ていた女性たちが怒り、「#Shepersisted」や「#LetLizspeak」のハッシュタグをつけて拡散しました。たまたまその年に在外でボストンにいたのですが、ウォーレンが黙らせられる状況を見て、彼女を応援するメッセージをつけた缶バッチやTシャツを身をつけて、ウォーレン支持を表明する女子学生たちを多く見ました。

　黙らないこと、黙ることなく意見を表明することへの強い支持がそこにはあったとすれば、では、わたしたちはどうやってここまできたのか。先達たちの言葉の上に、わたしたちはここにいるのだと思います。それを超簡単におさらいします。

　まず第一波フェミニズムと呼ばれる動きが一九世紀に出てきました。アメリカの例で言うと、一八〇〇年代前半の奴隷制の撤廃運動に際し、女性たちは教会の人道支援という形でなら公的な場へ出ていくことを許されましたが、発言となると別でした。公的な場は男性の活動の場であり、女性のいるべき場所は家庭という私的な場であるとするジェンダー規範があったからです。当時、奴隷解放をめざす運動において、元奴隷——たとえばフレデリック・ダグラス——は、独立宣言を引き合いに出して「すべての人は平等に創られている」(“All men are created equal.”)と平等を訴えました。しかし、奴隷を“All men”に含めようとしているけれど、そこには女がはいってないことに女性たちは気づきました。彼女たちがそれはおかしいと声を上げるのが一九世紀の半ばくらいでした。その際には、ダグラスも女性の権利獲得に協力して動きました。そうした動きが出てくると「ちょっと待って、私も女よね」と黒人の女性が声を上げます。これはいまどきの言葉で言うと「インターセクショナルな眼差し」です。黒人でかつ女性であると言うのは、二重三重の抑圧という独自の経験になっています。このようにアメリカの場合は、第一波フェミニズム運動というのは奴隷制撤廃運動と一緒に出てきたのです。

イギリスでも同時期に女性参政権を目指す動きが出てきますが、なかなか認められず、アメリカもイギリスも第一次世界大戦後になります。日本は第二次世界大戦後ですね。

しかし、参政権が得られればわたしたちは平等になったと言えるのかというと、どうもそうではないと気づくのが第二次世界大戦後です。たとえば日本において、わたしの親の世代は定年が三〇歳でした。なぜなら女は結婚して家庭に入って子供を産むとされたからです。ではたまたま結婚できない女はどうしたらいいのか、また働きたかったらどうすればよいのか。そこで就労の権利の問題や子供をいつ産むのか産まないのかという自己決定権の問題が出てきます。中絶というと、日本では若い女性のイメージがありますが、統計を見ると中年の女性に多い。それは家庭内の力関係が影響していて、これ以上子供を育てることができない状況にあっても男性が避妊に協力しないことなどが背景にあるからです。ここに声を出せないのか。その他にもさまざまなことが問題として現れてくることで、様々なフェミニズムが立ち現れてきます。日本ではウーマン・リブと呼ばれる運動です。

公的領域に女性が出ていくことを促進する動き、あらゆる不平等を生み出しているのは家父長制であると考える動き、「個人的なことは政治的なこと」として社会の仕組みとは切り離せないと考える動き、あるいは資本主義とジェンダーの関係性を考える動きなど、さまざまなアプローチが出現しました。ところが、第二波のフェミニズムには少し問題がありました。折しも工場で何かを生産するというフォーディズム労働の時代に整えられた福祉の時代、すなわちアメリカであればニューディール政策以後、日本でしたら戦後、この時代の福祉政策がフェミニズムという視点からは問題含みでした。フォーディズムでの家父長制が強い段階での福祉というのは、時代の限界ということもあり一人一人の福祉を想像できなかった。健康で文化的な生活は一人一人に分配されるのが福祉だという考え方もあるはずですが、日本やアメリカでは、家族給を得ている人を対象とする給付制度を設計したことによって家父長制を擁護するように動いてしまった。福祉の制度は大変歓迎できるものであるとしても、家父長制を構造的に組み込んだタイプであった場合、女性には場合によっては辛いことになります。この時期はまた、フォーディズムの時代でもありました。フォーディズムというのは、フォードの工場における働き方をイメージして作られた用語ですが、おもに生産業が強い産業構造にあって、工場などの企業における正規雇用の男性の働き手が想定されていた制度です。こうしたフォーディズム労働と、世帯主を中心とした福祉国家のあり方は合致していました。男性の稼ぎ手が稼ぐことで家族が暮らせると設計をしたことで、女性たちは割を食うことになってしまうからです。

そこで、定年三〇歳はおかしい、自由に働けるようにしろという要求が女性から出てくるようにもなる。ちょうど、こうしたフォーディズム経済は次の段階へと動こうとしていました。フォーディズム下の福祉国家は相当程度の市場の規制を伴っています。そもそもアダム・スミスのレッセ＝フェール（自由放任）には波があって、それが破綻したのは世界恐慌ですが、この波をもう少し小さく抑えるために国家が市場に介入したのがケインズ主義の考え方です。しかしレッセ＝フェールを信じたい人は、もっと市場経済を自由にさせたいと考えます、それを新自由主義と言います。アダム・スミスの古典的自由主義とは異なり、国家が介入して市場解放のために規制を緩和するのが特徴です。わかりやすい例で言うと、労働市場での非正規雇用の拡大、ＪＲ、ＮＴＴ、郵便局などの民営化をはじめとして、国家が管理していたものの市場への解放がそれにあたります。この時に出てくるのが、終身雇用が減り、介護その他が民間に移行するといった現象です。つまり福祉国家で張られたセイフティネットが弱体化したということです。新自由主義では、各種の規制緩和による市場の最大化とともに、福祉に投入していた税金を縮小して小さな政府にすることで、福祉を市場に委ねるように変わりました。その中で、女性は男女雇用均等法などが助けになって労働市場に参入したかもしれませんが、同時にそこでは福祉が自分を助けてくれない状況と向き合うことになります。実際、日本では男女雇用機会均等法ができたその年に、いわゆる労働者派遣法も成立して、雇用の流動化、すなわち非正規雇用の増加がめざされたことは記憶しておいてもよいと思います。失業保険は正規雇用でないともらえないので、アルバイトなどの非正規雇用で繋いでいる場合は、とても辛い。フェミニストが家父長制からの自由を求めて、自分の人生は自分が決めたいと望んだことは、幸か不幸か新自由主義と相性が良かった。その中で、女性の格差が拡大していくのです。

一見して、わたしたちは権利を持っています。就労する権利を持っているし、そこで黙れともあまり言われなくなっています。そこでフェミニズムの目標は達成されただろうという考えも出てきます。でも、その自由があるのは経済力がある限りにおいてだったりはしないでしょうか？　経済力がある女、それはすなわち出世する女です。

リーン・イン・フェミニズムへの疑問―ポストフェミニズム

フェミニズムの基本（諸権利）は達成「された」とみなし、労働市場における活躍へと目的が単純化されれば、もはやフェミニズムは時代遅れと感じられるかもしれません。あるいはキャリアアップがもっぱらフェミニズムの目的と考えられるかもしれません。そうした状況を端的に表すのが、大手ＩＴ企業の取締役に上り詰めた女性シェリル・サンドバーグの自伝のタイトルにもなった、『リーン・イン』です。自分で自分の人生を決められるのだから、自分で自分をマネジメントしましょう。一歩踏み出して、というイメージでしょうか。女性も自分で自分を売り込む時代――スペック高いとか、恋愛市場、など市場用語を使っていませんか？　ところがその裏では、大量の非正規雇用の女性が格差問題に突き当たることにもなりました。第二波のフェミニズムは、新自由主義が台頭して福祉国家が縮減することと時を同じくしていたこともあって、今日にまで続く格差の問題につながっているのです。個人の自由（自己責任）に目が向くことで同時に格差問題は自己責任で片付けられるのです。

現在のフェミニズムは第三波、第四波と言われています。第二波は専業主婦でいることへの抵抗から始まりましたが、それはつまり専業主婦でいられた人たちのフェミニズムということです。アメリカでいうなら、専業主婦でいられたのは白人の中流階級中心のフェミニズムだったということでしょうか。ですから第三波は有色人種のフェミニズムとも言われます。当時まだインターセクショナリティという言葉は使われていなかったかもしれませんが、黒人で労働者階級の女性たちや発展途上国の女性の経験にも目を向けたのです。またセクシュアル・ハラスメントの概念も登場してきます。ＤＶと言う用語が入ってくるのもここです。

第四波はポピュラーなフェミニズムとも言われ、Ｘ（旧ツィッター）などのハッシュタグ系が大きな力を持つ運動とされています。声を持たない女たちがそっとハッシュタグをつけたり、何も喋らないけれど花を持って佇むことならできる（フラワー・デモ）、これが第四波のフェミニズムです。

黙らない女たちの運動、あるいはわきまえないこと

ここへきて「出世」を目的とするリーン・イン・フェミニズ

ムへの疑問を呈する本は出揃いました。シンジア・アルッザ他『99%のためのフェミニズム宣言』(人文書院、二〇二〇)の99%という表現は、ウォール街占拠運動の時に出てきたものです。アンジェラ・マクロビーは、『フェミニズムの余波(Aftermath of Feminism)』において、フェミニズムが新自由主義と結託したことで、女の権利や自由が女の消費の自由にすり替わっていないかという大きな問題提起をしています。同じくマクロビーの『フェミニズムとレジリエンスの政治』(青土社、二〇二二)もとても良い本です。頑張らなければならない、でもトップに立てない、つまりは1%になれない女たちに課せられた課題を示したものです。自分に欠点があってもまた頑張るというサイクルの中にわたしたちはいて、そのことが新自由主義を支えることにもなっている、と。

オルナ・ドーナト『母親になって後悔している』(新潮社、二〇二二)をテーマにしたNHK『クローズアップ現代』(二〇二二年一二月一三日)では、ワンオペ育児やパートナーの協力が十分ではないことを女たちが話し合うのですが、このレジリエンスの問題を典型的に示しているように思います。皆が同じ問題を抱えている、だからわたしも頑張らなければ、と、頑張りながら生きていくことが語られているのです。これが99%の大半に課された態度なのかもしれません。しかしまた、この99%には、頑張ることすら認められない、チャンスを与えられない多くの人がいることも忘れてはいけないと思います。

黙らされることに対して、従順に黙るふりをすることも生きていく知恵かもしれませんが、やはり黙らないことを選択し続けてきたように、わたしは思います。#MeToo運動はトラウマに満ちた過去の経験を無理に言語化せずとも、「私も」とそっと打つだけで寄り添うことができます。先のウォーレンの「#Shepersisted」や「#LetLizspeak」も同様です。黒人への人種差別に抗議する「#blacklivesmatter」もアリシア・ガーザやパトリッセ・カラーズ、オーパル・トメティら女性たちが作った用語ですが、人種やジェンダー、セクシュアル・マイノリティなど全般を見わたして、そうした位相をもったものとして黒人の命を考える重要性を訴えたものです。

黙らないこと、発言の場を確保することはさまざまなシーンで見られます。たとえば、アレクサンドリア・オカシオ=コルテス(AOC)は、若くして民主党の下院議員になった女性ですが、なんとかして「話す場所を占めなきゃ(I need to take up space)」と言っていたことはとても有名になりました。また、ハーヴェイ・ワインスタインの性暴力に対抗する女性たちを描いた映画『シー・セッド　その名を暴け』(二〇二二)では、沈黙を守るかどうかが問題となり、また黙らないでいることにどれほどの勇気が必要となるかが描かれました。ソウル・シンガーのR・ケリーの性暴力も明るみに出て、彼が一〇代の少女を暴力的に飼い慣らす所業がテレビで放映され、被害にあった少女たちが声をあげると、逆に彼の歌を潰さないでという声が上がり、相変わらず彼の歌は流れ続ける。しかしそんな時にむしろケリーの歌をこそ「黙らせろ」と#MuteRKellyのハッシュタグが使われました。彼の歌を流すな、と。

こうしたフェミニズムの現在地を知りたい方には、清水晶子『フェミニズムってなんですか？』（文藝春秋、二〇二二）が事例と共に語ってくれているので、とても読みやすいです。また喋るということに関しては、レベッカ・ソルニット『説教したがる男たち』（左右社、二〇一八）が面白いです。あるパーティに出たら自分の本について年配の男性から得意顔で説明されて、私が著者ですけれどといったエピソードから始まります。武田砂鉄『マチズモを削り取れ』（集英社、二〇二一）は、女性が喋れない会議の状況をレポートしたり、あるいは、働く女性にコミュ力アップの方法として相槌や聞き上手になることを勧めるアドバイス本の不思議さなどが語られています。いまだに喋る男性については何も言われないのに、喋る女性は批判され、喋る場さえなかったりする。こうしたことを考えると、やはりわたしたちにとって「喋る」こと、黙らないでいることは大事かもしれません。

わたしたちは日々文化的プロダクトに囲まれている

わたしたちは日々、いろいろなものに囲まれています。最初にご紹介した漫画などもそうです。そうしたもので形作られています。生まれた時から男の子だね、女の子だねと言われ、それに応答しながら育ちます。日々ジェンダー化された日常で育ってきて、わたしは「ひろみちゃん」と呼ばれて振り返ったり、おままごと遊びをし、集英社の漫画を読むといったことを日々繰り返して「女の子」へと育てられていったのです。とはいえ、それは、『じゃじゃ馬ならし』の中で、スライのように良い服を着せたら騙せるといったレベルの話ではありません。わたしたちの身体に染み込んで、動作や考え方や物の言い方にまで影響する。身体がそのように動くようになる。身体化され物質化されたものとしてジェンダーはある。それを形作っているのが日々の生活です。

たとえばですが、ネットなどでもエロ広告がありますよね。こういうエロ広告の出現領域が広すぎると田中東子さんは述べています。『足をどかしてくれませんか――メディアは女たちの声を届けているか』（亜紀書房、二〇一九）の田中さんの章には武田砂鉄さんとの対話の部分があります。彼女は、今は東大に移っていますが、その前は女子大にいらしたのでその時の学生たちに言及した部分です。

田中　あまり認識できていないと思います。エロ広告の出現領域が広すぎるんですよ。特に日本では芸能ニュースでの比率が非常に高くて、芸能ネタサイトに飛ぶとほぼ確実にそういう広告が出てきます。あとは電子書籍。あれもエロ作品の広告を売りにして客を呼び込んでいますね。70年代、80年代の山手線内ってこんな感じだったんでしょうね。第二波のフェミニストたちが頑張ってくれたおかげで、電車広告における水着やヌードの比重はだいぶ減ってきましたが、それが空間を変えて、ネット上に再現されている気がします。

武田　自分が中学生の頃は、コンビニにも書店にもエロ本がたくさんありました。なかでもコミック雑誌の表紙はたいてい、過度に胸が強調された女の子の絵で、その女の子は犯される側だと一発で伝わるようになっていた。その画像が今は紙よりも様々な電子媒体で垂れ流されている。中学時代の僕らは、「どうやらセックスというのはこういう力関係でやるものらしいぞ」という誤った情報をインプットされ続けていたわけです。で、その状況がまったく変わっていない。(10)

以前、電車にのれば、中吊り広告だけでなく、回りの男性乗客が開く夕刊の裏面に歌舞伎町のナンバーワン女性などの記事が載っていました。そういう中でわたしたちは痴漢にもあってきたわけです。それがなくなったというのは大きいことです。コンビニや書店も同様です。ただ、それがネット上に移っている。田中さんの章の冒頭は、サークル活動の一環で女の子にお酒を飲ませて動けなくさせた状態でレイプして、それを面白おかしく武勇伝のように喋って共有するという、男性の文化を回想する場面から始まります。今はなくなっていると思いたいですが。

そんな中でわたしたちはジェンダーの身振りを学ぶわけです。少し前に流行った「壁ドン」。あれはハラスメントだよ、絶対やめてくださいね、と声を大にして言いたいですが、そういうものはテレビに決めぜりふとともに登場すれば、「モデル」になる。キスの仕方にしても、映画や漫画で学ぶ部分は大きい。どこかでわたしたちは学んでいるのです。わたしたちは政治や法律や社会の制度といったものと無縁ではない文化プロダクトに囲まれながら日々を暮らしていて、その中で出版したりSNSで発信したり、発言したり舞台に表現したりそれを批評したりしているわけです。ですから、そうしたことに意識的でいたいと個人的には考えています。

だから『じゃじゃ馬ならし』という作品を、古典だから名作だと思うことはやめて、読み方や考え方を変えてみることはできないでしょうか。そうした時に様々な解釈やそれに応じた身振りをつける余地が出てくるかもしれません。カタリーナが夫の言うままに太陽を月と呼び、夫を主人として従順にひれ伏すというセリフも、その身振りや眼差しによっては違う解釈が生まれていくように思います。

　というわけで、明瞭な結論はありませんが、ここまでお聴きくださり、ありがとうございました。最後は少し元気づけで「オフィーリアまだまだ」（作詞・作曲・歌・アニメーション＝井上涼）を。これもアダプテーションと言えるかもしれません。ミレーの絵を下敷きにしたアニメつきのこの歌に出てくるのは、尼寺へ行けと言う恋人の暴言に、沈んでなんかいられないわと延々泳いでいくオフィーリアです。そんなふうにいろいろに、過去の名作も今の世界に生き延びさせることができるかもしれないと思うと、この今から見るとトンデモなものに見える『じゃじゃ馬ならし』にも、何かの可能性が見えてきてもいいかもしれないと思いました。ご清聴ありがとうございました。

（二〇二三年一一月一九日　座・高円寺）

（1）「じゃじゃ馬ならし」フリー百科事典『ウィキペディア（Wikipedia）』https://ja.wikipedia.org/wiki/じゃじゃ馬ならし

（2）ウィリアム・シェイクスピア『シェイクスピア全集　じゃじゃ馬ならし』小田島雄志訳、白水社、二〇一三年。以下、『じゃじゃ馬ならし』のセリフは小田島訳による。

（3）Thomas Broadhurst, *Advice to Young Ladies on the Improvement of the Mind and Conduct of Life* (1810).

（4）シルヴィア・フェデリーチ『キャリバンと魔女――資本主義に抗する女性の身体』以文社、二〇一七年、一七二頁。

（5）同掲書、一七二‐四頁。

（6）同掲書、一七四頁。

（7）カトリーン・マルサル『アダム・スミスの夕食を作ったのは誰か？　これからの経済と女性の話』河出書房新社、二〇二一年、一八二‐三頁。

（8）同掲書、二六頁。

（9）エリック・ウィリアムズ『資本主義と奴隷制』筑摩書房、二〇二〇年、四頁。

（10）小島慶子、山本恵子、白河桃子、治部れんげ、浜田敬子、竹下郁子、李美淑、田中東子『足をどかしてくれませんか。メディアは女たちの声を届けているか』亜紀書房、二〇一九年。

第29回AICT演劇評論賞

受賞作

小田中章浩著『戦争と劇場——第一次世界大戦とフランス演劇』（水声社）

關智子著『逸脱と侵犯——サラ・ケインのドラマトゥルギー』（水声社）

選考経過

AICT演劇評論賞は、国際演劇評論家協会（AICT）日本センターが、演劇・ダンス等の優れた批評を顕揚し、その発展を図るために、演劇・ダンス等の舞台に関する優れた評論書に贈る賞です。

第二九回となる今回は、二〇二三年一月から十二月に刊行された書籍を対象とし、まずAICT会員によるアンケート投票により、一人三点まで候補作を推薦してもらい、得票数の多かった次の上位三作を最終候補作として選考会議にかけました。

最終候補作

『逸脱と侵犯——サラ・ケインのドラマトゥルギー』關智子（水声社）

『戦争と劇場——第一次世界大戦とフランス演劇』小田中章浩（水声社）

『ロベール・ルパージュとケベック——舞台表象に見る国際性と地域性』神崎舞（彩流社）

選考委員は、河合祥一郎氏、永田靖氏、濱田元子氏の三名（五〇音順）です。梅山いつき氏は事情により今回、選考委員を辞退されました。選考会議は二月十七日にオンライン（Zoom）で行われ、三人の選考委員に加えて進行役として三井武人が参加しました。議論が交わされたのち、小田中章浩著『戦争と劇場——第一次世界大戦とフランス演劇』と關智子著『逸脱と侵犯——サラ・ケインのドラマトゥルギー』の二作品の受賞が決定しました。詳細は各選考委員による選評をお読みください。

また、最終候補には残りませんでしたが、アンケートで候補作として挙げられた作品は以下の通りです（タイトル五〇音順）。

石澤秀二『演劇著作集・一——一九五〇年代〜六〇年代』

『久保田万太郎と現代——ノスタルジーを超え

て』慶應義塾大学『久保田万太郎と現代』編集委員会（平凡社）
『ことにおいて後悔せず』菅孝行（航思社）
『コロナ禍三年 高校演劇』工藤千夏（論創社）
『ショップ・ガールと英国の劇場文化――消費の帝国アメリカ再考』大谷伴子（小鳥遊書房）
『戦時下の演劇――国策劇・外地・収容所』神山彰（森話社）
『闘う舞踊団』金森穣（夕書房）
『伝統演劇の破壊者　川上音二郎』岩井眞實（海鳥社）
『変容するシェイクスピア――ラム姉弟から黒澤明まで』廣野由美子、桑山智成（筑摩書房）
『敗れざる者たちの演劇志』流山児祥著、西堂行人編（論創社）
『読む戯曲の読み方――久保田万太郎の台詞・ト書き・間』石川巧（慶應義塾大学出版会）

（三井武人）

選評

河合祥一郎

『逸脱と侵犯――サラ・ケインのドラマトゥルギー』は刺激的な書で、夢中で読んだ。サラ・ケインが何を演劇に求めていたのかがわかるように作品を丁寧に分析し、そのパフォーマンス性をさまざまな側面から緻密に立ち上げてみせた見事な手腕には感嘆した。「アクティングではなくパフォーマンスこそが重要」という視点に立つとき、表象不可能に見える作品が目指す「演劇」とは何なのか。「視覚的、聴覚的に特異な台詞」を論じたくだりなど超絶おもしろかった。読者をサラ・ケインと同じ立ち位置に立たせてくれる（あるいはそういう思いにさせてくれる）。

　ブリストル大学図書館まで出向かなければ読めないケインのモノローグ作品群まで網羅し、イン・ヤー・フェイス演劇に括られがちなケインをそれとは別個のものとして論じ、ベケットやピンターとの類似性も押さえ、批評理論も軽やかに使いこなした本書は、近年稀に見る名著である。ただ、一六四ページに『ゴドーを待ちながら』に「連続し続ける無意味な行為と対話」があるとしているのは、ちがうと思う。フックスの論に引きずられたか？

　『戦争と劇場――第一次世界大戦とフランス演劇』は、大戦中のフランス演劇の実態に迫るべく、丹念に当時の資料を読み解いて書かれた労作である。誰も読まないような作品を原語で読んでいく作業には膨大な時間がかかる。それだけでも頭が下がるが、最後に「この世界は（ドラマではなく）レビューのごときものである」という世界観がこの時代に顕在化されたという結論がおもしろい。『ゴドーを待ちながら』などの不条理演劇とされる作品群もレビューとして捉えられるとのこと。考えさせられる。

　『ロベール・ルパージュとケベック――舞台表象に見る国際性と地域性』は、ルパージュの故郷ケベックの地域性を掘り下げて論じたもので、地域文化研究としては高く評価でき、ルパージュのインタビューも付いていて貴重だが、ルパージュ作品のおもしろさが伝わってこなかった。内容記述は丁寧になされているが分析がないまま各章が終わってしまう。著者がルパージュのどこに惹かれているかわかるように書いてくれたら、もっと刺激的な書となったであろうと惜しまれる。

永田靖

『逸脱と侵犯──サラ・ケインのドラマトゥルギー』は、サラ・ケインの未刊行のテキストを含む、劇テキストのすべてを丹念に追いながら、そのドラマツルギーの今日性を明らかにした演劇研究として高く評価したい。劇の構造分析を旨とする第1部ではその独特な時空間の構成が劇の内部と外部の相互浸透を促し、その上で登場人物と俳優との不一致の有り様がその構造をさらに瓦解に向かわせているという解釈や、劇テキストの読解そのもののパフォーマティヴィティの独自性を見いだすなど、新鮮な読解を展開している。部分的に従来の演劇の構造との相似を指摘できる箇所もないではないが、近年の演劇研究の諸課題を広く目配り良く参照しつつ議論していく、その論理的な構成も弾力性があり力強い。暴力、性、痛みなどテキストに見られるモチーフ群を現代の様々な観点から見てアイデンティティへの侵犯の係数を読み解く後半部も、広く現代社会の諸課題と誠実に向き合いながら論を進めている点に、単に演劇批評に留まらない広範な領域への眼差しが見られ、受賞作にふさわしいものと評価したい。

『戦争と劇場──第一次世界大戦とフランス演劇』は、このほとんど手が付けられていない第一次大戦期のフランス演劇について、同時代の新聞や刊行物は言うまでもなく、多くの戯曲や台本を渉猟してまとめ上げた演劇史研究の成果として高く評価したい。この時期のフランスの劇壇が、戦争という時局を迎えてどのような様相を呈していくのか、大小のエピソードや数的根拠を豊富に挙げつつ、つぶさに描出されていく本書は、レビューや軽演劇のジャンル的再評価に留まらず、演劇史研究の近年の課題であり続けた「もう一つの演劇史」への眼差しを示すものとして有意義というほかない。いわゆる研究書としては記述の典拠の明示が少ないものの、川島順平の演劇史を一つの理想として書かれた本書は、演劇研究が専門書を超えて、広範な読者を獲得することをめざした野心的な取り組みであることも多いに評価できる。

『ロベール・ルパージュとケベック──舞台表象に見る国際性と地域性』は、最初期から近年までの演出を中心に、ルパージュの作品とケベック、そして多文化主義をテーマにした著作で、ロベール・ルパージュ研究を行ってきた著者の現時点での総括として多いに評価したい。全体には上演分析を主軸とするアプローチで貫徹され、取り上げられたそれぞれの作品の様相が簡明でわかりやすく、広範な議論に向けて開かれている点もこの研究の成果である。ルパージュとのインタビューも掲載しており、ルパージュが持ち続けた日本を含むアジアへの関心の有り様を理解することができる貴重な著作でもある。本来、上演の研究は舞台表象の分析だけでは不十分で、表象の背後への関心も必要であり、今後にも期待するところ大でもあるが、現代演劇の重要な演出家であり続けているルパージュの、今後の研究にとっての第一歩として、大きな成果だと考えられる。

濱田元子

戦争、暴力、表現への渇望……。候補の三

冊は扱う時代もアプローチも異なるが、いずれも演劇の現在地をうがってくる力作ぞろいだった。「逸脱と侵犯――サラ・ケインのドラマトゥルギー」は夭逝した寡作の作家の全作品を横断的に分析する。時間や空間の扱い方や登場人物などから論考する第一部と、タブーや暴力など作家の作品の特徴的なテーマを論じる第二部という構成で、ケインの作品的世界を、まるでそこで上演されているかのように臨場感たっぷりに構築するところに筆力の高さを感じる。怒りと暴力についての考察は、現代演劇における暴力の表現が、いまの世界を射抜く普遍性が感じられ、作家論、作品論にとどまらない面白さがあった。演劇と社会の結節点を考えるうえでも興味深い視座を与えてくれる。

「戦争と劇場――第一次世界大戦とフランス演劇」も、当時の新聞や雑誌、警察にある検閲調書など資料を丹念に掘り起こし、論考を試みた労作だ。歴史ではあるが、非常にアクチュアルでもある。戦中の愛国劇の筋と併せて、作家たちがどのようなマインドで作劇をしたか、当時の空気を詳細に伝わってくる。特に検閲とプロパガンダ、そして前線で演じられた演劇、戦後演劇の考察については、日本の演劇界も15年戦争時に体験している問題であり、比較考慮しながら読むことで面白さが深まった。

「ロベール・ルパージュとケベック――舞台表象に見る国際性と地域性」は惜しくも選にもれたが、カナダの先住民の問題や多言語、多文化主義、ケベコワのアイデンティティーといった多角的な視点からルパージュをとらえていて興味を引かれた。特に「文化の盗用」の問題については、ルパージュの作品に限らず、もっと掘り下げて論じていってほしいテーマだ。

受賞の言葉
小田中章浩

私のように演劇批評に直接関わっていない者が、この度、AICT賞をいただけるのは大変名誉なことです。拙著を推薦していただいた皆様に改めて感謝申し上げます。

今回の本を書いているあいだ、私は自分が扱っているテーマの「アクチュアリテ」（現代性）ということを何度も意識させられました。一九一四年八月に第一次世界大戦が勃発したとき、パリの劇場は一斉に門戸を閉ざし、この状況は半年以上にわたって続きました。私はライヴのパフォーミング・アーツが一瞬にして消滅してしまうという現象は、過去の歴史のなかでしかあり得ないと思っていました。しかしご存じのように二〇二〇年三月、パンデミックによって、それは日本を含めた世界各地で起こりました。私たちは生の舞台を見られないという飢餓感を味わうことになりました。

もう一つのアクチュアリテは、ウクライナ戦争と第一次大戦との類似性です。かつてフランスは、自国に攻め込んできたドイツ帝国を野蛮な専制国家であると非難し、自らは文明と民主主義を守るために戦っているのだと宣伝しました。しかし、そこで犠牲になるのが多数の兵士と一般市民であることは言うまでもありません。私たちは結局、歴史から何も学ばなかったのかとさえ思います。

もう一つ、私が考えさせられたのは、演劇は戦争とどう関わるべきなのかということです。そもそも舞台が戦争という過酷な現実を表象することができるのか、あるいは何らかの関係を取り結ぶことができるのか。

本書では、この問題について演劇人たちが行ったさまざまな試行錯誤を描きました。もっともその多くは失敗に終わったのですが。いずれにせよ人々は、演劇を求めることを止めませんでした。第一次大戦中のパリの劇場はいつになく賑わっていたと言われています。人はなぜ生きた舞台を必要とするのでしょうか。戦争のただなかにおいてさえ。本書がそれについて考える一助になれば幸いです。

受賞の言葉
關智子

このたびは栄誉ある賞を賜りまして、恐悦至極に存じます。審査委員の皆様、賞担当の方、また拙著を賞にご推薦くださった会員の方に心より感謝申し上げます。加えて、拙著の執筆にあたりお力添えをくださいました先生方、先輩方、友人たち、水声社および編集者の方にも、改めましてお礼申し上げます。

初めてケインのモノローグ作品を読んだのは、いつも通りぼんやりと薄暗い日でした。朝早い鉄道に乗ってブリストルへ行くため、テレビも点けずに急いで支度をしてホテルを出ました。海外滞在中はいつもあるはずの家族からのメールがなかったことにも気付かないまま、ユーストン駅への道を急いでいる時、一人の男性が話しかけてきました。

「You're Japanese? I'm so sorry.」

何のことかわからない様子の私を見て、彼の表情はみるみる固くなり、持っていたデバイスでニュースを見せてくれました。その日は二〇一一年三月一一日でした。

不可逆的な形で変わってしまった世界とどう向き合うのか。ケインの作品はその形を模索しているように思えます。暴力や愛によってか、自然災害によってかという違いはあれど、ケインの描いた世界と私の体験は、カタストロフィーという不幸な形で繋がってしまいました。幸いなことに私はその後家族や家の無事が確認できましたが、何もできないままテレビでずっと痛ましい報道を見続け立ち尽くすというあの時の経験は、少しだけケインの作品と私の距離を縮めたように思います。

他人の痛みを見ること、それを共有できないという絶望に苦しみつつ、そこに寄り添うこと。ウクライナやガザの惨状を見る度に、あの時の感覚と『爆破されて』の最後のシーンを思い出します。この先も、痛みを抱える世界どう向き合えるかを、研究を通じて迷い続け、考え続けていければと存じます。このたびは誠にありがとうございました。

第28回 シアターアーツ賞

選考経過と選評

大賞　該当作なし

佳作

山口真由「『Soul Hunter』— 踊る身体のミメーシス」

後長咲妃「偏差としての現在 — 範宙遊泳『バナナの花は食べられる』」

国際演劇評論家協会（AICT）日本センターが主催するシアターアーツ賞は、演劇批評に新しい地平を拓く若手の登竜門となるべく設置された。今回は七本の応募作があった。例年通り、執筆者の名前を伏せた応募作を選考委員（飯塚友子、坂口勝彦、谷岡健彦、米屋尚子）に送付し、選考協議が一月下旬に行われた。選考の議事進行には賞担当である須川渡があたり、上記の通りに賞が決定した。

応募作品（到着順）

① 亀尾佳宏論
② 演劇を通して音楽を聴くためには ——チェルフィッチュ×藤倉大 with クラングフォルム・ウィーン『リビングルームのメタモルフォーシス』
③ ガラスの器の中の戦場と、「物語」を求め続ける人々 ～『これが戦争だ』～
④『Soul Hunter』——踊る身体のミメーシス
⑤ 偏差としての現在——範宙遊泳『バナナの花は食べられる』
⑥『人形の家』受容史 ～娜拉走後怎様～
⑦ 演劇とプロレタリアートをめぐって「ネットスーパーの女」「悼《とう》、灯《とう》、斉藤《さいとう》」の中の労働

選評

飯塚友子

私は山口真由さんの「『Soul Hunter』――踊る身体のミメーシス」を推薦しました。応募作七編のうち唯一、舞踊作品を取り上げ、言語化が難しいダンス作品の描写が巧みです。山口さんは俳優としてもご活躍されているそうで、自身の身体感覚に基づいて言語表現ができる、貴重な人材だと思いました。

ただ優秀作には推薦できませんでした。北村明子さんの作品内容は伝わるけれども、肝心の「ミメーシス」の観点で作品を語る、山口さんならではの視点がよく分からないまま、展開しているからです。そもそもミメーシスの定義が明確でなく、「模倣」「同化」「差異」といった表現の違いが腑に落ちないまま、作品が語られています。

自分自身への反省を込めて書きますが、一般に舞踊評論は「横文字表現を使わず、分かりやすく書けばいいのに……」と、思うものが少なくありません。読み手に親切に、自分の言葉でシンプルに書く方が、むしろ難しいです。山口さんは舞踊作品を継続的に鑑賞し、また個々のダンサーの来歴も把握されていることも伝わりますので、その積み重ねを今後も生かしてほしいと思います。

また後長咲妃さんの「偏差としての現在――範宙遊泳『バナナの花は食べられる』」は、論文のスタイルとしては過不足ありません。多くの文献にあたり、注釈もきちんと付け、結論に至るまで丁寧に展開しています。ただ肝心の結論、『バナナの花は食べられる』の幕切れの特異性を語るのに、ここまで執着して論を展開すべきなのか、そもそものテーマ設定に疑問を覚えました。

なお「亀尾佳宏論」は、島根県の高校演劇の実践者で、若手演出家コンクールでも実績ある演劇人を取り上げる切り口がいいと思いました。ただ残念ながら、作品の感想をとりとめなく列挙した印象です。複数の亀尾作品を通じ、どんな結論を導き出すのか整理し、「論」を展開するスタイルで、改めて亀尾作品の素晴らしさを伝えてほしいと思います。

坂口勝彦

『Soul Hunter』―踊る身体のミメーシス」。北村明子のダンス作品そのものの描写、および、全体の構成の指摘は適確でわかりやすい。しかし、「ミメーシス」という概念で作品を理解しようとするのが少々、強引と思われる。筆者が参照するのは、北村も参照したという人類学者ウィラースレフの著書『ソウル・ハンターズ』。狩りにおいて動物を模倣する際に完全に同化せずに差違を常に保ち続ける実践としてのミメーシス。だが、それを、「同化し得ない差違」と言い換えて、野生や自然に同化し得ない日本の観客、動物に同化し得ないダンサー、と解釈するのだが、シベリアの狩猟民の実践知としての意味と同列に扱っていいのか疑問だ。「ミメーシス」を用いずとも十分論じられる論点がいくつか提示されているので、それをしっかり展開するべきだろう。そもそも、演出家や振付家が参考にしたという著書等で作品を読み解くにしても、あまりそれに囚われすぎないようにしたい。

「偏差としての現在―範宙遊泳『バナナの花は食べられる』」。この作品の中で重要なひとつの効果がなぜ機能するのかを傍証を集めててていねいに論証しようとする論考だが、その効果が作品全体の中でなぜ重要なのかについてほとんど触れられていない。また、時間軸の前後関係にばかりに注目しているが、それぞれの登場人物の意識は、もっと多様な様相を持って存在しているのではないだろうか。作品の良さがどこにあるのか、まずはそれを明示してほしかった。

「演劇を通して音楽を聴くためには」。世界的に評価の高いという岡田利規のチェルフィッチュを初めて観劇したがどこがおもしろいのかわからなかった、ということを素直に書けばよかったのではないか。アフタートークの岡田の言葉を頼りにして、おもしろいところをなんとか探そうとする必要はまったくない。

——以上、批判的なことを書きすぎたかもしれませんが、わりと一般的な観点と思われますので、今後の参考になれば幸いです。

谷岡健彦

今回、わたしは範宙遊泳についての論文を佳作に推した。おもに佐々木健一の『せりふの構造』に依拠しながら、山本卓卓の『バナナの花は食べられる』の台詞の特徴を丁寧に読み解いている。佐々木の著書のほか、最近の研究論文にまで目配りは行き届いているし、同じく過去の回想が主調をなす『ガラスの動物園』などとの比較も怠っていない。論述の進め方も整然としていて明快だ。戯曲のレベルにとどまらず、演出など上演に関わるレベルにも考察が及んでいる。形式面では大きな破綻のない論文である。

しかし、大賞に推せなかったのは、論文の冒頭に引用された批評家の舞台評をより精緻に記述し直すことにとどまっているように見えるためだ。評論である以上は、斬新でなくてもよいから、論者独自の作品評価を提示してほしい。あと、余談めいた内容を註に書き込むのは避けた方がよい。論証に必要なら本文に組み入れ、不要なら捨てるべきだ。

もう一編の佳作論文は、一読しただけでは論の焦点がつかみにくかった。北村明子の『Soul Hunter』の上演の際にシアタートラムの舞台上で生起したことをこまかく記述し、分析しようとする熱意は伝わってくるのだが、鍵となるミメーシスという言葉の用い方にぶれが生じているように思う。論文の初めの部分に定義を明記し、論の展開がもう少し整理されていれば、説得力が高まったであろう。

俳小が上演した『これが戦争だ』を取り上げた論文は、ウクライナやパレスチナが戦場となっている現在、実に時宜にかなった力作であった。ただ、劇の筋に沿って論を進めようとすると、評論というより作品解説に見えてしまう。粗筋は前半にまとめ、特定の場面を深く掘り下げて書いた方がよかったかもしれない。また、現状を憂う論者の気持ちがあまりに強いためか、結論部が作品から離れてしまっている。

「演劇とプロレタリアートをめぐって」と題された論文は、論じる対象の選び方と、労働現場の描かれ方に注目する視点が新鮮だった。コロナ禍での演劇人の苦境に寄り添うような論者の筆致が優しい。だが、ごくわずかしか言及のない『悼、灯、斉藤』を副題に含めるべきかどうかは疑問だし、『ネットスーパーの女』については考察が戯曲のレベルにとどまっている。おもな出演者の名前も記されていないようでは演劇批評とは言いがたい。

米屋尚子

『『人形の家』受容史』は、興味深い内容が書かれてあるが、タイトルがいけない。イプセンの『人形の家』受容史論かと思いきや、魯迅が一九二三年に北京で行った『人形の家』に関する講演に言及しており、最後の方の三分の一は、魯迅が当初医学を志しながら文学者となっていった彼自身の人生の選択の背景を推論することに割かれている。この論の副題は、魯迅の講演のタイトルで「ノラはその後どうなりましたか?」という意味であることは文中で言及されているが、その中国語表記を副題にすることで魯迅にフォーカスした論であると理解させるには無理があると思う。作品の受容史としては不十分であることから、『人形の家』に関連づけて魯迅の「その後」を論じるというように、フォーカスを明確にして内容を整理していればよかっただろう。

「偏差としての現在」は、『バナナの花は食べられる』の幕切れの特異性について、緻密に論を進めている。脚注のつけ方は過剰だが、論者が丁寧に文献に当たりながら考察した軌跡として、その姿勢は評価したい。しかし、幕切れを「偏差としての現在」であると証することが『バナナの…』の戯曲及びその上演の面白さを論ずることになっているかというと、今ひとつ物足りない。それまでたびたび独白をしてきた百三一とレナちゃんが、幕切れでは死神が阻止されたと認識していないことは、劇の現在と観客の認知の時点が揃ったという以上の意味があるのではないか。論者をここまで駆り立てたものが何なのか、あと一歩、深めて欲しかった。

「『Soul Hunter』――踊る身体のミメーシス」は、冒頭に『ソウル・ハンターズ―シベリア・ユカギールのアニミズムの人類学』において検証された、ミメーシス(模倣)の観点から論ずるとして始められているが、論者が「ミメーシス」という語をどういう意味で用いているかが読者と共有されないまま展開されているために、読んでいてもどかしさがあった。時折、気取った言い回しを用いており、もう少し平易で読者に理解されやすい言葉を選ぶようにして欲しいとも感じたが、舞踊評という難しい題材に果敢に取り組んだ点を評価した。

第28回
シアターアーツ賞
佳作

『Soul Hunter』――踊る身体のミメーシス

山口真由

本稿では、Xstream project『Soul Hunter』を、レーン・ウィラースレフ著『ソウル・ハンターズ―シベリア・ユカギールのアニミズムの人類学』において検証された、ミメーシス（模倣）の観点から論ずる。Xstream projectとは、ダンサー・振付家である北村明子が手がけるプロジェクトであり、この『Soul Hunter』が第一作となる。北村自身は構成・演出・振付を担当し、出演は後述する日本人ダンサー、およびフィリピンからの招聘アーティストによる。二〇二三年一一月三日（金）～五日（日）までの全四公演、東京都世田谷区のシアタートラムで上演された。『ソウル・ハンターズ――シベリア・ユカギールのアニミズムの人類学』は、北村が、本作の創作においてインスピレーションの源泉のひとつとした、と述べている書籍である。

『Soul Hunter』のパンフレットには、「本作では、フィリピンの山岳地域における民話と、ダンサーがダンスを捕獲するストーリーがパラレルに展開していきます」と記されている。それに沿って、上演は、映像とパフォーマンスという二つの構成要素に、大きく分けられる。

1　『Soul Hunter』におけるダンスパフォーマンス

開演すると、闇の中からダンサーたちの声が聞こえ始める。「狙う」「逃す」「罠」「捉える」といった、ひとことの名詞・動詞、そして吐息の音。それらをひとつずつ、順々に、日本人ダンサーたち―井田亜彩実、岩渕貞太、黒田勇、小暮香帆、辻本佳、西山友貴―が発していく。パッションに溢れた発声ではなく、低く、集中した、半ば唸るようなつぶやき。次第に明るくなるにつれ、舞台上に大きく二列に並んだ、ダンサーたちの身体があらわになってくる。集中は高まり、発語とともに身振り、転がりなどの単発の振付が加わり、踊りへとかわっていく。続くパートでは、四本足の動物を模したような動きで、ダンサーが獲物を喰らい、奪い合うような振付が展開される。北村明子の経歴には、バレエ、ストリートダンス、インドネシア武術が記されており、これまでの作品でも重心を低く保った動き、格闘技における蹴り・殴りのような動きを取り入れている。『Soul Hunter』においても、ショーとしてそろった動きを見せる群舞ではなく、ぶつかる、ふりかぶるなど、ダンサー同士がアタックを繰り返す、いわば戦いのような振付が目立った。その中でも、冒頭のこのパートは、もっとも典型的に食い合い・殺し合いを表象した部分であったといえる。ぐったりと動かないひとりの男性ダンサーを獲物として、飛びかかり、かつぎあげ、奪いあい、あるいは体を重ね合わせる。後日SNSでも、カニバリズムを思わせる、などといった感想があげられていた、インパクトの強い場面である。それはまた、本作のテーマである狩猟とアニミズムを、直接的に表現したものでもあっただろう。

もっともこのパート以降、直接的な動物の模倣は影を潜め、各々のソロダンス、および複数名でのダンスパートが組み合わされたかたちで上演は進む。北村明子による統一的な振付だけでなく、各々の裁量に任された部分も多いと見え、特にソロパートは多様なダンスが展開されていた。クラシックバレエを思わせる小暮香帆の踊り、軽やかに宙返りを決め、スキャット的な言葉を発しながら踊る黒田勇、自らの技法である恍惚身体をベースにした、空間さえ伸び縮みさせるような岩渕貞太の踊りなど、さながらオムニバスのようでもあった。

2　『Soul Hunter』における映像の投影

『Soul Hunter』を構成するもうひとつの重要な要素が、ダンスパートの合間を縫い、またはその間をつなぐように投影される映像である。この映像はさらに、大きく三種類に分けられる。ひとつはフィリピン・ルソン島の山岳地域における森林の映像と、そこに生きる狩猟者の語り。もうひとつは、フィリピンで語り継がれる民話と、そのイメージである。ルソン島には、ハンターが森へ入り、そのまま動物となって帰って来なかったという説話がある。狩りのため森に分け入った青年は、美しいシカに魅入られる。どうしてもこのシカを討ちとりたいと、取り憑かれたように青年は弓をかまえ、シカを追う。やがて青年の魂はシカと重なりあい、融合し、ついに弓に撃たれたシカの痛みを己に見出すに至る。その一方、倒木の下敷きとなって死にゆく人間としての自分の姿を、シカの目から見ることになるのである。そして最後のひとつは、『Soul Hunter』に出演する各々のダンサーの表情が、重なりあい、融合するように、大写しに映し出される。まるで、民話の中でシカの瞳に魅入られた青年のように、互いとの融合を誘い試しているようでもある。

ダンスパートと映像パートは基本的に個別のパートとして扱われ、映像の中で踊るといった演出はなかった。弁別された二つのパートは、『Soul Hunter』における「踊り」と「物語」をそれぞれ請け負っていたといえる。その間にたつのが、フィリピンからの招聘アーティスト、マジェンタのソロパートである。マジェンタは『Soul Hunter』によせて作詞・作曲された『manchachawak』（ジュリエン・サンチェス&ハンディオン・カプーノ作詞、横山裕章により楽曲化）を歌いながら、ゆっくりと舞台上を歩く。シャーマンの儀式を語る歌である。シャーマンが精霊と人間をつなぐように、映像で表象されるハンター／動物の関係と、ダンスで表象されるダンサー／ダンスの関係をつなぐパートとして、このマジェンタのパートが配置されているようにも見える。

北村明子によれば、『Soul Hunter』におけるひとつのねらいは、「アニミズムを自らの視点で捉え直すこと」（当日パンフレットより）である。では、映像を通して紹介され、表象され、またダンスを通して表現されたこのアニミズムは、二〇二三年、シアタートラムで上演を観る観客に何をもたらしたのか、あるいは舞台と観客の関係をどのようにつないだのか。この点を、ミメーシスという観点から論じたい。

3 『Soul Hunter』におけるミメーシス
——レーン・ウィラースレフ「ソウル・ハンターズ」より

3―1 レーン・ウィラースレフによる、ユカギールのミメーシス

本作『Soul Hunter』で直接的に扱われているのは、北村明子がフィールドリサーチを行ったフィリピンのアニミズムである。しかし『Soul Hunter』にはもうひとつ、インスピレーションの源として重要な役割を担った狩猟民の世界があると、パンフレットにおいても言及されている。『ソウル・ハンターズ―シベリア・ユカギールのアニミズムの人類学』である。著者レーン・ウィラースレフは、シベリアの先住狩猟民であるユカギールの集落に通算十八カ月にわたって滞在し、狩猟をともにしている。そのリサーチから、非人間的存在（獲物としてのエルクやトナカイ、クマなど）に人格性を見出すユカギールのアニミズムを、ハイデガーの「世界＝内＝存在」あるいは「住まうこと」の概念をもって論じている。

ユカギールにおいて、アニミズムは象徴的・抽象的な儀礼ではなく、生活の中で実践されるものである。そのひとつの代表例として、狩猟の際にハンターが行う模倣の営みがあげられている。模倣、あるいはミメーシスは、この著作において、非常に重きが

おかれているアニミズムの実践である。このミメーシスは、エルク（ヘラジカ）の狩猟に関して詳細に語られる。ユカギールのハンターは、狩猟に先立ち、サウナで人間のにおいを落とし、エルクの革でつくった外套をかぶり、エルクの毛皮で覆ったスキーを履く。そしてエルクの歩き方、鳴き声をまね、獲物を誘いだして仕留めるのである。そこには獲物と、そして獲物を与えてくれる動物精霊との性的な誘惑・駆け引きを含む、きわめて濃厚なやり取りがある。

注目すべきは、ハンターが行うミメーシスが、決して完全なる同化を目指すものではないとの、ウィラースレフの指摘である。エルクを模倣するハンターは、エルクのミメーシスなのであって、エルクそのものではない。あくまでも「まねている」のであって、「そのもの」との間には厳然たる差異がある。その差異こそが、狩猟において力を握るために必要なのだという。完全なる同化は変身であり、変身してしまえば、相手に対していかなる力をふるうこともできなくなる。模倣しながらも、完全に自我を失わず、差異のうちにとどまることによって、ハンターは獲物をたぐりよせ、仕留める力を握るのである。そのためにハンターは人間であって人間ではない、エルクであってエルクでないという、複数のアイデンティティの間で常に揺れ動き続ける存在となる。つまり、まねるということの中にある、同化を志向するベクトルではなく、同化することを引きとどめるベクトルが重要になってくる。そこにあらわれるのが「差異」なのである。上演『Soul Hunter』においても、このミメーシスと「差異」は非常に重要なキーワードである。そこで次に、『Soul Hunter』におけるミメーシスについて論ずる。『Soul Hunter』は狩猟とアニミズムをテーマに持つ作品であり、ダンスにおいては動物的な身振りや模倣、映像においてはフィリピン現地の風景と語り、そして動物と同化してしまった青年を表象するイメージが投影される。これらは、アニミズムが生きる社会と現代日本社会をつなごうとする仕掛けでもあるだろう。では、そこに観客は何を見るのだろうか。それはやはり、ミメーシスなのである。舞台で行われていることが同化ではなく模倣であることが、上演が進むにつれて次第にくっきりと浮き上がって来る。それは、ダンスパフォーマンスにおける異化作用ともいえるものである。

3─2　『Soul Hunter』におけるミメーシス①─映像のミメーシス

『Soul Hunter』におけるミメーシスは、まず、映像によって映し出されるルソン島の森林と、シアタートラムの客席の間に横たわる距離によって示唆される。舞台上方、スクリーン状のパネルに映し出される、切り取られた森林。木々を、土を踏みしめ歩くハンターの経験は、客席に腰を沈める観客の経験に同化するものではなく、その距離は際立って感じられる。ルソン島の森林の中に「住まう」ハンターが、身体として実践するものを、同じように追体験することはできない。わたしたちの身体は今や、ディスプレイを通して切り取られた異文化を見ることに慣れている。スマートフォンの、タブレットやPCのディスプレイをのぞくとき、そこにあるのはあくまで切り取られた情報であり、ディスプレイをのぞく身体なのであって、土を踏みしめにおいをかぐ身体ではない。舞台上のスクリーンに映し出されるルソン島の自然、語られるシカになってしまった青年の物語、しかし目を転じればそこにあるのは、整然ととのえられたシアタートラムの舞台設備であり、舞台装置であり、ミニマルかつスタイリッシュに配置された照明機器なのである。舞台上に小さく切り取られたスクリーンの中の自然はもはや、その観客席の快適さを侵食して野生の身体へと回帰させる力を持たない。客席に腰をおろした観客が目にするのは、あくまでもルソン島の「イメージ」なのである。おそらく、スクリーン上に映るルソン島は、そのようなものであって、そのようなものではないのだ。今ここで、わたしたちが思うようなものではないのだ。わたしたちはそれを知らないのだ。スクリーンを通してわたしたちは、このクリエーションを通してなされた、ルソン島のミメーシスを見ているのだ。同じことはシカになった青年の民話にもいえる。獲物を追い、獲物の瞳に魅入られ、そのままシカに同化してしまった青年のことを、現代日本の、シアタートラムの観客は、いったい知ることができるのだろうか。おそらく、ほんとうに知ることはできない。ルソン島に「住まう」実践の中でのみ、それは知ることができることがらであり、東京の都市の中で客席に腰掛ける観客は、想像の力でそのよすがをうかがうことができるにすぎない。異なる文化・世界を生きる他者は、そう安直に理解できるものではないだろう。ウィラースレフの著作に戻れば、ユカギールは文字によって伝達される抽象的・概念的な知識・思考よりも、実践によって得られた具体的な身体知を優位に置く知的伝統に生きている。もっとも、文字文化による抽象的・概念的な知識伝達のうえに成り立つ現代社会においては、知識は実体験で得られるものに限らず、思考や想像は世界を広げる重要な手段である。その上でなお、それは想像でしかないのだということを、『Soul Hunter』のミメーシスは突き付ける。

このように、舞台上に投影される映像がミメーシスであることの背景にあるもの、ミメーシスとならしめているものは、先にも述べたディスプレイの増殖、そして動画情報の氾濫であると考えられる。グローバルメディアが簡易に地球の裏側の情報を人々に届けるようになって久しい現代、映像によって届けられるリアリティは、もはやありふれているばかりでなく、必ずしもホンモノであることを担保しない。人々は映像情報に接するとき、映し出されたものに同化し、その情報を信じ、吸収しようとするだけでなく、提示された情報を疑い読み解く、リテラシーという俯瞰的距離が必要とされるようになった。そこにあらわれるのは消費する身体であり、俯瞰する身体であり、同化し回帰してゆく身体ではないのである。

もちろん、スクリーン上に投影された映像の語りから、未知のできごとを知り、その世界に惹きこまれる営みを否定するものではない。ここで論ずるのは、現代社会で求められるリテラシーのふるまいを基盤においてなお、劇場という場所で、しかも躍動する生身の身体との対比下におかれた映像に対面する営みの中には、観客は映し出される情報に同化・没頭するだけでなく、それを見つめる自分自身と映し出された遠い場所との間に横たわる距離感へと、再帰的に立ち返る契機がある、ということである。『Soul Hunter』においては、アニミズムを現代の視点から問い返すというその試みそのものの中に、現代日本のわたしたちがもはやアニミズムの世界にいないこと、アニミズムの生きる社会から遠く離れた場所に立っているのだという遠い距離が織り込まれている。観客は、ルソン島であってルソン島でない場所、客席であって客席でない場所の間を間断なく揺れ動くのである。

3—3　『Soul Hunter』におけるミメーシス②—ダンスのミメーシス

続いて、『Soul Hunter』ダンスパートに見られるミメーシスについて論じる。まず、先に述べた冒頭の喰らい合いのパートは、典型的にダンサーたちが四足動物の営みを模倣するものだったといえる。もっとも、SNSでの感想に「カニバリズム」との表記が見られたことに顕著なように、そこで際立ってくるのは動物ではなく、やはり人間の身体なのである。観客は動物を模倣するダンサーのふるまいから、逆説的に人間の身体を見出している。伝統的な舞踊や豊穣を祈る儀礼的な踊り、クラシックバレエにおける白鳥や暗黒舞踏の動物の型を引き合いに出すまでもなく、動物の身振りやふるまいを模倣することはそもそも踊りのルーツ、原初の要素である。もっとも『Soul Hunter』においては、そうした基本的なルーツの継承としての模倣ではなく、まさにそれがミメーシスであること、ミメーシスであらざるをえないことが、作品のテーマと不可欠に絡み合い、強調されて浮かび上がってくる瞬間があった。それはなぜか。ひとつには、二〇二三年というこの時代に、あえてそれを行うというダンスの選択があげられるだろう。クラシック、モダン、コンテンポラリーとダンスそのものが細分化し、フィジカルシアターや、演劇とダンスのはざまに立つクリエーションまで、ダンスそのものを批評的に問い返す選択肢も多くある中で、あえてアニミズムの生に立ち戻り、ミメーシスとしての身振りを見せること。あえて原初的な、動物への同化を志す身体をむき出しにして見せることの意味である。『Soul Hunter』では、多彩な経歴のダンサーが共演しており、高度に訓練されたそれぞれの身体が、そのむき出しの力を放縦な高揚感と力の放出ではなく、制御されたパフォーマンスの域に押しとどめていた。(1) そのバランスが、模倣の動きを通して運動としての動物性を浮き立たせつつ、提示された模倣として、人間の身体と模倣される動物との差異を強く浮かびあげたことがひとつの要因としてあげられる。この模倣は、同化を誘うものではなく、提示なのである。

もうひとつ、さらに大きな問題は、現代社会において模倣の動きを見る観客席に投げかけられる。アニミズムの世界に「住まう」ことをしていない現代日本のわたしたちは、四足動物の模倣の中に、もはや同化への志向を見出しえないのではないだろうか。それが動物ではないことを、観客は知っている。ダンサーの踊りであることを知っている。模倣のふるまいを通して動物に同化してゆく視線は、もはや観客の中にはないのである。ゆえに模倣の動きは、決してそこに同化しえない差異として、強く浮き立ってくる。

ミメーシスとしての、同化しえない差異は、ダンスパートが進むにつれて、徐々に顕著になってゆく。ダンスパートと映像による語りが交互にあらわれる『Soul Hunter』においては、目立ってそれらしい振付でなくても、踊りの中に、狩猟やアニミズムにつながる何かを見出そうとする思考の動き、このテーマに同化しようとする動きが観客のうちに、どうしても生じてしまう。しかしその思考の動きは、ほかならぬダンサーの身体によって断ち切られる。踊りの中に、アラベスクのようにまっすぐ後方へと伸びた脚や美しい回転を見るとき、またブレイクダンスの技のキレが増すほど、ダンサーの身体に蓄積された踊りが、決して「それ」ではないこと、つまり荒々しい狩猟や獲物の動き、アニミズムの儀礼的な踊りではないことが極めてはっきりと立ち上がって来る。振付を通して、これも逆説的にダンサーの生活史・踊りの歴史といったものが表面化されてくるのである。それが決して、作品のテーマとかみ合わない「違和感」ではなく、振付を通して際立つ「差異」なのであるといえるのは、ダンサーの踊りが研ぎ澄まされるほどに、凄みを帯びて浮き立ってくるのが目に見えて感じ取れたからである。そこでは、個々に歴史を持ったダンサーとしての存在と、『Soul Hunter』におけるパフォーマーとしての存在の間を、やはり間断なく揺れ動き、時にせめぎ合うダンサーその人が見えてくる。ここにおいてダンサーは、個としてのアイデンティティと、『Soul Hunter』の作品世界を体現するパフォーマーとしてのアイデンティティの間を揺れ動く。

4　ミメーシスが問いかけるもの

ここで、『Soul Hunter』の上演において、なぜ「差異」としてのミメーシスが顕著に浮かび上がって来たのかを、まとめとして論じておきたい。その大きな理由と考えられるのが、表現されるものと表現するもの、表現されるものと表現を見るものの間に横たわる距離である。

ここまでにも述べてきたように、現代日本社会、ことに首都圏東京の観客は、アニミズム的な生の中に「住まう」のではなく、デカルト的物心二元論に基づく科学によってつくられ守られる世界に「住まって」いる。そこに導入されるアニミズムのミメーシスは、ハコの中に囲いこまれた自然であり、イメージとして再構築されたものにならざるを得ない。それは、都市に慣れた観客にアニミズムの生を回帰させるのではなく、自分からは距離を置いた存在として、知らない存在としての生を見つめる俯瞰的な視点へと導くものとなる。身体的な知に根ざすアニミズムとは逆の、概念的な知に基づく営みである。しかし、そのふるまいこそが現代日本の身体知であり、必要なものなのだともいえる。

たとえば村祭りや伝統的な踊りのように、土の記憶に基づくミメーシスがアニミズム的な生を回帰させ、舞台上にも観客席にも熱を呼び起こすことは現代でも不可能とはいえないし、そうしたパフォーマンスがなお力を持って存続していることは否定しない。一方、パフォーマンスの批評性についても、劇場が世界の窓であり異文化を生きる他者に触れる扉としての役割を担う一方で、上演空間がイメージと批評的思考の場として閉じてしまうことへの危機意識も繰り返し指摘されてきた。しかしコミュニティの均質性による弊害が問題となり、人々をつなぐものとして共感に基づく同化にかわる選択肢が求められる今日、他者を知る際の批評的視点はなお、重要なものであると考える。同化・没頭することで他者を知った気にならない、ということが重要になる。

「他者を知る」こと、あるいは知ったと思い込むことが必ずしも「他者を理解する」ことを意味しないこと、己の知によって他者の生を理解しようとする試みが時に傲慢であることもまた、他者の情報に溢れる現代社会が提起する問題である。繰り返し言及してきたウィラースレフの著書『ソウル・ハンターズ』は、従来のアニミズム研究に対して、まさにこの点からの反証を試みるものであった。即ちウィラースレフは、従来の研究が、非人間存在に人格性を見出すアニミズムをデカルト的物心二元論による概念的思考の中に（誤り、あるいは象徴的な思考として）位置づけようとしてきたのに対し、ユカギールのアニミズムにはデカルト的思考とはまったく別の、実践的な営みの中で駆動するひとつの知があることを示そうとしたのである。

これらの点より、本稿は、伝統的ともいえるミメーシスの身振りとエネルギーを保ったまま、批評的な視点を提起する『Soul Hunter』の上演を論ずるものであるが、同時にそのパフォーマンスがミメーシスとならざるを得ない現代都市の観客席を、批評的にまなざすものである。

最後に、『Soul Hunter』のパフォーマンスにミメーシスが見出されることは、その踊りがネガティブな意味での模倣にとどまっていたことを意味しないことを強調しておく。個々のダンサーの踊りには、エネルギーを精密にコントロールしながらも、自由に伸びていく躍動性が発揮されており、自身の踊りの中に何かを探し、さらには発見してゆくような表情の変化が随所に見られた。北村明子がいう「ダンサーがダンスを捕獲するストーリー」は、少なくともそのプロセスは体現されていたのではないだろうか。そしてその捕獲の試みは、模倣としてのアニミズムから切り離され、構築され磨き上げられたものとしての「ダンス」を突き付けるものであり、表現されるものへと同化してゆく身体ではなく、今・ここにある身体としての力をもって観客席に高揚感をもたらしていた。

目くるめく踊りの連鎖の後、『Soul Hunter』は岩渕貞太のソロパートで締めくくられる。室伏鴻に師事した舞踏の経歴を持ち、網状身体・恍惚身体と名付けた方法論を持つ岩渕は、四肢の動きはもとより、呼吸・発声器官の駆動までを試すように全身を動かし続ける。そして全てが終わったとき、舞台上にはぜいぜいという呼吸音だけが響く。パフォーマンスの連続の後、突如として訪れた静けさと余白の中、それはことさら大きく耳に届く。『Soul Hunter』全編にわたって、この瞬間まで、耳に入ることのなかった音である。ここに至って、観客は呼吸する身体へと回帰する。提示されるイメージとしての自然やミメーシスを超えて、観客席に座っている身体へ、それでもなおそこにある身体へと立ち戻る契機を得るのである。この点において『Soul Hunter』は、ミメーシスとしての上演とそれをまなざすアイデンティティの間を揺れ動いてきた観客が、自身の身体へと回帰するストーリー、わたしたちの身体の現在地を再確認する試みでもあったのではないかと思われた。

(1) パフォーマンスにおけるこの放縦と制御のバランスは、そもそも非常にユカギールのミメーシスの状態に似ているといえる。湧き上がる高揚感に身を任せ、完全に同化して融合してしまえば、もはやなんの力を握ることもできないのである。

参考文献

・『Soul Hunter』当日パンフレット
・『ソウル・ハンターズ―シベリア・ユカギールのアニミズムの人類学』レーン・ウィラースレフ著、奥野克己・近藤祉秋・古川不可知訳、亜紀書房、二〇一八年

第28回
シアターアーツ賞
佳作

偏差としての現在
——範宙遊泳『バナナの花は食べられる』

後長咲妃

はじめに

そうして死神は仰々しく姿を現した。舞台奥中央の扉が開き、照明が強く当たっている。そこに照らし出された死神は、衣裳の黒をテカテカと光らせ、身長ほどもある鎌を手に、舞台下手の手前へりで身を寄せ合っているアリサたちをその射程に捉える。アリサたちは観客席に相対し、なにか迫り来る危険を警戒している。しかし彼らが死神に向けた背中は無防備なままである。

二〇二三年七月二八日(金)から八月六日(日)、KAAT神奈川芸術劇場 中スタジオにて、範宙遊泳『バナナの花は食べられる』(山本卓卓 作・演出、以下『バナナの花』)が再演された。全国四都市ツアーの一部である。[1] 本稿の冒頭では、筆者が八月五日一八時の回に本作を観劇した際の幕切れを一部描写した。[2] 本作の幕切れの重要性については、複数の劇評ですでに指摘されている。たとえば、批評家・ドラマトゥルクの山崎健太は、再演版の劇評で以下のように評する。

> 物語の最後に訪れる奇跡は、「俺ら」の滑稽さを、そこに宿る真摯さを強く肯定する。その奇跡は同時に、フィクションから現実に向けられた祈りでもあるはずだ。その祈りは極めて演劇的なやり方で、舞台の上でしかできない方法で差し出される。[3]

ここで山崎は、幕切れの「演劇性」に着目している。また批評家の佐々木敦も初演版の劇評において、次のように幕切れの重要性に言及し、同時に、そこへ至るまでの「プロセス」も強調している。

茫然とさせられつつも同時にああやはりこうなるしかないのかと溜息をつかされるクライマックスを経て、思いがけないラストシーンへと物語は突き進んでいく。［中略］ことによると観客の幾らかにとってはかなり意外、というか唐突に映ったのかもしれないラストは――作劇的にも、メッセージとしても――もちろん重要だが、そこに至るまでの長い長いプロセスのほうがほんとうは大切なのだと思う。バラバラだった、繋がっていても歪な繋がりでしかなかった六人が、不思議な成り行きで互いに関係し、性愛も恋愛も含んでいるが名づけるならば友愛と呼びたい結びつきを蓄えていって、大袈裟な言い方をするならば、世界の酷薄さに立ち向かおうとする、そんな物語。[4]

本稿では、『バナナの花』の幕切れを、佐々木の強調した「長い長いプロセス」からの偏差として位置づけ記述する。換言すれば、劇の辿る「プロセス」に作品の基調をなす「地」を見出し、そこから浮き立つ「図柄」として幕切れを評する。[5] まずは第一章で、あらすじや登場人物等、議論の前提となる物語内容を確認しておこう。

第一章　『バナナの花は食べられる』の物語内容

本作の舞台は現代日本、二〇一七年から二〇二一年に設定される。劇で起こる主要な出来事を把握しよう。

二〇一八年六月、穴蔵の腐ったバナナ（以下バナナ）が、マッチングアプリ「TSUN-TSUN」に友だちを募集する旨の書き込みをするところから物語は始まる。その「TSUN-TSUN」で、サクラとしてバナナに接触した男は、やりとりをするうちに、バナナに関心をもつようになり、ふたりは実際に会う約束を取りつける。「TSUN-TSUN」におけるやりとりで、バナナはこのサクラの男を「百三一《ひゃくさい》桜《さくら》」（以下百三一）と命名する。

二〇一八年七月、対面した彼らは意気投合し、互いを相棒とみなすようになる。バナナは、前科一犯の元ネット詐欺師であったが、探偵事務所を開き、「人を救いたい」という信念から、探偵として百三一と行動を共にする。

二〇一八年秋、バナナと百三一はセックスワーカーのレナちゃんに接触する。彼らの調査の結果、レナちゃんは、売春やドラッグ売買の元締めであるミツオという人物の交際相手であることが判明したためだ。しかしレナちゃんはミツオとの交際関係も仕事上の契約関係も解消していた。そして彼女は、バナナの「人を救いたい」という信念が、レナちゃん自身の生きる「現実」とは相容れない「ファンタジー」であると宣告し、ふたりから去る。

二〇一八年冬、百三一とレナちゃんは再会し、交際することになる。

二〇一九年夏、ひとりでミツオを追跡していたバナナは、逆にミツオに拉致されてしまう。しかしミツオは、数々の悪事を働いてきたであろうその記憶を失っていた。また、首元に大きな怪我を負ったために、発声が不可能になり、スマートフォンの文字読み上げ機能によって発話を代替している。記憶をなくしたミツオがバナナを拉致した理由は、バナナを救いたいためだと言う。聞けば、その記憶を失ったミツオは、すべての人ではないが、他人の頭の上に命日が見えると言うのだ[6]。バナナのその日付は二〇二〇年九月三〇日であると、ミツオは告げる。こうしてバナナを救いたいミツオと、ミツオを救いたいバナナの利害は一致し、ミツオも探偵事務所の一員となる。バナナは、記憶をなくしたミツオを「クビちゃん」と名づける。

二〇一九年冬、バナナは百三一とクビちゃんに対して、想い人の存在を告げる。彼女の名はアリサ、二〇一七年にバナナが断酒会コミュニティで出会った女性である。ふたりはアルコール依存症であった。彼女とは、バナナが百三一と出会う二〇一八年時点ですでに音信不通になっていた。そしてバナナは、彼女に再会するための計画を立てる。はじめに、アリサはどうやらDV被害に遭って男性不信に陥っているため、男性の自分ではなく、女性のレナちゃんを派遣してアリサと友だちになってもらう必要があると考えた。そして、ふたりの信頼関係が築けてから、レナちゃんの仲介でバナナ自身がアリサに会い、告白するという算段だ。そしてその際、クビちゃんにアリサの日付の有無を確かめてもらい、未来の無事を確認しようとも考えた。

二〇二〇年二月、計画どおりに事は運び、バナナはアリサに告白する。アリサはバナナを振る。また彼女は、クビちゃんを認識すると発狂してその場から逃げ出してしまう。劇中で具体的なことが明かされることはないが、おそらく過去のミツオ［現時点でのクビちゃん］とのトラブルに関わっていると推測される。一方クビちゃんによれば、アリサに日付は確認されなかった。

二〇二〇年九月三〇日午後四時二一分、クビちゃんの予告通りバナナは死ぬ。クビちゃんの予告でわかるのは、死ぬ日時のみであり、死因は予測できない。そのため、バナナの身になにか危険なことが起こらないよう、事務所内で、百三一・レナちゃん・クビちゃんは総出でバナナを見張っていた。しかしクビちゃんの予告していた時刻の直前、バナナは突如として鬼ごっこを開始する。その鬼ごっこの最中に、バナナは死んでしまったのだ。

バナナを亡くした喪失感が三人を覆うなか、クビちゃんは、百三一とレナちゃんに対して、ふたつの隠しごとを告白する。第一に、バナナが死ぬ数日前から、クビちゃんは自身をミツオとして認識しているということ、第二に、実はアリサには日付があったということだ。それは二〇二一年三月二四日午前一一時である。クビちゃんは、予定された死期を目前にしたバナナのことなどを思い、その事実を秘密にし、もしバナナを救うことができたら、そのときにあらためてアリサの命日を伝えようと考えていたのだった。クビちゃんを責める百三一と擁護するレナちゃんの立場の相違が口論に発展し、最終的にレナちゃんとクビちゃんは事務所を出て行く。

　百三一はひとり事務所に取り残された。するとバナナから「TSUN-TSUN」のメッセージが届く。生前彼が設定していた予約送信であった。メッセージを受け止めた百三一は、アリサを死から救うため、彼女のもとへと向かう。

　二〇二一年三月二四日、すなわちクビちゃんの予告したアリサの命日、すでにアリサのもとで彼女をケアしていたと思われるレナちゃんと、その当日に駆けつけた百三一が、アリサを守るために行動をともにしている。予告時間が近づくと、死神が現れる。その直後にミツオが登場して死神の進行を阻止する。ミツオの力だけではままならなくなってきたとき、通りすがりの名もなき者がミツオに加勢する。最後に、その名もなき者が完全に死神を取り押さえ、「確保」の宣言をし、幕切れとなる。つまり、アリサは死の運命から逃れたようだ。

　以上、論理的に理解可能となるように物語内容を記述した。続いて、この作品に特徴的な部分についてより詳細にみていくことにしたい。

第二章　過去を回顧する
——百三一とレナちゃんの語り

　物語を追って、登場人物の属性に着目するとわかるように、彼らのなかには誰ひとりとして社会的強者はいない。[7] 通常は、本作の評価において、そうした彼らの弱者としての立場が言及されることが多い。[8]

　しかし本稿では、別の視点から作品を検討してみたい。たとえば、劇の順番は、第一章に示したものと同様に、基本的にクロノロジカルに進行する。[9] しかし本作に特異な点は、登場人物が演示的に行為しながら、[10] 未来からのコメントを語るところにある。すなわち現在進行している出来事の最中に、登場人物がその場で、未来からのコメントを挟むのだ。したがって、先の物語内容を念頭におきつつも、本稿ではその構成に重点を置いて劇を論じたい。分析の対象は、戯曲及び二〇二三年再演版の演出とする。

　まず、本作の大部分は過去が占めている。劇中の出来事を明確に過去として語る人物が存在するため、劇に過去という情報が付加されるのである。この点で「劇全体の構成が特定の語り手の回想からなるいわゆる回想劇（memory play）」[11]と類似している。しかし本作は一般に理解される回想劇とは様相を異にしている。その特異性を捉えるために、まずは代表的な回想劇を参照し、そこで過去がどのように表現され、観客に認識されるか検討しよう。

第一節　回想劇における過去の表現
——観客が劇を過去として認識する回路

まず大まかに分類するならば、本作は百三一の回想劇といえるかもしれない。なぜなら、「あの頃」[12]と劇の現在を初めて指示するのが百三一であるからだ。それを言う百三一は、その時間を遠く、つまり過去として捉えていると理解できる。また劇の中心人物・バナナの相棒という役割も、百三一に語り手としての特権的な地位を与えうる。

ここで、劇中人物が語り手となる代表的な劇を二作挙げ、その特徴を確認しておく。テネシー・ウィリアムズ作『ガラスの動物園』（一九四五年初演）とピーター・シェファー作『アマデウス』（一九七九年初演）である。この二作に共通する構成上の特徴は、まず、劇の最初と最後に、回想の主体による語りが配置されることだ[13]。これによって、劇は文字通り、語り手の回想の枠に入り込む。

なかでもその枠が強力なのは『アマデウス』である[14]。サリエリによる語りが、劇全体を通じて傍白の位置に介入する。これによって、シェファーの『アマデウス』改訂について論じた山田良の言葉を借りれば「〈語り手〉サリエリによる支配操作の手が及ばない領域は、ほとんど皆無［後略］[15]」という特徴を獲得している。一方で『ガラスの動物園』のトムによる未来からの語りは、全二幕八場のうち五度に限られる[16]。そしてそこで、つまり演示シーンの切れ目で、トムはまとまった長い語り[17]を挟む。サリエリと比較して、劇の現在への介入度は低い。整理すれば、『アマデウス』においては、劇の現在がサリエリの回想内容、つまり過去であるという内世界的事実は、サリエリによる高頻度の介入によって、観客の意識にほとんど不断に顕在する。これに対して『ガラスの動物園』では、劇の現在がトムの回想内容、つまり過去である事実は、トムの介入度の低さによって、あまり顕在化されない。

だからといって『ガラスの動物園』で演示される劇の現在が、トムの回想であるという理解は、観客の認識から消え去るわけではない。たとえば和嶋忠司は、『ガラスの動物園』を例にとって、演劇における過去の表現方法について分析し、トムの語りの回数について、「劇全体を過去化するには少なすぎる」[18]と評価している。それをふまえ、「過去の出来事が始まると、当然、それは劇的現在を通して演じられる」ため、「劇の出来事が過去に属している」という内世界的事実は「あくまで説明による理解」にとどまるのだという。[19]しかし和嶋の整理を換言すれば、過去であるという理解は、撤回されず、その劇的な必然性は与えられないにしても情報として保持されるものである。

このふたつの回想劇に対して『バナナの花』にみられる相違点は、複数の人物が過去を語ること、それに伴ってひとりの人物の回想の体裁をとらないことである。[20]それでも上述の回想劇を参照したのは、次のことを確認するためである。すなわち、劇の現在が過去に属するという内世界的事実を観客が認識する際、その回路は、①それを情報として理解する起点[21]と、②その理解の妥当性を承認しつづけるプロセスに分けられる。上記二作品はいずれも①を前提に、『アマデウス』は②を高頻度で、『ガラスの動物園』は②を低頻度で行っている。

これらの回想劇と共通して、『バナナの花』においても劇の現在は、登場人物にとっての過去として提示されている。それは、①前述した百三一による、劇の現在を過去と認識する立場の導入[22]によって、②百三一とレナちゃんによる語りによってである。以下の分析で対象とするのは、こうした劇の内世界では発話されていないことになっている約束事の台詞である。これを通じ、この劇の基調として、観客が劇の現在を過去と認識する仕組みを見ていく。それは独特の仕方ではあるが、いま確認した②の回路にあてはまるだろう。

第二節　回顧による推量——百三一の場合

冒頭に指摘したように、初めて劇中で「あの頃」と発話し、劇の現在との隔たりを明示するのは百三一である。劇全体を通じた回顧的語りの回数は、レナちゃんと比較して圧倒的に多い。

先に百三一による「あの頃」との発話は、劇の現在との隔たりを表すことを指摘しておいた。これについてより仔細に考察したい。日本語の指示詞コソアには直示用法と照応用法があり、[23]とりわけ直示は、キア・イーラムが『演劇の記号論』で指摘するように、「劇中のコンテクスト」を「すでに進行中の「現実的」で動的な世界と指示[24]」するにあたって重要な役割を果たす。なぜなら直示は、それが指示する対象の存在を言語世界外に前提するからだ。[25]指示詞コソアのうちコとアは直示用法・照応用法のどちらにおいても直示の性格が認められることを論じた金水敏は、「ア系列の原型的用法」をまず次のように解説する。すなわち「直示におけるアの領域は、眼前の空間において、コと対立する形で、話し手が直接操作できない遠方の空間を指差し、眼差し等の行為によって焦点化することによって形成される。いわゆる遠称である」。(26) つまりここでは、「あの頃」が指示する時間は、発話者である百三一が遠く捉えている対象となる。

ただし厳密には、ア系列は自動的に過去であるという事実を示さず、よって語りの回顧的性格の決定的要素ではない。金水によれば、ア系列が指示する「場面は特定の時間・場所である場合もあるし、不特定である場合もあるが、ア系列の場合は、必ず話し手が直接体験した場面でなければならない」。(27) すなわち直接体験という点では、ア系列はコ系列と共通する。(28) 以下に「あの頃」が配置される台詞を引用し、「あの頃」を「この頃」に改変した台詞と比較しよう。

> 穴ちゃんの見立ては当たっていた。あの頃俺は、たしかにマッチングアプリで課金してくるバカをカモにささやかな日銭を稼いでいた。(29)

> 穴ちゃんの見立ては当たっていた。この頃俺は、たしかにマッチングアプリで課金してくるバカをカモにささやかな日銭を稼いでいた。（筆者作成）

「あの頃」「この頃」のいずれも、発話者である百三一が直接体験したことを表している。よって過去として位置づける決定的な要素はア系列の指示詞というより、「穴ちゃん」という呼称であろう。それは脚注12でも言及したが、「穴ちゃん」とは、百三一がバナナと意気投合してから用いる呼称であるからだ。ただこの時点で、のちの百三一がバナナを「穴ちゃん」と呼ぶことは、観客に共有されていない。百三一による初めての過去を示す語りとして以上を検討したが、その他の台詞による検証が必要である。

ア系列の指示ではなく、未来にならないと知り得ない情報あるいは到達し得ない認識といった、未来の状況を反映した発話が、その語りを回顧たらしめることを、別の例によって確認しよう。

> 2　てか酒飲まない？　あ禁酒中なんだっけ？
> 1　いや、うーん。レモンサワーなら、ジュースと同じだから大丈夫。
> 2　なんだよ割とら、じゃん。／かくして俺と穴ちゃんはら、になった。二〇一八年の夏だったと思う。(30)

ここでは台詞の語尾に着目したい。「だったと思う」という表現に、百三一の推量が伺える。類似の例をもうひとつ挙げる。

手始めに俺らは、悪役を探すことから始めた。ツンツンに蔓延る悪質なサクラの正体を暴き、その根本から救うのだと。そうすればツンツンはもっと健全なアプリになるし、サクラたちは俺のように改心できるはずだと、穴ちゃんは言った。そして俺が斡旋していた女の子たちを皮切りに、手当たり次第情報収集をしていった。俺は正直、いつかやばいことになるんじゃないかと思っていた。でも、そんな予感よりも全然、俺は隣にらがいることの興奮に、酔っ払っていたんだと思う。[31]

ここでも同様に百三一の推量が現われている。いずれの台詞においても、その百三一の推量には、少なくとも劇の現在時点では到達しない未来の認識が反映されている。これにより、百三一が対象化する劇の現在には、過去であるという情報がその都度付加される。

第三節　回顧による後悔――レナちゃんの場合

百三一の回顧的語りの特徴が、先にみたように過去の事態に対する推量にあるとすれば、レナちゃんの場合は過去の出来事の進行を制止させたいという、もとより達成不可能な意思にある。例を挙げる前に、状況を確認しておく。

劇の全体を通じて散在する百三一の語りと比較して、レナちゃんの語りは、劇の後半に集中する。それは、彼女がレナちゃんという源氏名ではなく、マユミという本名の存在として、アリサと友情関係を築いたのちのことである。[32]第一章でみたように、バナナの依頼を受けてアリサとの信頼関係を築いたレナちゃん＝マユミは、アリサ＝カナエをバナナのもとに連れ出し、クビちゃんと対面させることとなる。そして、アリサ＝カナエはクビちゃん［彼女にとってはミツオ］を認識することで発狂してしまう。短絡的に言えば、レナちゃん＝マユミがアリサ＝カナエを連れ出したことが、彼女を傷つけてしまう結果となった。レナちゃん＝マユミの語りを貫くのは、こうした事態に対する後悔の念といえる。

以上の状況をふまえ、レナちゃんの語りの例を挙げる。まずは、3＝レナちゃん＝マユミが5＝アリサ＝カナエを連れ出そうとする場面である。

3　なんで私は、あんなことしたんだろう。少し考えればわかったことかもしれない。少なくとも私は、あの時、あの瞬間がくるまで、どんな結果になろうとも、彼女は私のしたことを喜んでくれるはずだとばかり思っていた。／ねえ私、帰る前にカナエさんに会わせたい人がいるのね。会うだけでも会ってみてくれない？

5　ええ？　なんだそれー？　どういう人？　男の人？

3　友達。／これがフィクションならここで終わりにしてほしい。
5　じゃあ男ってことかー。女の友達は私だけだもんね？
3　うんそう。やっぱりやだ？　バンドのライブなの。友達の。／終わってここで。
［中略］
3　今日の夜、行く？／来なくていい。
5　行くよー。楽しそう。
3　気にいってくれるといいんだけどなあ。いい奴らだよ。それなりに。／私は、世界一の馬鹿ものだ。(33)

劇の現在においては3＝アリサ＝カナエを誘おうとする会話を続けながら、傍白の位置において3＝レナちゃん＝マユミは、その進行に相反する意思を表明している。その意識の分裂は特に「今日の夜、行く？／来なくていい」に顕著だ。こうした、過去の出来事の進行を制止させたい、あるいは取り消したいという意思による語りは、アリサ＝カナエがクビちゃんを認識する決定的瞬間まで続く。次に引用するのは、その直前、1＝バナナが5＝アリサに想いを告げる場面だ。ここでも3＝レナちゃん＝マユミの語りは、劇の現在つまり1＝バナナと5＝アリサの会話に割って入る。(34)

1　［前略］しかしこうして数年越しに拝むあなたの実像は、数多の残像たちをワンラウンドで叩きのめすほどに美しい。アリサ。許してください。あなたの隣にいるその女性をこの街に派遣したのは船井です。
3　お願いここで終わって。
1　でもあなたが聞いた彼女の過去やあなたに対する友情はおそらく本物に違いありません。もとい、我々は彼女があなたにどんな話をしたのか、ましてや、少なくとも船井は彼女の本名すら知りません。けれど、おそらく、あなたは知っている。あなたが交わしたその女性との友情は真実にほかありません。ただ、きっかけだけが、スタートラインだけが、この船井が引いた線であること、それはひとえに船井がアリサに会いたいがための、勝手な欲望から始まったことをご理解ください。この事実を含め、船井のことが嫌いになったのならば致し方ありません。ですが、あなたの隣にいる彼女のことだけは、疑わずにいただきたく思います。彼女のあなたに対する友情が本物になりえなかった場合、あなたがここに辿り着くことはなかったのですから。
3　ここで終われ。
5　（笑う）なあんだ。船井くんとマユミちゃん、知り合いなのね？(35)

このように、レナちゃん＝マユミが嘆いているのは、アリサをバナナのもとへ連れ出す判断をし、クビちゃんと対面させた、ということだ[36]。それをせずにおく判断は、劇の現在の時点では下し得なかった。よってこの語りが強調するのは、レナちゃん＝マユミの意識と劇の現在との断絶である。劇の現在の状況を目の前にしつつ、そこから分裂する未来の意識がこの発話の特徴といえる。

繰り返すなら、レナちゃん＝マユミの認知も百三一と同様に未来の時点にある。同時にその回顧的性格は、過去を悔やみ、過去に起こり得ないことを願っているぶん、百三一と比べて強調されている。いずれにしても彼らの語りが、未来の時点における認知を劇の現在に照射し、それによって観客は、劇の現在が過去であることを意識する。このように彼らにとっての過去という事実を、『バナナの花』の基底に流れる「地」とみなす。

第三章　強力な主観——アリサの場合

本章では、アリサに着目して戯曲および再演版の演出を分析する。第一章でも確認したように、アリサは、幕切れで死を逃れる。この点で、彼女は幕切れにおける中心人物である。本章では、その幕切れを際立たせる「地」となるアリサの特徴を、彼女の強い主観による舞台の支配に見出す。

アリサはバナナの片想いの相手として、冒頭から言及されるが、初めて本人が舞台に姿を現すのは、劇の中盤である[37]。次に引用するのが、その初登場の場面での台詞である。

> 朝、目が覚めて、昨日のお酒が身体の中に残っていない。
> 満たそうと手をのばしても空き瓶。
> この空き瓶と同じように私のどんどん減りゆく預金残高もいつか0になる。
> そしてついでのように私の命も0になる。
> むしろ、そうなりますようにとこんな朝思う。
> 夜。
> もう切れることのない大量のストック。
> 酔っ払いこのまま安らかに目が覚めないまま、残りのアルコールの量と預金残高を気にすることのないまま、翌朝内臓を新たなアルコールで満たすことのないまま、目が覚めない朝をむかえたい。
> ［中略］
> また今日も私は、生きてしまっている[38]。

アリサのこのモノローグは、佐々木健一にしたがえば「ものおもい」に属する[39]。佐々木の分類したものおもいとは「はじまりもおわりも明確に定まっているわけではなく、ゆくえ定めぬとりとめのなさこそその本質である」[40]。そもそもモノローグは相手のない言葉であるから、モノローグにおいて嘘を語ることは不可能である[41]。このとりとめのないものおもい、つまり、いま生きている苦悩に差し向けられた言葉は、彼女の心の真実として提示されているのである。こうした言葉による内面の表出のみならず、次のように、台詞がなく完結した動きの指定もなされている。

仏花を手にした5が現れる。墓前と思われる場所に辿り着き、仏花を供え、手を合わせる。さらに自分のバッグから次々と酒を取り出し墓前に並べていく。［中略］しばらくして彼女は墓前から去る。しかし、まるで強力なゴム紐が巻きつかれているかのように墓前に戻って供えられた酒を飲む。［中略］しばらくして、幽霊のような男が舞台上に現れる。幽霊のような男は悶える5をみつめてしばし立ち尽くしているが、やがて荒々しく5に近づく。5の髪を引っ張り、身体を地面に叩きつけ、平手打ちする。5は抵抗して男に襲いかかる。［中略］彼の息が止まっていることに気づき、5は慄く。その場を去ろうとするが、墓の中へ引っ張られる。もがきながら抜け出そうとするがやがて力尽きる。上記一連の動作は踊っているかのように観客の目には映る。ダンスなのか、舞なのか、いずれにせよ夢幻的な時間が空間を支配する。[42]

他のどの登場人物もこうした内面の表出を行わない。よって全登場人物との比較においては、心の状態の舞台空間への侵入がアリサの特徴となり、アリサ個人としてはそれが「地」となる。このアリサの性格を強調した二〇二三年再演版の演出を、ひとつ例に挙げる。状況は、先の第二章第三節でレナちゃんの語りを分析した際にも確認した、5＝アリサが4＝クビちゃん［アリサにとってはミツオ］と対面する、まさにその瞬間である。対応する戯曲の部分を以下に引用する。

4　クビちゃんですわわわわー（お面を外す）

途端、笑っていた5の表情が曇ってくる。4と距離をとり、その場にいるひとりひとりに鋭い眼光を向けていく。

4が何事かと5に近づく。
5は怯えて離れ、一人一人をゆっくりと指差していく。彼女の瞳の奥には確実に敵意があり、恐怖があり、やがて、なにもなくなる。

5　へぇえあなたたちが魔法をかけていたのね？　私が無視するからメフィストを連れてきた。（笑う。そしてその場

を転げ、発狂した人間のように床をのたうちまわる(43)

下線部に対応する演出は次のようであった。4（細谷貴宏）＝クビちゃんが素顔を晒し、5（入手杏奈）＝アリサがそれを認識すると、アリサはひと息のロングトーンで、「あー……」と声を延ばしつづける。なにか気づいたことを表すにしては過剰な長さであった。アリサの様子についてなにごとかと舞台中央に結集していた1（埜本幸良）＝バナナ、2（福原冠）＝百三一、3（井神沙恵）＝レナちゃん、4（細谷貴宏）＝クビちゃんは、アリサの「あー」という声が消えかかったとき、「あー！」と声を合わせながら、アリサに一挙に押し寄せる。アリサは泣いているような声をあげながら、すばやく彼らから逃れる。すると彼らは不思議そうにアリサを見つめている。

5＝アリサに想いを寄せる1＝バナナや、彼女と友人になった3＝レナちゃん＝マユミは無論、2＝百三一と4＝クビちゃんも、彼女に対して好意的である(44)。それにもかかわらず、怯えるアリサに向かって彼ら全員が一斉に迫ることは、論理的には考えづらい。であればこの彼らの行動は、アリサの認識が舞台上を支配したものと捉えるのが妥当に思える(45)。つまり、劇の内世界的現実としては、彼らはアリサに迫りなどしていない。アリサがクビちゃん「アリサにとってはミツオ」を認識することをきっかけに感じた恐怖や敵意によって、アリサは四人が迫ってくるように感じた。そのようにアリサの主観が支配した舞台空間が、観客に立ち現れたのではなかったか。以上で述べてきたように、アリサに特異なのは内面の真実が舞台上に侵入することである。上に見た二〇二三年再演版の演出は、それを強化するものであった。

第四章　偏差としての現在

第二章では、百三一とレナちゃんによる、未来の認知に依拠した語りが、劇の現在に、過去であるという情報を都度くわえること、第三章では、幕切れの中心人物アリサの主観は、舞台へ侵食する傾向があることを確認した。それぞれ、過去は劇全体の基調、アリサの主観の支配はアリサという人物の基調をなしていた。本章では、幕切れにおける、これら「地」からの逸脱を分析する。

第一節　劇中人物と観客の「認知の時点」の一致

幕切れはクビちゃんの予告したアリサの命日である。バナナはクビちゃんの予告した日時どおりに死んだ。これを以て、観客が足場としてきた情報は無に帰される。劇を振り返ると、バナナの死はまず物語内容として重要であるが、2＝百三一と3

=レナちゃんの語りのなかでも予告され、決定的な出来事としての印象は強められてきた。その語りの例を以下に引用する。

2　穴ちゃんはこの日新宿のひとつの横丁にあるすべてのアルコールを飲み干した。少なくともそれぐらい飲んでいるように俺には見えた。帰り道歪む月夜に千鳥足で肩を組んで帰った。そして二人して路上の縁石につまずいて車道に転げて、何年も何年も俺の頭から離れない呪いの言葉を穴ちゃんは発した。
1　……死にたいなあ。
2　穴ちゃんのその願いは、二〇二〇年九月三〇日午後四時二一分に神様が叶えてしまうことになる。[46]

2　［前略］それから、俺と彼女がお互いの本当の名前を知ってしまってから、それから、パンデミックの影響で結婚式が延期になってから、それから、穴ちゃんが死んでから。[47]

3　［前略］アリサさんとの面会は謝絶、世界にウィルスが蔓延して、結婚式は延期。穴蔵の腐ったバナナは死んで、ミツオはまた姿を消して、私たちは別れる。[48]

幕切れにおいては、百三一とレナちゃんが語ってきたバナナの死という出来事は過ぎ去り、彼らの認知の時点と、劇の現在と、観客の認知の時点のすべてが初めて一致する。

　そして、百三一の次の台詞が突如として、それまでの劇の流れを区切り、新たなコンテクストを導入する。

2　だから……。だから……。ここに来た。[49]

「ここ」とは具体的にどこなのか明示されない。[50] しかし上演においては、2（福原冠）=百三一が舞台上にいる「そこ」であることは明白である。この発話が、2（福原冠）=百三一のいる「そこ」を、劇の中心として再編成する。これにより、過去であるという情報の払拭された劇の現在は、さらに、これまでの流れから選り分けられる。

第二節　劇中人物の無知

　状況を改めて確認しておくと、百三一、レナちゃんは、アリサになにか危険なことが起こらないよう、周囲を警戒しつつ行動を共にしている。クビちゃんの予告した午前一一時は刻一刻と迫っている。最後に、幕切れまでの戯曲の記述を引用する。

5　明日のことはわからないですけど……生きたいですよ。今は。

2　……じゃあ、全力で阻止しますんで。

5　……死にたかったら？　私が死にたかったらどうなんです？

2　……そしたらたぶん、いまこんなところでこんな風になってないですよきっと。ここでこうなってるのは、必然ですよ。アリサさん。偶然なんかじゃない。アリサさんが生きたいって思ってるから、マユミとアリサさんが出会って、それで、こうなってます。

5　…………。

2　死なせませんよ。俺らが。

彼らの見えないところで、死神が4に取り押さえられている。死神は抵抗して5のほうへ向かおうとするが、4がそれをさせない。4の力ではままならなくなってくると、やがて1が現れる。この1は穴蔵の腐ったバナナではなく、名もなき者として登場する。そして暴れる死神を取り押さえ、声高らかに叫ぶ。

名もなき者　確保！　確保ー！

完[51]

下線部に該当する演出で着目したいのは、死神や「名もなき者」をアリサたちは認識しないという点である。5（入手杏奈）＝アリサたちは、死神の登場から最後の台詞「確保！　確保ー！」まで、舞台下手の手前側から動かず、つねに前、つまり観客席に体を向けていた。視覚的に、観客席に向き合う5（入手杏奈）＝アリサたちと、舞台中央で、アリサのほうへ向かおうとする死神とそれを阻止しようとする4（細谷貴宏）＝クビちゃん＝ミツオと1（埜本幸良）＝名もなき者の攻防は、互いに分離して存在する。さらにアリサたちは、死神が「確保」されたあとも、喜びの表現などによってこれに反応することはない。それどころか姿勢を動かさず、つまり、死がまだ迫ってくるのではないかと待ち構えている。よって、死神が登場し、4（細谷貴宏）＝クビちゃん＝ミツオと1（埜本幸良）＝名もなき者がそれの進行を阻止して取り押さえたことを、観客だけが外部から認識する。[52]

　とりわけ第三章にみたアリサの特質からして、彼女が舞台中央で起こる出来事を認識しないことは重要である。アリサの強い主観が舞台へと侵入する傾向を指摘したが、反対にこの出来事は、アリサの認識からひらけたところで発生する。この幕切れの出来事は、アリサの主観が介在しない、劇の内世界における事実として徴づけられる。

おわりに

本稿は、『バナナの花は食べられる』劇全体に対する幕切れの特異性を明らかにした。それはまず、劇が登場人物にとっての過去に属するという理解を重ねて喚起するという、劇の基調からの偏差として有効となる。具体的には、百三一とレナちゃんが劇に付加してきた過去という情報が、幕切れでは途切れる。加えて、死神が取り押さえられる出来事を、特にその当事者であるアリサが認識しないことを見た。これにより、彼女の主観を介した表現との比較において、相対的に幕切れでの出来事の内世界的な事実としての性質が強まる。以上から、本作の幕切れにおいて、「現在」が特別な事象として立ち現れる。

（1）範宙遊泳「範宙遊泳 次回公演 バナナの花は食べられる 4都市ツアー」[https://www.hanchuyuei2017.com/banana23]（最終閲覧日二〇二四年一月三日）

（2）このシーンの上演写真は二〇二四年一月三日現在、範宙遊泳公式サイトのトップページで閲覧できる（範宙遊泳「演劇 範宙遊泳／Theater Collective HANCHU-YUEI」[https://www.hanchuyuei2017.com/]（最終閲覧日二〇二四年一月三日））。

（3）山﨑健太「【劇評】範宙遊泳『バナナの花は食べられる』—未来を変えようともがく外れ者たちの物語」[https://niewmedia.com/specials/015924/2/]（最終閲覧日二〇二四年一月三日）下線は引用者による。以下同じ。

（4）佐々木敦「劇評「バナナの花はどんな味?」」（範宙遊泳「範宙遊泳 次回公演 バナナの花は食べられる 4都市ツアー」[https://www.hanchuyuei2017.com/banana23]（最終閲覧日二〇二四年一月三日）なお、引用文中の「六人」は正しくは「五人」と思われる。

（5）戯曲内の「地」と「図柄」の相対的関係については、佐々木健一『せりふの構造』講談社、一九九四年、一四八頁を参照した。

（6）このミツオ＝クビちゃんの主張が嘘ではないことは、のちの展開で検証される。「クビちゃんの死期が見えるという能力は、オフィスの下の階の中華屋の店主の命を救うことで、疑う余地はなくなった」（山本卓卓『バナナの花は食べられる』白水社、二〇二二年、一五〇頁）。またこの台詞からわかるように、クビちゃんの認識する命日は絶対的に不可避なのではなく、死因を取り除けば回避可能という設定である。

（7）参考までに、登場人物を整理した表を掲載する。山本卓卓『バナナの花は食べられる』六頁を参照し、役者名および登場人物の本名は筆者が補足した。

戯曲指定の番号（役者名）	仮名	本名	二〇一八年時点の年齢	二〇一八年時点での職業
1（埜本 幸良）	穴蔵の腐ったバナナ	（不明）	33	個人事業主
2（福原 冠）	百三一 桜	ハヤシ	34	マッチングアプリのサクラ
3（井神 沙恵）	レナちゃん	マユミ	28	セックスワーカー
4（細谷 貴宏）	クビちゃん	ヤナギ ミツオ	23	売春の斡旋 ドラッグ売買の仲介等
5（入手 杏奈）	コシザキ カナエ	清水 アリサ	36	スーパーマーケットのパート

（8）なお戯曲『バナナの花は食べられる』は、福名理穂作『柔らかく揺れる』とともに、第66回岸田國士戯曲賞を受賞している。選考委員五名のうち野田秀樹が戯曲の構成に重点を置いて評価した。野田は「綱渡り」という表現を用いて、読者を「最後まで引っ張」りつづけるサスペンスの技巧を評価している（野田秀樹「走れ！ テーマは、後から追いかけてくる」（白水社「第66回岸田國士戯曲賞選評（二〇二二年）」）[https://www.hakusuisha.co.jp/news/n47204.html]（最終閲覧日 二〇二四年一月三日））。

（9）二〇一八年六月のバナナと百三一の出会いから始まり、二〇一七年時点の出来事や、劇中の具体的時間に属さない独白や観客への語りかけの挿入を除けば、すべてクロノロジカルに進行する。

（10）「演示」という語の選択は、近年演劇におけるナラトロジーの研究を進めている山下純照に依っている。山下は、まず議論の前提として、語り＝diegesis と演示＝mimesis の対立関係を確認し、演示を次のようなものとして整理している。「暫定的に次のように定義する。演示とは、登場人物間の対話ないし会話（以下、対話と略す）と身体行動によって物語を演じ出す表現であり、それに対応するテクスト部分のことである」（山下純照「劇における narrative の二重性・演示と〈語り〉・信頼できない語り（手）：岩井秀人『ある女』を例として」『成城文藝』二五七号、二〇二一年、一〇五（三六）頁）。本稿は、佐々木健一『せりふの構造』を参照して議論を進める。佐々木は本書で、せりふという発話行為の備えている二重のコミュニケーションという性質を念頭に、あらゆるせりふの類型を定義・分析した。この二重性とは、「一方は劇中人物同士が劇世界の中でかわす相互的コミュニケーションであり、他方は俳優から観客への一方的コミュニケーションである」（佐々木健一『せりふの構造』二六‐二七頁）。佐々木は前者を「内世界的コミュニケーション」、後者を「芸術的コミュニケーション」と言い換えている。この二種類のコミュニケーションが、せりふという発話行為において同時に発生しているということだ。佐々木も注意を促しているように、重要なのは、劇中人物と観客の「存在論的なレベルの相違」（同書、二七頁）である。本稿で戯曲の構成に着目するにあたり、詩学というより道具としてのナラトロジーの知見は、全体の物語構造を把握するのに便利だと思われる。しかし、いま言及した、存在論的に異なるレベルのコミュニケーションが同時に発生するという演劇の独自性と理論的な整合性をいかにして確保できるのか、今回の調査では明らかにできなかった。そのため本稿では、ナラトロジーの議論には立ち入らない。

(11)山下純照「劇における時間軸の往還：欧米戯曲の状況と、2000年以降の日本現代戯曲（瀬戸山美咲・大西弘記・岩井秀人の作品）における複合的時間のナラトロジー」『成城文藝』二六一号、二〇二三年、一二六（五）頁。

(12)「穴ちゃんの見立ては当たっていた。あの頃俺は、たしかにマッチングアプリで課金してくるバカをカモにささやかな日銭を稼いでいた」（山本卓卓『バナナの花は食べられる』一九頁）。「穴ちゃん」という呼称も、これを発話する百三一を、劇の現在より未来に位置づける。百三一はバナナと意気投合してから、業務的に「社長」と呼ぶときを除いては一貫してバナナを「穴ちゃん」と呼ぶ。マッチングアプリで出会ったこの時点で百三一はバナナの名前（仮名）を知っているが、呼びはしない。たとえば次の台詞がある。「俺は思ったね。こいつ、バカなんじゃね？　って」（同書、二〇頁）。

(13)『ガラスの動物園』の冒頭と幕切れは、回想の主体であるトムによる次の台詞である。

「手品の種はポケットに仕込んであります。袖にも隠してあります。でも僕がやるのは手品師とは正反対のこと。手品師は本物と見まごうまやかしを見せる。僕は、感じのいいまやかしに見せた本物をお目にかけます。

時間を巻き戻し、皆さんをセントルイスの路地裏へお連れしましょう。［中略］

この劇は思い出です。［中略］

僕はこの劇の語り手であり登場人物でもあります［後略］」（テネシー・ウィリアムズ『ガラスの動物園』松岡和子訳、劇書房、一九九三年、一一‐一二頁）

「僕は月へは行きませんでした。行ったのはもっとずっと遠くです――ふたつの場所をへだてるのに、時ほど遠いものはありませんからね――僕はセントルイスを飛び出しました。［中略］

その蝋燭を吹き消して、ローラ（ローラは燭台の蝋燭を吹き消

し、室内はまっ暗になる）――そして、さようなら……」（同書、一一一－一一二頁）

また第二の例として挙げた『アマデウス』では、冒頭に台詞を発するのは、厳密には回想の主体サリエリではない。しかし、匿名の「ささやき」や「ヴァンティチェロ」たちによって、サリエリの名が呼ばれ、彼についての噂が次々に語られる。つまりこうしたサリエリ以外の台詞が、かえってサリエリの回想の枠を強調するよう機能している。そして、サリエリによる最初の台詞と幕切れの台詞は以下である。なおイタリア語の部分は省く。

「皆さん、列をつくって順番を待ってらっしゃる――人生に旅立つ順番を。皆さんは、いわば〝未来からの亡霊〟だ！　お顔を見せて下さい。さァ、いらして下さい。お目にかかってお話でもいかがです？　一八二三年十一月、夜明け前のこの暗い数時間を御一緒にお過しなさいませんか？［中略］

さァ、今こそ――お優しく、御親切な紳士淑女の皆様！　私、一世一代、最後の作品を御披露いたしましょう――ただの一回限り――曲名は〝モーツァルトの死〟または〝それは私の仕業か？〟……私の生涯、最後の夜を、今宵、皆様、後の世の方々に捧げます」（ピーター・シェファー『アマデウス』江守徹訳、劇書房、一九八四年、一二－一七頁）

「凡庸なる全ての人々よ――今いる者も、やがて生れくる者も――私はお前たち全てを赦そう。アーメン！」（同書、一七六－一七七頁）

(14) 佐々木健一『せりふの構造』の分類をふまえている。佐々木の整理によると「傍白（aparté; aside）とは、正面ではなく傍らに向けられた台詞という意味であるから、ディアローグに対する否定的な関係を示すものに他ならない」（一〇六頁）。

(15) 山田良「変化する〈神探求〉のドラマ――『アマデウス』（Amadeus）推敲の軌跡」『演劇学論集　日本演劇学会紀要』四一巻、二〇〇三年、三八九頁。

(16) 第一幕第一場、第三場、第六場、第二幕第七場のそれぞれ冒頭、そして第八場の最後である。

(17) いずれも松岡和子による邦訳版（劇書房、一九九三年）にして一から二頁におよぶ。

(18) 和嶋忠司「「過去」の劇的表現とメディア」『演劇学論集　日本演劇学会紀要』三一巻、一九九三年、六〇頁。

(19) 同右。

(20) さらにいえば、『バナナの花』においては、幕開けと幕切れに位置する枠づけはない。

(21) それは、上述の回想劇の場合、語り手の最初の台詞によって了解されるだろう。

(22) 脚注12参照。

(23) たとえば、堤良一「日本語の指示詞の研究」博士論文、大阪大学、二〇〇三年、八頁参照。
(24)K・イーラム『演劇の記号論』山内登美雄・徳永哲訳、勁草書房、一九九五年、一六三頁。なお本書でdeixisは「指呼」と訳されるが、本稿では、参照する日本語学の研究と接続するために「直示」と統一する。
(25)イーラムは、言語学者ジョン・ライアンズの「指呼は、われわれがあとで指示できるように、存在物を言述の世界に入れる利用可能な主要手段の一つである」(John Lyons, *Semantics Volume 2* (London; New York; Melbourne: Cambridge University Press, 1977), p. 673) という説明をふまえ、「直示(deixis)はじかに対象を示し(ostend)、それを劇中の指示対象として導入する」(Kier Elam, *The Semiotics of Theatre and Drama* (London ; New York : Methuen, 1980), p. 153, K・イーラム『演劇の記号論』一八〇頁を参照し一部訳語を変更した)としている。この理解は、以下で参照する日本語学者の金水の記述と合致する。金水によれば、「談話に先立って、言語外世界にあらかじめ存在すると話し手が認める対象を直接指し示し、言語的文脈に取り込むこと」が直示の本質である(金水敏「日本語の指示詞における直示用法と非直示用法の関係について」『自然言語処理』六巻四号、一九九九年、六八頁)。
(26)金水敏「日本語の指示詞における直示用法と非直示用法の関係について」七一頁。
(27)同書、七一―七二頁。
(28)同書、八七頁。
(29)山本卓卓『バナナの花は食べられる』一九頁。
(30)同書、三〇頁。「だったと思う」の強調点は引用者による。2＝百三一桜の台詞中の「／」は凡例で「セリフ中の独白と会話の切り替えとする」(山本卓卓『バナナの花は食べられる』八頁)と指定される。脚注14で言及した佐々木健一の分類をふまえて、本稿でこれに言及する場合には「独白」ではなく「傍白」とする。
なお、本作において「ら」とは「俺ら」「彼ら」などと複数のものをひとつに括る際に用いる接尾辞を指している。
(31)山本卓卓『バナナの花は食べられる』三一頁。
(32)アリサはここでは「コシザキカナエ」という仮名を使っている。
(33)山本卓卓『バナナの花は食べられる』一三一―一三二頁、「／」の用法については脚注30参照。
(34)アリサはバナナのことを、船井という中学時代の同級生だと勘違いしている。よってアリサはバナナを船井と呼び、またバナナもそれを受け入れ船井として振る舞っている。
(35)山本卓卓『バナナの花は食べられる』一四〇―一四一頁。
(36)ほかにも次のような台詞がある。レナちゃんは、アリサがクビちゃんの眼前から走り去っていったあと、こう吐露する。「自分の欺瞞が、振り返ってからはじめて欺瞞だったとわかる。その時は、ただ、無邪気で、純粋で、愛情だと思っていたものが、あっという間にひっくり返って欺瞞になる。私はでも、ほんとうに私は、そうならないように気をつけていた。こんな風に大切な人を傷つけないように、優しく生きていたいとほんとうに思っていた。でもそれさえも、ひっくり返し欺瞞だと突きつけるほどに、なんでこんなに必然って残酷なんだろう」（山本卓卓『バナナの花は食べられる』一四六-一四七頁）。

(37)戯曲は三部構成で、アリサが初めて登場するのは第二部の冒頭である。

(38)山本卓卓『バナナの花は食べられる』七七-七八頁。

(39)ここでのアリサのモノローグは、劇中の具体的な時間に属さないため、この間、内世界で出来事は進行しない。「それ［ものおもい——引用者注］は劇行動を展開させるものではなく、むしろ、展開を一時停止させる」（佐々木健一『せりふの構造』六六頁）。とりわけこのモノローグは、通常の時間の進行とは無関係に「朝」と「夜」を並置していることから、アリサにのみ感じられる時間という性格を強める。

(40)佐々木健一『せりふの構造』六六頁。

(41)同書、六五頁。

(42)山本卓卓『バナナの花は食べられる』一二一-一二二頁。

(43)同書、一四五-一四六頁。

なお、第一章でも言及したが、クビちゃんはスマートフォンの文字読み上げ機能によって台詞を発する。戯曲の凡例では次のように指定されている。「4のセリフを太字で表記している箇所は、スマートフォンの文字読み上げ機能による音声であることを意味する」（同書、八頁）。本稿では太字の代わりにゴシック体を使用した。

(44)たとえばこの直前の2＝百三一と5＝アリサのやりとりは次のとおりだ。2＝百三一と3＝レナちゃん＝マユミの婚約を祝う会話である（山本卓卓『バナナの花は食べられる』一四四頁）。

2　（お面を外す）あ、どうもです。あの、マユミが、いろいろお世話になりました。

5　あ、どうも！　へえ。あなたが、あの。

2　あ、はい（照れて）。その、あれです。

5　おめでとうございます。

2　あ、ありがとうございます。ぜひ、式にも。

(45)毛利三彌は、上演を支える基本要素である俳優・劇人物・観客（Eric Bentley, *The Life of the Drama* (New York: Atheneum, 1964), p. 150）を、「三角形構造」という相互的な関係性として体系化した。この三要素のうち、観客が劇人物を認める仕組みに関して、毛利は次の例を挙げて説明している。「舞台上では、男が立っているのをみるとき、われわれは、本当は立っていないのだととることができる。［中略］現実の場では、立っている男はたしかに立っているから、舞台上でも、男が立っていれば、たしかに立っていることに違いはない。それが実は立っていないとなるのは、その行為自体からいえるのではなく、その前後の彼の行動から出てくることである。いいかえると、俳優は立っているが、人物としては立っていない。より正確にいえば、立っていないと了解することで人物が捉えられる」（毛利三彌『演劇の詩学：劇上演の構造分析』相田書房、二〇〇七年、一七六頁）。

本稿における該当の演出分析では、次のように適用される。筆者には、アリサ以外の四人が大声を出しながらアリサに迫っていくという行動は、劇人物の同一性に整合しないと思われた。よって、内世界的には「本当はそのようにアリサには迫っていない」と筆者は了解し、そしてここに、アリサに感じられた現実という解釈をくわえた。

(46)山本卓卓『バナナの花は食べられる』四三頁。

(47)同書、九三頁。

(48)同書、一四七頁。

(49)同書、一七〇頁。

(50)ト書きには「どこかの街。たぶん南のほうだろう」（山本卓卓『バナナの花は食べられる』一七〇頁）とある。しかし、この情報は上演では共有されないうえに、そもそもこのト書きも具体的な場所を指示していない。

(51)山本卓卓『バナナの花は食べられる』一七四－一七五頁。

(52)ここで顕在化するのは、観客が登場人物を承認する局面である。観客は、劇全体を通じてバナナを演じた1（埜本幸良）に、バナナではない「名もなき者」を見るよう要請される。しかし同時に1（埜本幸良）の同一性によって、バナナは内世界的に存在せずとも失われない。すなわち1（埜本幸良）の演じる名もなき者は、この上演の時点において、バナナであってバナナではない状態を許容する。上演の次元において、観客の人物に対する承認が積極的な意味をもつ。

執筆者一覧（五〇音順、★＝AICT会員）

飯塚友子（いいづか・ともこ）産経新聞文化部記者。東京都出身。早稲田大在学中は歌舞伎研究会と宝塚歌劇を愛する会に所属。一九九六年、産経新聞入社。文化部で舞台芸術を担当し、現在はWEBの産経ニュースや、ツイッターのスペースで舞台芸術に関し発信中。X（旧 twitter）@tomokoiizuka3

ヴィッキー・アンゲラキ（Vicky Angelaki）ミッド・スウェーデン大学人文社会科学部教授。

エリザベス・サケルラリドウ（Elizabeth Sakellaridou）テッサロニキ・アリストテレス大学英文学部名誉教授。

小田中章浩（おだなか・あきひろ）一九五八年生まれ。大阪公立大学大学院文学研究科教授。博士（文学）。著書『現代演劇の地層―フランス不条理劇生成の基盤を探る』で日本演劇学会第四三回河竹賞受賞。最近の著作として A. Odanaka and M. Iwai, Japanese Political Theatre in the 18th Century: Bunraku Puppet Plays in Social Context (Routledge, 2021) がある。

越智裕美（おち・ひろみ）専修大学国際コミュニケーション学部教授。お茶の水女子大学博士号（人文科学）取得。専門はアメリカ文学、文化。著書に『カポーティ――人と文学』（勉誠出版）、『モダニズムの南部的瞬間――アメリカ南部詩人と冷戦』（研究社）、『ジェンダーから世界を読むII』（中野知律との共編著、明石書店）、『ジェンダーにおける「承認」と「再分配」――格差、文化、イスラーム』（河野真太郎との共編著、彩流社）。訳書にジュディス・バトラー『問題＝物質となる身体 「セックス」の言説的境界について』（佐藤嘉幸、竹村和子、他との共訳、以文社）など。

河合祥一郎（かわい・しょういちろう）★東京大学教授。一九六〇年、福井県生まれ。ケンブリッジ大学と東京大学より博士号取得。著書にサントリー学芸賞受賞作『ハムレットは太っていた！』（白水社）ほか。角川文庫よりシェイクスピア新訳や児童文学新訳を刊行中。Kawai Project を企画して演出も手がけ、第11回小田島雄志・翻訳戯曲賞特別賞を受賞。

後長咲妃（ごちょう・さき）二〇〇一年生まれ。明治大学文学部演劇学専攻卒業。上智大学文学研究科ドイツ文学専攻博士前期課程在学中。

坂口勝彦（さかぐち・かつひこ）★ダンス批評、思想史。日本の戦前・戦時下のモダンダンスについて調査中。共著に『江口隆哉・宮操子 戦前舞踊慰問の軌跡』（かんた）等。

柴田隆子（しばた・たかこ）★専修大学国際コミュニケーション学部准教授。博士（表象文化学）。「不変に挑む普遍的〈物語〉――She She Pop『春の祭典』」にて第一九回シアターアーツ賞受賞。著書に『オスカー・シュレンマー――バウハウスの舞台芸術』（水声社）。

須川渡（すがわ・わたる）★福岡女学院大学人文学部准教授。博士（文学）。東北地方の農村を中心とした戦後日本のコミュニティ・シアターについて調査を行っている。著書に『戦後日本のコミュニティ・シアター――特別でない「私たち」の演劇』（春風社）。

關智子（せき・ともこ）★早稲田大学文学部講師（任期付）。博士（文学）。現代イギリス演劇、戯曲論。著書に『逸脱と侵犯 サラ・ケインのドラマトゥルギー』（水声社）、共著に『紛争地域から生まれた演劇』（ひつじ書房）、『西洋演劇論アンソロジー』（月曜社）。戯曲翻訳にナシーム・スレイマンプール『白いウサギ、赤いウサギ』、アリス・バーチ『アナトミー・オブ・ア・スーサイド』（第一六回小田島雄志翻訳戯曲賞受賞）。

橘涼香（たちばな・すずか）★演劇専門誌「えんぶ」Web「情報キック」「カンフェティ」等を中心に公演評、インタビュー記事を執筆。「酷評するなら書かない」が永遠のモットー。困難の続く演劇界に評論ができることを模索中。著書に『タカラヅカレビュー！――宝塚歌劇からミュージカルまで』編著書に『宝塚イズム』シリーズ（いずれも青弓社）

谷岡健彦（たにおか・たけひこ）★一九六五年生まれ。東京工業大学リベラルアーツ研究教育院教授。現代イギリス演劇専攻。著書に『現代イギリス演劇断章』（カモミール社）がある。戯曲の翻訳にデイヴィッド・

グレッグ『あの出来事』（新国立劇場）など。俳人協会会員。句集『若書き』（本阿弥書店）。

塚本知佳（つかもと・ともか）★演劇批評。日本大学芸術学部非常勤講師。「『処女』の喪失と維持――『終わりよければすべてよし』におけるセクシュアリティの力学」で第9回シアターアーツ賞受賞。共著に『宮城聰の演劇世界――孤独と向き合う力』。

寺尾恵仁（てらお・えひと）★日独現代演劇研究。二〇二二年ライプツィヒ大学にて博士号取得（Ph.D.）。二〇二四年四月より北海道大学メディア・コミュニケーション研究院専任講師。アスブ企画所属俳優・ドラマトゥルク。

中西理（なかにし・おさむ）★一九五八年愛知県西尾市生まれ。京都大学卒。演劇・舞踊批評。演劇情報誌『Jamci』、AICT関西支部機関誌『ACT』などで演劇・舞踊批評を掲載。演劇・ダンス・美術・アイドルなどを取り上げるブログ「中西理の下北沢通信」主宰。

永田靖（ながた・やすし）★大阪大学中之島芸術センター特任教授。演劇学。演劇やアートを軸にした研究教育の拠点大阪大学中之島芸術センター開設に伴い、各種セミナーや研究上演を展開中。編著に『街に拓く大学』『漂流の演劇維新派のパースペクティブ』（大阪大学出版会）他多数。

ニコライ・ペソチンスキー（Nikolai Pesochinsky）サンクトペテルブルグ・国立舞台芸術研究所ロシア演劇学部教授。

野田学（のだ・まなぶ）★一九六三年生まれ。明治大学文学部教授。英文学、演劇批評。AICT―IATC（国際演劇評論家協会）日本代表理事。共編書に『シェイクスピアへの架け橋』（一九九八年）、『シェイクスピアと日本』（二〇一五年）、Okada Toshiki & Japanese Theatre（二〇二一年）など。

鳩羽風子（はとば・ふうこ）★横浜出身。演劇記者。日本女子大学人間社会学部文化学科卒業後、中日新聞入社。名古屋本社放送芸能部などを経て、中日新聞東京本社（東京新聞）勤務の傍ら、舞台芸術に関する執筆活動を展開。イープラスのエンタメ特化型情報メディア「SPICE」、小学館「和樂web」、演劇webメディア「Audience」などに記事を掲載。

濱田元子（はまだ・もとこ）★毎日新聞論説委員兼学芸部編集委員。大阪本社学芸部などをへて、二〇一〇年に東京本社学芸部。一八年から現職。専門は現代演劇・演芸。夕刊に劇評、ウェブコラム「舞台縦横ときどきナナメ」を随時掲載。

三井武人（みつい・たけひと）★近畿大学他非常勤講師。英国ローハンプトン大学卒業。筑波大学大学院修了。専門はイギリス演劇、イマーシブ・シアター、演劇批評等。

山口遥子（やまぐち・ようこ）★欧州を中心とした現代人形劇論、及び日本現代人形劇成立史を研究。独立行政法人日本学術振興会特別研究員（PD）、早稲田大学及び成城大学非常勤講師。人形劇分野の国際的活動を支援するNPO法人Deku Art Forum 理事長。第一回下北沢国際人形劇祭（二〇二四年二月）企画統括。

山口真由（やまぐち・まゆ）俳優。演劇ユニット7度にて、演出家の伊藤全記とともに、「かすかな声」を意味する「dim voices」をテーマとした創作を行っている。豊岡演劇人コンクール2021『胎内』出演にて優秀演劇人賞を受賞。

米屋尚子（よねや・なおこ）★演劇専門誌『新劇』編集部、フリーの演劇ライターなどを経て、英国シティ大学大学院、米国コロンビア大学・芸術文化研究所に留学。一九九五年から二〇二〇年まで日本芸能実演家団体協議会で舞台芸術の調査研究、政策提言等に従事。二〇二四年五月より、日本芸術文化振興会の文化施設担当のプログラム・オフィサー。著書に『改訂新版　演劇は仕事になるのか？』（アルファベータブックス）、『学校という劇場から――演劇教育とワークショップ』（佐藤信編・共著　論創社）など。

長年、舞台芸術の評論・批評活動に情熱を注ぎ、AICT 日本センターの活動にも尽力してくださった天野道映（あまの・みちえ）さん＝演劇評論家、享年 87 歳＝、市川明（いちかわ・あきら）さん＝大阪大名誉教授、ドイツ演劇、享年 75 歳＝、岩波剛（いわなみ・ごう）さん＝演劇評論家、享年 93 歳＝、高橋豊（たかはし・ゆたか）さん＝演劇評論家、享年 78 歳＝、谷川道子（たにがわ・みちこ）さん＝東京外国大名誉教授、ドイツ演劇、享年 77 歳＝の 5 人の方々が相次いでご逝去されました。ご冥福をお祈りし、謹んでお知らせ申し上げます。

編集後記

▶見るのも書くのも座ってばかりの日常生活。サプリメントだけでは間に合わず、筋トレを始めました。（小）

▶なくなっちゃうものを嘆くより、生まれてくるものをお祝いしたい！だって演劇の未来形ってまずはそういうことでしょ？おめでとぉー！ありがとぉー！（斎）

▶かつてスティーヴ・パクストンは、コンタクトインプロヴィゼーションが広まれば世界が平和になると本気で思っていた。あまりに楽観的かもしれないけれど、そういう力を持つものを手に入れたい。（坂）

▶市川明さん、谷川道子さんと、ドイツ演劇を牽引されてきたお二人が相次いで急逝された。ドイツでは演出家ルネ・ポレシュさんもである。AICTに尽力されてきた会員の訃報も多く聞く。心からご冥福を祈ると共に、彼らが残してくれた足跡を忘れずに考えていきたい。（柴）

▶会員の皆様からのお力添えがあって完成する小誌。送られてきた原稿を読むときはいつもワクワクします。（嶋）

▶ 2023年の演劇を一言で括るのはむずかしい。それでも「避難所（アジール）はキーワードになるかも。（野）

▶「アフターコロナ」後の物価上昇に連動してチケットが高騰し、一般の観客の足が遠のいていると橘さんの原稿が指摘している。だからといって物価が下がれば良いという話ではない。それではデフレ経済へと再び落ち込むだけだ。政府による国債の発行をいとわない財政出動と、日銀の金緩和政策の継続で民間を後押しする。それによって輸入物価の上昇から国内需要の喚起による、マイルドな物価上昇と賃金の上昇へと転換し、1万円のチケット代が出せるような家計状況に持っていけるか。緊縮議論も出始める本年は、日本もまだ GDP成長率 2%程度の経済成長が毎年可能であるか否かを示せるかの重要な局面である。マクロ経済の観点から経済を良くすることが、結果的に文化・芸術の振興にもつながるのだ。そのためには我々に染み付いた「日本ダメ論」を、ネトウヨ的ではなく冷静で現実的な意味で払拭することも必要だ。（藤）

▶舞台芸術界にも劇評界にも新しい風が吹くことを祈っています。（風）

編集部宛の郵便物は下記へお送りください。

〒 101-8425 東京都千代田区神田神保町 3-8 専修大学 1号館 504
柴田隆子研究室内『シアターアーツ』編集部

Web マガジン『シアターアーツ』: http://theatrearts.aict-iatc.jp/

Mail: theatrearts@aict-iatc.jp（原稿お問い合わせ等）
Facebook: http://www.facebook.com/TheatreArtsMagazine/　X（旧 Twitter）@Theatre_Arts

『シアターアーツ　68』2024 春
2024 年 4 月 30 日発行　定価 1600 円＋税　ISBN978-4-89380-524-9

発行　AICT（国際演劇評論家協会）日本センター／シアターアーツ編集部
〒 185-8502 東京都国分寺市南町 1-7-34 東京経済大学 本橋哲也研究室内　国際演劇評論家協会日本センター
http://aict-iatc.jp/　aictjapan@gmail.com

発売　株式会社 晩成書房
〒 101-0064　東京都千代田区神田猿楽町 2-1-16　シエルブルー猿楽町ビル 1F
TEL 03-3293-8348　FAX 03-3293-8349　mail@bansei.co.jp　http://www.bansei.co.jp

■編集部／小田幸子　斎藤明仁　坂口勝彦　柴田隆子　嶋田直哉　野田 学　鳩羽風子　藤原央登
■制作・デザイン／奥秋 圭　■印刷・製本／株式会社ミツワ